国际金融统计发展与比较

中国人民银行调查统计司 著

中国金融出版社

责任编辑:任　娟
责任校对:张志文
责任印制:丁淮宾

图书在版编目(CIP)数据

国际金融统计发展与比较／中国人民银行调查统计司著.—北京:中国金融出版社,2018.12

ISBN 978 – 7 – 5049 – 9921 – 4

Ⅰ.①国…　Ⅱ.①中…　Ⅲ.①国际金融—金融统计—研究　Ⅳ.①F831

中国版本图书馆 CIP 数据核字(2018)第 294271 号

国际金融统计发展与比较
Guoji Jinrong Tongji Fazhan yu Bijiao

出版
发行　中国金融出版社

社址　北京市丰台区益泽路 2 号
市场开发部　(010)63266347,63805472,63439533(传真)
网 上 书 店　http://www.chinafph.com
　　　　　　(010)63286832,63365686(传真)
读者服务部　(010)66070833,62568380
邮编　100071
经销　新华书店
印刷　保利达印务有限公司
尺寸　169 毫米 × 239 毫米
印张　22.25
字数　333 千
版次　2018 年 12 月第 1 版
印次　2018 年 12 月第 1 次印刷
定价　78.00 元
ISBN 978 – 7 – 5049 – 9921 – 4
如出现印装错误本社负责调换　联系电话(010)63263947

目录 CONTENTS

第一章　国际金融监管体制改革与金融统计发展趋势……………… 1
　　第一节　国际金融监管体制改革……………………………………… 1
　　第二节　金融监管体制改革背景下金融统计的发展………………… 13
　　参考文献…………………………………………………………………… 20

第二章　国际货币基金组织的货币与金融统计体系……………… 22
　　第一节　货币与金融统计体系的发展历程…………………………… 22
　　第二节　《货币与金融统计手册》和《货币与金融统计
　　　　　　编制指南》……………………………………………………… 25
　　第三节　《货币与金融统计手册和编制指南》……………………… 28
　　附录一：国民账户体系…………………………………………………… 44
　　附录二：《国际收支和国际投资头寸手册》………………………… 49
　　附录三：《国民核算手册：国民账户中的金融生产、
　　　　　　金融流量与存量》…………………………………………… 54
　　参考文献…………………………………………………………………… 60

第三章　国际清算银行的金融统计框架………………………………… 63
　　第一节　国际清算银行金融统计的新进展…………………………… 63
　　第二节　系统重要性金融机构统计…………………………………… 75
　　第三节　影子银行统计………………………………………………… 84
　　参考文献…………………………………………………………………… 99

第四章　美国金融统计……………………………………………………… 101
　　第一节　美国金融统计的基本情况…………………………………… 101

第二节　美国金融统计的最新进展……………………………… 112
　　第三节　美国金融账户统计……………………………………… 122
　　参考文献…………………………………………………………… 132

第五章　欧洲中央银行金融统计………………………………………… 134
　　第一节　欧洲中央银行金融统计的基本情况…………………… 134
　　第二节　欧洲中央银行金融统计的最新进展…………………… 144
　　第三节　欧洲中央银行金融账户统计…………………………… 162
　　参考文献…………………………………………………………… 174

第六章　英国金融统计…………………………………………………… 175
　　第一节　英国金融统计的基本情况……………………………… 175
　　第二节　英国金融统计的最新进展……………………………… 183
　　第三节　英国金融账户统计……………………………………… 192
　　参考文献…………………………………………………………… 198

第七章　澳大利亚金融统计……………………………………………… 199
　　第一节　澳大利亚金融统计的基本情况………………………… 199
　　第二节　澳大利亚金融统计的最新进展………………………… 204
　　第三节　澳大利亚金融账户统计………………………………… 212
　　参考文献…………………………………………………………… 225

第八章　德国金融统计…………………………………………………… 226
　　第一节　德国金融统计的基本情况……………………………… 226
　　第二节　德国金融统计的最新进展……………………………… 233
　　第三节　德国金融账户统计……………………………………… 239
　　附录：《德意志联邦银行与德国联邦统计局合作谅解备忘录》…… 248
　　参考文献…………………………………………………………… 250

第九章　意大利金融统计………………………………………………… 251
　　第一节　意大利金融统计的基本情况…………………………… 251
　　第二节　意大利金融统计的最新进展…………………………… 258
　　第三节　意大利金融账户统计…………………………………… 264
　　参考文献…………………………………………………………… 276

第十章 日本金融统计 277
   第一节 日本金融统计的基本情况 277
   第二节 日本的资金流量账户统计 287
   参考文献 310

第十一章 我国金融统计的发展与实践 312
   第一节 我国金融统计的现状和挑战 312
   第二节 国际经验对我国金融业综合统计的启示 326
   第三节 我国金融业综合统计的实践 337

后 记 344

第一章 国际金融监管体制改革与金融统计发展趋势

2008年国际金融危机席卷全球，对世界政治、经济、文化和社会等各个方面产生了深刻而持久的影响。这场危机引发了全球层面多个角度的反思，其中金融监管和金融统计是两个重要的方面，即认为金融监管体制不适应金融业发展变化，同时金融统计未能及时反映风险积累和金融脆弱性，是这场危机发生和蔓延的重要原因。危机后，国际金融监管理念和监管思路出现了重大调整，这要求金融统计提供更准确、全面和及时的信息支持；反过来，金融统计框架的完善也能够推动金融监管体制改革深入发展。因此，危机后金融监管机制改革与金融统计框架完善相辅相成，以更好地服务于宏观审慎监管和满足防范系统性金融风险的需要。其中，金融账户作为各机构部门资金往来的汇总合并，能够反映金融体系总体运行及结构特征，在分析货币政策传导、防范和化解金融风险等方面具有重要意义，因而成为各国金融统计重点完善的内容。

第一节 国际金融监管体制改革

一、国际金融监管体制改革历程

国际金融监管体制改革有两个维度：时间维度和空间维度。从时间维度看，金融危机往往成为金融监管体制改革的契机。在20世纪30年代"大萧条"期间，由于市场信息不完全和金融体系自身的特点，市场运作曾一度严重失灵。针对这种情况，发达国家纷纷从理论上反思了自由市场经济的不足，并在实践中加强了对经济运行的监管。在金融领域，分业经营和分业监管模式得到强化。这一时期，金融监管理论的侧重点在于弥补市场监管缺失，从而达到维护金融体系安全的目的。到了70年代，困扰发达国家长达10年之久的滞胀宣告凯恩斯主义宏观经济政策的破产。随着80年代金融自由化浪潮的兴起，各国纷纷放松监管。进入90年代后，国际商业信贷银行和巴林银行倒闭、区域性金融危机频发等事件，重新引起各国对金融监管的关注，并推动了金融监管理论与实践的进一步发展。这一时期，金融监管理论的侧重点转向如何协调效率与安全的关系问题，之前建立的分业监管和机构监管框架也逐步向统一监管和功能监管转变。2008年国际金融危机再次引发了国际社会对金融监管体制的全面反思和广泛讨论，防范系统性风险、维护金融体系整体稳定受到高度重视。各国纷纷开启了以加强宏观审慎管理、强化中央银行金融监管职能、维护金融体系稳定为核心的新一轮改革。从空间维度看，世界各国（或地区）的金融监管体制呈现出差异化和多样性。基于对中央银行定位的不同认识、金融业经营模式和发展阶段的差异、对金融监管目标的不同理解，加上政治力量的驱使，各国逐渐形成了不同的金融监管体制。下文将以美国、欧盟和英国为例进行阐述。

（一）美国金融监管体制改革

1. 自由竞争时期（20世纪以前）：从金融无序监管到联邦、州政府双层监管

随着1791年、1817年美国第一银行和美国第二银行的先后倒闭，美国银行业进入长达30年的自由竞争时期。金融机构几乎在无监管状态下自由开展业务，导致各州银行数量暴增、内部竞争恶化。由于缺乏最后贷款人，银行体系常常发生短期流动性问题，挤兑和破产时有发生。1864年，美国颁布《国民银行法》，成立货币监理署（Office of the Comptroller of the Currency，OCC），建立了联邦政府的金融业监管制度，形成了联邦政府和州政府双层监管格局。

2. 全面监管时期（20世纪初至70年代）：从金融自我调节到全面的分业监管

1913年，美国国会通过《联邦储备法》，正式成立美国联邦储备委员会（Federal Reserve System，Fed 或简称美联储）。美联储负责履行美国中央银

第一章　国际金融监管体制改革与金融统计发展趋势

行职责，承担执行统一货币政策、建立全国清算支付系统、充当最后贷款人和监管银行业四项职能。20世纪30年代的"大萧条"进一步推动了美国金融监管体制的改革和完善。1933年，美国通过《格拉斯—斯蒂格尔法案》，严格区分投资银行业务和商业银行业务，正式确立了分业经营和分业监管制度，并成立联邦储蓄与贷款保险公司（Federal Saving and Loans Insurance Corporation，FSLIC）和联邦存款保险公司（Federal Deposit Insurance Corporation，FDIC）。1956年《银行控股公司法》规定由美联储监管银行控股公司。美国证券业监管最初由各州负责，1934年，美国颁布《证券交易法》，设立美国证券交易委员会（Securities and Exchange Commission，SEC），促成了全国证券交易监管体系的建立。美国保险业则一直由各州单独进行监管。至此，美国已构建金融监管基本法律架构，走向全面的分业监管阶段。

3. 监管放松时期（20世纪70年代至2007年）：分业监管下逐步放松金融经营限制

20世纪70年代初，美国金融业发展面临内外交困的局面。在国内滞胀危机与国际金融自由化浪潮的双重冲击下，美国逐步放松了对金融业的直接行政干预以及对混业经营的限制，并出台《金融服务现代化法案》，对美国金融监管架构进行改革，由美联储监管金融控股公司，对金融控股公司下属子公司及其业务实行分业监管，鼓励各监管机构之间进行充分的信息共享，即建立了以美联储为核心的伞形监管机制。

4. 重建监管体系时期（2008年至今）：全面重塑金融监管体系

2008年，美国遭遇了自"大萧条"以来最严重的金融危机。为整顿金融体系，强化金融监管，2010年7月，美国颁布《多德—弗兰克华尔街改革与消费者保护法案》（简称《多德—弗兰克法案》），从金融稳定、金融监管、金融消费权益保护和危机处置等方面全面重塑了美国的金融监管体系：一是设立金融稳定监督委员会（Financial Stability Oversight Council，FSOC），负责协调各部门的监管职责。二是扩大监管范围。美联储负责对系统重要性银行、证券、保险、金融控股公司等各类机构以及金融基础设施进行监管，牵头制定更加严格的监管标准。三是建立全面覆盖的风险处置和清算安排。联邦存款保险公司具有对中小银行的日常监管权，负责证券业、保险业风险处置和清算；美联储与联邦存款保险公司共同负责系统性风险防范和处置；财政部、美联储和联邦存款保险公司三方共同决定是否对系统重要性金融机构启动有序清算程序。四是成立金融消费权益保护机构，在美联储内部设立相对独立的消费者金融保护局（Consumer Financial Protection Bureau，CFPB），统一行使消费者权益保护职责。五是将场外衍生品、对冲基金和私募基金纳入监管范围，在财政部下设联邦保险办公室，撤销储贷监理署，将其大部分职能并入货币监理署。《多德—弗兰克法案》进一步强化了美联储的伞形监管权，标志着美国金融监管进入全新时代。

（二）欧盟金融监管体制改革

1. 欧盟成立初期（1985—2001年）：金融监管相对分散

1985年，欧共体颁布《建立共同市场白皮书》，确认在金融监管领域运用"相互承认"和"最低限度协调"两项原则。1989年，欧共体理事会颁布《第二号银行指令》，在银行监管领域推行单一银行执照原则和母国控制原则。1993年11月，欧共体正式易名为欧盟。1999年，欧盟颁布《金融服务行动计划》，对银行、保险、证券、混业经营、支付清算、会计准则和消费权益保护等金融市场各个方面作出统一规定，为消除跨国金融服务限制和市场壁垒、建立统一的金融市场和监管体系奠定了基础。

2. 莱姆法路西框架下的欧盟监管体系（2001—2009年）：各国监管协调发展

2001年，欧盟采纳欧洲中央银行行长莱姆法路西的建议，在承认各成员国立法原则和技术规则差异的基础上，提出"四层次监管程序"的工作思路，即"莱姆法路西框架"（Lamfalussy Process），成为欧盟监管协调的主要依据。2004年，欧盟通过《欧盟委员会金融服务行动计划》，将全部42项中的39项列入欧共体法律，要求各成员国遵照执行，大大提升了欧盟各国金融监管制度的一体化程度。不过，在上述两个时期，鉴于金融市场尚未统一，且货币政策与金融监管分离的呼声很高，成员国保留了各自的金融监管权。

3. 危机后金融监管改革深化阶段（2009年至今）：金融监管一体化

2008年国际金融危机重创了欧洲金融市场和实体经济，继而引发欧洲

第一章 国际金融监管体制改革与金融统计发展趋势

主权债务危机，欧盟财政纪律缺失、金融监管政策不统一所造成的监管套利、监管漏洞暴露无遗。因此，加强监管、深化协调、促进金融监管一体化成为欧盟自危机后的监管改革主题。2010年，欧盟通过《泛欧金融监管改革法案》，开始全面改革金融监管体系，并着手构建涵盖单一监管、单一处置、存款保险机制的欧洲银行业联盟，欧洲中央银行的职能从单一的货币政策向金融稳定延伸。在泛欧金融监管体系（European System of Financial Supervisors，ESFS）下，欧盟系统性风险委员会（European Systemic Risk Board，ESRB，欧洲中央银行下设部门）成立，与欧洲金融监管系统分别负责宏观审慎监管和微观审慎监管。

在宏观审慎监管方面，欧盟系统性风险委员会负责对欧洲金融体系的宏观审慎管理，通过收集分析相关数据信息，识别和评估系统性风险，向欧盟三家新设的微观审慎监管机构——银行业监管局（European Banking Authority，EBA）、证券和市场监管局（European Securities and Markets Authority，ESMA）、保险和职业养老金监管局（European Insurance and Occupational Pensions Authority，EIOPA）以及各成员国、各国监管机构提出警示或建议；建立信息交流和监管合作机制，成立专门的检查小组，评估这些机构采纳建议的情况；对各成员国实施宏观审慎政策进行指导和建议，公开发布各国宏观审慎政策实践经验，促进各国政策的沟通和协调。

在微观审慎监管方面，欧盟金融监管系统旨在通过建立一致性更高的趋同规则来实现更有效的监管：升级欧盟层面的银行、证券、保险监管委员会为欧盟监管局；由银行业监管局、证券和市场监管局以及保险和职业养老金监管局负责制定各自领域内统一的技术标准，并授权各国统一执行；三大监管机构常规合作论坛为欧洲监管机构联合委员会，其主要职责是在金融集团、会计和审计、金融分析、反洗钱措施、零售投资产品以及与欧盟系统性风险委员会信息交换合作等领域确保政策跨部门统一。

此外，2013年9月，欧盟还建立了欧洲银行业单一监管机制，明确欧洲中央银行直接监管欧元区资产总额300亿欧元以上或占所属国国内生产总值20%以上的系统重要性银行以及接受欧洲稳定基金（European Financial Stability Facility，EFSF）或欧洲稳定机制（European Stability Mechanism，ESM）救助的银行，必要时可接管中小银行并采取早期干预措施。2014年4

月，欧盟建立银行业单一处置机制，提出将在未来8年内成立一个金额为550亿欧元的处置基金，由欧洲中央银行、欧盟委员会和各成员国共同成立单一处置委员会，负责欧元区内银行的关闭重组，确定救助工具的类型及处置基金的运用方式。

（三）英国金融监管体制改革

1. 行业自律发展为主的时期（20世纪70年代以前）：实行宽松金融监管

1844年，根据《银行特许法》，英格兰银行成为世界上最早的中央银行，具有垄断货币发行权并集中其他商业银行部分现金准备的权限。1946年出台的《英格兰银行法》确立了英格兰银行作为中央银行的地位，规定英格兰银行可以对银行的经营行为进行指导，但该时期英格兰银行的监管主要采取"道义劝说"等非制度方式。总的来说，该时期的金融监管都通过非法定形式进行，主要依靠市场约束和行业自律，英国法定监管机构只有中央银行，其监管对象仅限于银行，且监管方式宽松，而证券业金融机构等长期以来以自律为主。

2. 分业监管时期（20世纪70年代至1997年）：金融监管逐步走向规范化和法制化

1973年，英国金融体系中的证券公司和一大批中小银行首次出现流动性危机，并迅速波及整个银行业，即"二级银行危机"，使英国社会深刻认识到加强金融监管的重要性。银行业监管方面，1979年，英国颁布首部《银行法》，正式赋予英格兰银行金融监管权。《银行法》对金融机构审批实行"双轨制"，即根据不同金融机构所提供的服务及其经营信誉分为获准银行和特许吸收存款机构，其中英格兰银行重点监管后者，前者则以自律为主。同年，英国发布首部《存款人保护法》，对非银行客户存款5年以下、金额1万英镑以下的存款提供75%的保险。1986年《金融服务法》确立了英国金融分业监管格局，明确了英国金融监管由政府机构监管和行业自律监管两部分组成。随着金融市场发展和监管逐步规范化，1987年英国对《银行法》进行修订，其中在金融机构审批上以单一授权制度取代"双轨制"，并在英格兰银行内部设立银行监管委员会，加强存款人利益保护，将存款保护方案的保险金额由1万英镑提高到2万英镑。

1986年的《金融服务法》和1987年的《银行法》为英国金融监管提供了法律框架，推动英国金融监管机制走上正规化、专业化轨道。这一时期，英国金融监管机构包括英格兰银行、证券与投资管理局（Securities and Investments Board，SIB）、私人投资监管局（Personal Investment Authority，PIA）、投资监管局（Investment Management Regulatory Organization，IMRO）、证券与期货管理局（Securities and Futures Authority，SFA）、房屋协会委员会（Building Societies Commission，BSC）、互助保险协会注册局（Register of Friendly Societies，RFS）等，分别对银行业、证券投资业、住房抵押贷款互助会、保险业等行业和机构进行监管，实行分业监管体制。1987年，英国成立严重欺诈案办公室（Serious Fraud Office，SFO），专门负责对金融犯罪进行调查处理。

3. 建立统一监管体制时期（1997—2008年）：金融服务管理局统一监管

20世纪90年代，英国爆发巴林银行破产、国民西敏寺银行危机等，分业监管越来越难以适应综合经营发展需要，英国金融监管趋向统一。1997年，证券与投资管理局正式更名为金融服务管理局（Financial Service Authority，FSA），并逐步完成了与其他金融监管部门的权力交接。自2001年《金融服务与市场法案》正式实施起，金融服务管理局成为当时英国唯一的金融监管机构，全面负责对银行、证券、保险等全部金融机构和金融市场的监管，英国正式建立起统一的金融监管体制。

4. 双峰监管时期（2008年至今）：确立英格兰银行在金融监管体系中的核心地位

受2008年国际金融危机影响，英国金融业遭受重创，再次引发社会各界对监管体制的反思。2009年，英国开始大刀阔斧地进行金融监管体系改革，其核心思想是构建一个强有力的中央银行。一方面，从维护金融稳定的角度出发，强化中央银行的宏观审慎管理职责，赋予其必要的手段和工具；另一方面，重新将微观审慎监管职责集中于中央银行，实现宏观审慎与微观审慎的协调统一。2009年2月，英国出台新《银行法》，确立了英格兰银行在维护金融稳定中的核心地位，增强了其履职权限。作为中央银行，英格兰银行具有制定和实行货币政策、维护金融稳定和金融市场运行以及向存款性金融机构提供特殊处置方案的职能。2012年，英国出台新《金融服务法案》。2013年4月1日，新《金融服务法案》生效，新型金融监管框架正式运行。

英国新的监管体系采用双峰监管模式：一是英格兰银行下设金融政策委员会（Financial Policy Committee，FPC）和审慎监管局（Prudential Regulation Authority，PRA），分别承担对英国金融体系进行宏观审慎监管和微观审慎监管的责任；二是撤销金融服务局，成立金融行为监管局（Financial Conduct Authority，FCA），负责金融服务行为监管和金融消费权益保护；三是审慎监管局与金融行为监管局相互协调合作，并受金融政策委员会指导；四是明确英格兰银行为银行处置机构，并赋予其广泛的处置权力；五是建立多层次的监管协调机制，明确英格兰银行和财政部在危机应对中的职责分工。改革后英格兰银行的职能集货币政策制定与执行、宏观审慎监管和微观审慎监管于一身，在金融监管体系中居于核心地位。

二、危机后金融监管的新理念和新思路

从国际金融监管体制改革的历程看，2008年国际金融危机后，各国金融监管体制改革的核心任务在于加强宏观审慎监管、强化中央银行金融监管职能、维护金融体系稳定等方面。这也体现出危机后国际金融监管理念和思路的新变化，具体包括以下几个方面。

（一）加强宏观审慎监管

2008年国际金融危机让国际组织和各国政府认识到，仅仅依靠微观审慎监管而忽视对宏观系统性风险的关注，已不足以防范系统性金融风险，加强宏观审慎监管势在必行。目前国际金融组织致力于研究制定宏观审慎政策框架，主要包括两个方面。

一是抑制顺周期性。巴塞尔银行监管委员会（Basel Committee on Banking Supervision，BCBS）拟定了巴塞尔协议Ⅲ，提出建立逆周期资本缓冲，以增强金融体系在周期内各个时点的风险抵御能力；全球金融体系委员会（Committee on the Global Financial System，CGFS）研究制定了新的保证金和抵扣率规则，以降低场外衍生品市场和证券市场的顺周期性；国际会计准

则理事会（International Accounting Standards Board，IASB）和美国财务会计准则委员会（Financial Accounting Standards Board，FASB）建议将现行的"实际减值损失法"变更为"预期损失法"或"现金流法"，以对信贷损失进行早期确认，降低信贷的顺周期性；国际保险监督官协会（International Association of Insurance Supervisors，IAIS）发布全球保险资本标准（Insurance Capital Standards，ICS）。

二是强化金融体系抗风险能力。金融稳定理事会（Financial Stability Board，FSB）成立脆弱性评估委员会（Standing Committee on Assessment of Vulnerabilities，SCAV），对系统脆弱性进行评估，研究系统重要性金融机构政策框架和影子银行体系，强化对系统重要性金融机构和影子银行业务的监管；国际货币基金组织（International Monetary Fund，IMF）和金融稳定理事会联合开展早期预警演练；支付结算体系委员会（Committee on Payment and Settlement Systems，CPSS）和国际证监会组织（International Organization of Securities Commissions，IOSCO）制定并正式发布了《金融市场基础设施原则》（Principles for Financial Market Infrastructures，PFMI），从支付结算体系的法律基础、风险管理、结算、违约管理、准入、效率、透明等方面提出了一系列完善金融市场基础设施的一般性原则。

(二) 维护金融体系稳定

一是强化资本和流动性要求。2009年12月，巴塞尔银行监管委员会发布了《增强银行业抗风险能力》和《流动性风险计量、标准与监测的国际框架》（这两个文件即巴塞尔协议Ⅲ）的征求意见稿。2010年9月，巴塞尔银行监管委员会正式完成巴塞尔协议Ⅲ的修改，其主要内容包括提高资本质量、一致性和透明度，建立资本缓冲机制，引入杠杆率作为最低资本要求的补充监管手段，提高系统重要性银行的最低资本要求，建立全球统一的流动性监管框架等。2016年，巴塞尔银行监管委员会在巴塞尔协议Ⅲ框架内按照简单性、可比性和风险敏感性原则继续推进金融监管改革，相继修订了市场风险资本要求框架、杠杆率框架，制定并发布了银行账户利率风险监管框架，以及证券化敞口的资本要求框架。同时，巴塞尔银行监管委员会还着手开展信用风险计量、操作风险计量、全球系统重要性银行（Global Systemically Important

Banks，G-SIBs）额外杠杆率要求、资本下限、第三支柱信息披露等方面的监管改革。考虑到2008年国际金融危机后，各国经济恢复需要相当长的时间，巴塞尔银行监管委员会为银行业达到新的资本和流动性要求设立了8年过渡期，部分过渡期甚至长达13年。巴塞尔银行监管委员会所有成员经济体（共27个）均已执行巴塞尔协议Ⅲ的风险资本要求和流动性覆盖比率要求，且制定了全球系统重要性银行监管要求，其中有26个成员经济体已经发布了逆周期资本缓冲和国内系统重要性银行监管要求。

表1-1 巴塞尔协议Ⅲ资本监管相关指标规定和时间安排

年份 指标	2013	2014	2015	2016	2017	2018	2019
总资本充足率	8%	8%	8%	8%	8%	8%	8%
一级资本充足率	4.5%	5.5%	6.0%	6.0%	6.0%	6.0%	6.0%
核心一级资本充足率	3.5%	4.0%	4.5%	4.5%	4.5%	4.5%	4.5%
储备资本				0.625%	1.250%	1.875%	2.5%

资料来源：根据巴塞尔协议Ⅲ整理。

二是加强风险管理。金融稳定理事会发布了《有效风险偏好框架原则》等一系列指导性文本，通过提高对公司发布风险文化和治理指引的监管强度，来加强金融机构风险管理。

三是改革薪酬制度。2009年，金融稳定理事会制定了《稳健薪酬实践原则》和《稳健薪酬原则实施标准》，以降低危机前金融机构薪酬机制注重短期财务业绩而导致的高管过度投机风险。按照G20（the Group of Twenty Finance Ministers and Central Bank Governors）峰会要求，各成员经济体需要执行稳健薪酬实践原则和标准。

（三）强化系统重要性金融机构监管

1. 银行业

金融稳定理事会每年根据上年数据确定全球系统重要性银行名单，要求全球系统重要性银行自2016年1月1日起正式实施更高的资本要求，强化公司治理，提高风险管理和数据汇总能力，建立有效的恢复和处置机制。

2. 保险业

2013年7月,金融稳定理事会会同国际保险监督官协会联合发布首批全球系统重要性保险机构(Global Systemically Important Insurers,G-SIIs)名单。自2014年起,金融稳定理事会每年11月更新全球系统重要性保险机构名单。2014年10月,国际保险监督官协会发布《系统重要性保险机构基础资本要求》,通过基础资本要求比率(基础资本要求合格资本/基础资本要求资本)衡量全球系统重要性保险机构的资本水平。其中,基础资本要求的资本是保险公司根据风险计算的所需资本,覆盖保险公司经营中主要面临的五大类业务风险:传统寿险、传统非寿险、非传统保险、投资和非保险。制定基础资本要求是国际保险监督官协会建立全球统一保险集团资本标准的第一步,其还将继续研究和推动更高的资本损失吸收能力和保险资本标准的制定和实施。

3. 其他行业

2014年,金融稳定理事会联合国际证监会组织公布非银行非保险系统性重要金融机构(Non-Bank Non-Insurer Global Systemically Important Financial Institutions,NBNI G-SIFIs)识别方法征求意见稿。识别非银行非保险系统性重要金融机构的方法与全球系统重要性银行和全球系统重要性保险机构评估方法大体一致,包含适用于所有非银行非保险金融机构的高层次评估框架,以及适用于金融性公司、市场中介、投资基金的详细评估方法。金融稳定理事会和相关标准制定机构将据此对非银行非保险系统性重要金融机构制定监管政策框架。

(四)加强影子银行体系监管

一是持续监测。金融稳定理事会每年以经济体上年数据为基础发布《全球影子银行监测报告》,对全球影子银行规模及增长趋势进行估算。

二是加强监管。金融稳定理事会从"降低传统银行与影子银行之间的关联性""进行货币市场基金监管改革""改善资产证券化的激励机制""降低证券融资交易的顺周期性及其他风险""评估并降低其他影子银行实体及业务的系统性风险"等五个方面加强影子银行监管政策的制定与执行。

(五) 加强金融市场工具监管

关于场外衍生品市场，G20匹兹堡峰会要求2012年底前，所有标准化场外衍生品应在交易所或电子交易平台上交易，并通过中央对手方清算；同时，所有场外衍生品合约应向交易数据库报告。据此，金融稳定理事会会同支付结算体系委员会、国际证监会组织和欧盟委员会提出了扩大中央对手方使用的政策建议。关于对冲基金，国际证监会组织公布了对冲基金监管原则以及全球对冲基金信息收集模板，以帮助监管机构收集和交换对冲基金的信息，并加强国际监管合作来防范对冲基金行业可能引发的系统性风险。关于资产管理行业，金融稳定理事会研究指出资产管理行业存在五大脆弱性，分别为流动性错配、投资基金的杠杆、压力环境下转移资管委托的操作风险、资产管理机构融券业务相关风险以及养老金和主权财富基金的潜在脆弱性。2017年1月，金融稳定理事会针对上述脆弱性发布了政策建议文件，包括提高数据报送和信息披露要求、制定杠杆水平的统一测算方法、完善相关监管指引、开发流动性管理工具、开展压力测试以及制订可持续经营计划等。

(六) 降低对信用评级的依赖

2010年，金融稳定理事会发布《降低依赖外部评级机构评级的原则》，鼓励金融机构提高自身的信用风险评估能力。国际证监会组织发布了《信用评级机构在结构性融资市场上的作用》，建议提高评级机构的独立性，避免评级机构利益冲突，加强评级机构的信息披露以及与市场参与者的沟通。2014年，金融稳定理事会同行评估（Peer Review）结果显示，各成员经济体在降低对信用评级依赖的行动计划方面存在较大差异，且各行业的实施进程不一。为此，金融稳定理事会建议各国当局采取综合措施加强与市场参与者的对话，鼓励金融机构积极开发适合其业务和区域特征的内部评级方法，降低对信用评级的过度依赖，同时警惕用一种或有限的几种方法简单替代信用评级而导致的风险。

(七) 完善会计、审计标准

在完善会计标准方面，2014年7月，国际会计准则理事会公布了《国

第一章　国际金融监管体制改革与金融统计发展趋势

际财务报告准则第 9 号》(*International Financial Reporting Standard* 9，IFRS9)，该准则在金融工具分类与计量、金融工具减值以及套期会计三个方面改变了现有计量模式，未来将取代《国际会计准则第 39 号》(*International Accounting Standard* 39，IAS39)。与《国际会计准则第 39 号》相比，《国际财务报告准则第 9 号》最重要的变化在于要求使用预期信用损失模型对减值进行计量，要求实体在初始确认金融资产时就预估信用损失，并且在金融资产的全部生命周期内均须及时确认预期损失的变动。美国财务会计准则委员会也开展预期信用损失减值模型研究，要求实体在每个报告期均确认金融资产在全部生命周期内的预期减值损失。金融稳定理事会鼓励国际会计准则理事会和美国财务会计准则委员会分别持续监测各自准则的执行情况，进一步促进会计准则执行的一致性。在完善审计标准方面，巴塞尔银行监管委员会于 2014 年 3 月发布了《银行外部审计指引》，以改善银行审计质量并提高审慎监管的有效性。金融稳定理事会鼓励独立审计监管机构国际论坛(International Forum of Independent Audit Regulators，IFIAR)就全球系统重要性银行的审计工作开展调研，并将调研范围扩展至全球系统重要性保险机构，以实现审计质量的一致性。

第二节　金融监管体制改革背景下金融统计的发展

2008 年国际金融危机后，国际金融监管体系进行了一系列以巴塞尔协议Ⅲ为核心内容的改革，以增强全球金融体系的稳健性和抵御危机冲击的能力。金融监管新理念、新思路的落地实施，要求以更全面、更可靠的金融统计信息作为支撑。危机中暴露的信息缺失和危机后的金融监管体制改革对金融统计制度提出了更高要求。为此，主要国际组织和中央银行深刻总结经验教训，以加强宏观审慎监管、防范系统性金融风险、维护金融稳定和金融安全为主要目标和核心内容，在金融统计领域实施了一系列改革，这些改革措施顺应了金融监管体制改革的新要求，反映了当前金融统计发展的新趋势和新方向。

一、危机后金融统计面临的挑战

(一) 金融体系发展出现新特点

近些年,国际金融体系发展出现了许多显著变化:一是机构规模巨型化,十余年来,全球主要金融机构资产规模几乎翻倍,若这些机构自我修复能力受损,将影响金融系统和实体经济的平稳健康运行;二是机构关联网络化,全球范围内金融机构表现出更大的关联性,机构之间(银行和非银行)的相互依赖性显著上升,而且这种依赖性可能来自不同渠道,如直接信用风险暴露或进入共同的市场等,意味着若独立于网络中的其他机构去评估单个机构的前景,则评估结果会出现偏差;三是金融活动全球化,金融活动全球化极易导致金融危机的全球性蔓延,因此,全面理解金融体系的系统性风险需要高质量的跨境信息;四是金融创新复杂化,创新使金融体系的复杂性加强,例如证券化通过建立较长且相互交织的非透明关系链条,造成风险在金融体系不同参与者之间进行分配。这些变化对整个金融体系的影响巨大,并由此产生许多新的信息需求。

(二) 统计信息存在重大缺口

2008年国际金融危机后,国际社会对金融风险的国际传染性进行了深刻反思,国际货币基金组织在危机专题报告《应对信息缺口》中指出:"国际金融危机暴露出,在进行金融机构和金融系统稳定性评估过程中,存在着巨大的信息缺口。"统计工作未能跟上金融创新步伐,许多重点领域存在信息缺失:一是大型和系统重要性金融机构风险在微观层面的披露;二是复杂结构性金融产品和金融机构表外业务;三是场外衍生产品市场;四是非银行金融机构,如投资银行、养老基金、保险公司以及对冲基金;五是主要银行机构风险敞口及其跨境、跨市场联系方面的数据;六是复杂结构性产品资产的估值技术及风险模型。这不仅影响到投资者在进行资产组合时的判断,也容易使宏观政策制定者对经济金融形势运行的把握出现偏差,因而对完善金融统计框架提出了更高要求。

第一章 国际金融监管体制改革与金融统计发展趋势

（三）流动性风险监管缺失

2008年国际金融危机暴露了金融体系的弱点，使以资本监管为核心的微观审慎监管框架受到质疑，流动性风险监管缺失被认为是巴塞尔协议Ⅰ和巴塞尔协议Ⅱ的一个较大缺陷。为弥补这一不足，巴塞尔银行监管委员会在深刻总结金融危机教训的基础上推出了巴塞尔协议Ⅲ，创建了全球统一的、可计量的流动性监管标准，将流动性风险监管提升到与资本监管同等重要的地位。巴塞尔协议Ⅲ的监管新规要求各国具备可靠有效的金融统计方式、方法及健全的金融数据库，提高银行管理水平和能力，建立与国际接轨并适应国家发展的金融稳健统计体系，制定和实施国际通行标准。

（四）数据需求的多维度性增强

2008年国际金融危机由美国向全球、由金融领域向实体经济蔓延的速度极快，冲击领域涵盖了金融性公司、非金融性公司、住户和政府等各个部门。危机不同阶段的预警和监测需要更有效的信息与手段，不同部门所受影响的测度和评估也需要多维度的工具和指标，这对金融统计体系提出了新的要求。危机监测一般包括事前、事中与事后等不同层面，任何层面的监测都需要强有力的信息支持与危机效应多维度特征一致，信息需求同样也是多维度的，危机监测必须综合考虑金融机构、金融市场与宏观经济等结构性和周期性因素的交互作用。统计数据是危机监测框架的关键要素之一，完善危机监测框架有赖于统计体系的进步。

二、危机后金融统计发展的新趋势

（一）强化中央银行的金融监管职能

危机后，各国政府普遍通过修订法律框架，强化了中央银行的金融监管职能，主要有两种做法：一是由中央银行履行宏观审慎监管职责，以英国、欧洲中央银行为典型代表。如英国的双峰监管模式，即通过立法明确规定了英格兰银行作为中央银行在金融稳定中的法定职责和核心地位，并出台法案，由英格兰银行下辖的审慎监管局以及独立机构金融行为监管局同时实施宏观审慎和微观审慎监管。二是另外设立金融稳定监督委员会等专门机构负责履行宏观审慎监管职责，同时强化中央银行金融监管权，以美国、德国、澳大利亚为典型代表。如美国通过《多德—弗兰克华尔街改革与消费者保护法案》设立金融稳定监督委员会，负责识别和防范系统性风险，同时明确美联储为系统重要性金融机构的监管主体，将所有具有系统重要性的银行和非银行金融机构纳入美联储的监管范畴。

（二）积极弥补统计信息缺口

危机后，国际金融组织和各国中央银行在金融统计制度完善方面的基本共识是要突破传统的统计方法，弥补统计信息缺口，及时获取多种频率的实体经济指标和金融指标。

一是改进大银行和系统重要性金融机构统计监测体系。这是弥补危机信息缺口的首要任务。危机后，各国纷纷增加或改进了有关大银行的市场头寸、对经济部门的风险暴露、大额交易对手、表外活动、银行业务和交易账户等方面的统计监测，并按照标准化的模板报送，以便于加总、机构比较和识别网络联系；对于系统重要性金融机构，按类似于银行的表式披露杠杆、期限匹配和大规模风险暴露等信息；对于金融监管部门，强化其对数据质量的评估，识别不同市场和机构信息披露中的实质性缺口，并动态、持续地加以改进。

二是完善金融稳健性监测体系。危机后，主要经济体在巴塞尔协议Ⅲ的监管新规要求下完善自身的金融稳定统计指标体系，建立宏观审慎监管数据库及金融稳定评估框架，重点关注金融机构资本充足率、资产质量、管理能力、获利能力、流动性等指标。

三是发展系统性风险分析的数据和工具集。首先，完善系统重要性机构、市场和工具的识别标准，考察维度包括基本指标（规模、集中度）、风险转移、关联性和相互依赖性等。其次，加强对机构间风险暴露的测度，并监测监管体系范围之外的活动或项目数据。最后，创建新型、科学、高效的分析工具，诸如多维评分技术、金融网络分析方法、尾部事件分析和非连续性模型等。

四是加强模型评估技术的披露和信息交换。风险评估的透明度要求风险监测覆盖系统重要性金融机构，即要求其披露风险管理实践、估值技术、风险模型与压力测试结果等特征信息;同时,强化中央银行或金融监管当局在金融稳定评估质量方面的职责,特别是将金融统计框架修订后的新增信息整合纳入金融稳定分析。

(三) 推进金融统计标准化

金融统计标准化能够从信息采集源头统一和规范统计概念、分类和计值,提高数据同质性,实现数据一次采集、多方共享,从根本上搭建跨部门数据共享桥梁,增强宏观部门识别和追踪系统性风险的能力。金融稳定委员会顾问、英格兰银行执行董事尼格尔·詹金森提出的关于"一个能够支撑宏观审慎分析和政策实施的优秀微观金融统计体系至少应包含三个标准化模块"的理论,充分体现了数据元标准化统计对完善关联交易的重要性。因此,统计标准化建设是危机后金融统计发展的一个重要趋势。

三、危机后主要国际组织与经济体的金融统计改革

(一) 主要国际组织的改革举措

危机后,国际货币基金组织和国际清算银行通过调整统计分类、修订统计框架等工作,进一步完善国际统计标准和统计框架。国际货币基金组织修订推出了《货币与金融统计手册和编制指南》(Monetary and Financial Statistics Manual and Compilation Guide,MFSMCG2016),主要阐述了货币与金融统计的基础概念、统计范围、编制方法以及分类等内容。国际清算银行也致力于不断完善其金融统计体系,具体来看包括以下几个方面。

一是强化对非银行金融机构的统计和监测。《货币与金融统计手册和编制指南》将关注重点从银行业存款类金融机构扩展到保险、证券、货币市场基金、特定目的载体等非银行金融机构。国际清算银行建立了新的政府债务数据库,为现有的财政数据库提供信息补充。

二是加强对金融活动关联性和金融风险传染性的统计监测。《货币与金融统计手册和编制指南》基于对交叉数据信息的需求,引入资产负债核算矩阵,用于分析某一部门的金融脆弱性及其在经济各部门之间的传导机制。国际清算银行修订了国际银行业统计中的货币、交易对手分类及债券统计中的分类方法,以更好地监测金融风险在不同部门和市场之间的传染

路径。

三是修订国际基础性统计框架。《货币与金融统计手册和编制指南》修订了金融统计存量和流量数据整合的一致性框架。国际清算银行修订了国际银行业统计、资产证券化及信用风险转移统计框架。

(二) 主要经济体的改革举措

1. 美国的改革举措

一是完善制度保障,突出美联储系统性风险管理的主体地位。2010年的《多德—弗兰克法案》以加强系统性金融风险防范为主线,重塑金融监管架构,强化系统重要性金融机构监管,弥补"空白地带"监管,突出中央银行系统性风险管理的主体地位,明确系统性风险的处置安排,并加强金融消费者保护。

二是扩大监管范围,强化美联储维护金融稳定的宏观审慎管理权。危机后,美联储对金融机构的审慎管理权得到进一步强化和扩大,负责对所有系统重要性证券、保险等非银行机构,以及系统重要性支付、清算、结算活动和市场基础设施进行监管。同时,美联储新设立金融稳定政策与研究办公室,负责协调和支持金融稳定及影子银行的监测工作,强化对新型金融机构和金融创新产品的监管统计。

三是完善金融账户,强化交易对手信息采集,增强系统性风险识别监测能力。自2013年起,美联储用"金融账户"取代"资金流量"这一概念,意味着金融账户将涵盖范围更广的数据,既包括资金流量数据,也包括资产负债表数据及合并的宏观经济账户数据。

四是建立金融控股公司及其附属公司的统计监测框架。对于任何可能对金融体系和经济造成严重冲击的金融机构,如投资银行、对冲基金、私募基金、保险和经销商等非银行金融控股公司,美联储有权对控股公司及其任何子公司(包括非存款类子公司)直接检查和获取相关信息,取代了以往需向其功能监管机构获取信息的做法。

2. 欧洲中央银行的改革举措

危机后,欧洲中央银行积极总结经验教训,先后制订了2009—2012年和2013—2016年的统计工作中期工作计划,改进和完善金融统计框架,拓

第一章　国际金融监管体制改革与金融统计发展趋势

宽金融统计的覆盖范围和数据获取渠道,进一步加强对系统性、交叉性金融风险的监测和防范。

一是修订和完善法律法规,赋予中央银行更广泛的信息采集权。先后两次修订了关于欧洲中央银行收集统计信息的条例,并针对不同类型的金融统计工作出台和修订相应的法规制度。

二是扩大统计监测范围,强化对整个金融体系的宏观审慎管理。欧洲中央银行将非银行金融机构、影子银行、表外业务等创新型机构和产品纳入统计监测范畴,包括按季度编制保险公司和养老基金公司统计数据,统计从事证券交易的金融载体公司的资产、负债数据和背景信息,强化小额信贷机构的资产负债表和利率统计,定期编制货币市场基金以外的投资基金资产和负债统计信息等。

三是推进统计标准化,构建统一协调的宏观审慎统计标准。在欧洲中央银行的中期工作计划中,推进统计标准化是非常重要的内容。除了着手推进影子银行的标准化统计外,欧洲中央银行将促进共同统计技术在欧元区的使用,实施修订后的国际统计标准——《国际收支手册》(第六版)、非股票证券统计标准等作为高级优先的工作。国际清算银行、欧洲中央银行和国际货币基金组织联合发布了《证券统计手册》。

3. 英国的改革举措

危机后,英国对金融监管体制进行了根本性改革,以系统性风险防范和化解为主线,强化宏观审慎管理,突出中央银行在金融监管中的核心地位。

一是改革法律条款,明确中央银行的宏观审慎管理权限。2009年的英国《银行法》明确规定了英格兰银行作为中央银行在金融稳定中的法定职责和核心地位。2013年的《金融服务法案》确立了英格兰银行负责货币政策、宏观审慎监管和微观审慎监管的核心地位。

二是调整机构设置,建立由英格兰银行主导的金融业综合统计体系,强化其审慎监管职能。根据新的《金融服务法案》,英国撤销了金融服务管理局,改由英格兰银行下辖的审慎监管局和独立机构金融行为监管局实施宏观、微观审慎政策。改革后,英国全境的金融统计都由英格兰银行统一承担。

三是拓宽监管领域，加强对非银行金融机构的统计。提高对系统性金融风险的识别和防控能力。为弥补传统的货币与金融统计在政策分析、审慎监管及金融稳定分析等方面的不足，英格兰银行在传统的货币与金融统计基础上，加强了对非银行金融机构的关注，建立了非银行金融机构监管数据报表体系。

四是改革金融统计制度，加强对表外业务、金融衍生品等创新型金融产品的监测和统计。危机后，英格兰银行着力扩大统计内容，拓展统计范围，弥补统计缺口。

参考文献

［1］张健华．美国金融制度［M］．北京：中国金融出版社，2016．

［2］何建雄，朱隽，等．欧盟美国金融制度［M］．北京：中国金融出版社，2016．

［3］吴国培，杨少芬，等．英国金融制度［M］．北京：中国金融出版社，2016．

［4］中国人民银行金融稳定分析小组．中国金融稳定报告2015［M］．北京：中国金融出版社，2015．

［5］中国人民银行金融稳定分析小组．中国金融稳定报告2016［M］．北京：中国金融出版社，2016．

［6］杜岩峰．金融危机后的银行金融统计稳健发展分析［J］．新财经，2011（4）．

［7］薛高．国际货币基金组织数据公布标准综述及对我国的影响［J］．西部金融，2015（12）．

［8］占云生．金融业综合统计的国际经验与启示——以日本为例［J］．西部金融，2014（8）．

［9］人民银行长沙中支调查统计处金融业综合统计研究小组．国际金融业综合统计主要发展及启示［J］．金融业综合统计研究成果交流，2014（3）．

［10］罗雪飞，彭育贤，等．我国实施巴塞尔Ⅲ流动性监管新规的影响研究［J］．金融监管研究，2013（3）．

［11］陈梦根．金融危机与信息缺口：统计解析［J］．统计研究，2014（11）．

第二章　国际货币基金组织的货币与金融统计体系

国际货币基金组织的主要职责之一是监测货币汇率，加强各国合作，确保全球金融稳定，进而促进世界就业和经济增长。国际货币基金组织自1945年成立以来，一直将指导各成员国的货币金融数据编制作为其重点工作之一。国际货币基金组织的货币与金融统计准则作为国际通行的基本原则和方法，是各国开展金融统计工作的主要依据。

国际货币基金组织2000年颁布的《货币与金融统计手册》（MFSM2000）和2008年颁布的《货币与金融统计编制指南》（MFS Guide2008）共同构成了目前货币与金融统计国际准则的核心框架。针对2008年国际金融危机暴露的缺陷，国际货币基金组织进一步修订了此框架，将MFSM2000和MFS Guide2008合并，形成《货币与金融统计手册和编制指南》（MFSMCG2016），成为国际通行的货币与金融统计新准则。

第一节　货币与金融统计体系的发展历程

货币与金融统计①是一国经济统计体系的重要组成部分。国际货币基金

---

①　货币与金融统计的概念、分类、核算方法与准则涉及众多统计手册或框架，大致可分为两类：一类是基础性经济统计标准，包括《国民账户体系》（System of National Accounts，SNA）、《国际收支和国际投资头寸手册》（Balance of Payments and International Investment Position Manual，BPM6）、《政府财政统计手册》（Government Finance Statistics Manual，GFSM）、《全部经济活动国际标准行业分类》（International Standard Industrial Classification of All Economic Activities，ISIC）等重要的宏观性国际统计标准；另一类是专门性金融统计标准，包括《货币与金融统计手册》（Monetary and Financial Statistics Manual，MFSM2000）、《货币与金融统计编制指南》（Monetary and Financial Statistics Compilation Guide，MFS Guide2008）、《金融稳健指标编制指南》（Financial Soundness Indicators Compilation Guide，FSICG）和《证券统计手册》（Handbook on Securities Statistics，HSS）等手册与指南。

第二章 国际货币基金组织的货币与金融统计体系

组织自成立之日起，始终致力于货币与金融统计国际准则的制定与完善。通过不断总结危机教训和实践经验，国际货币基金组织的货币与金融统计准则经历了一个不断演进和发展的过程。

一、早期工作

国际货币基金组织自1948年1月开始发布《国际金融统计》数据，随着统计内容和国别范围的扩展，其数据编制的方法不断发展和细化，并于1984年12月出版了《国际金融统计中的货币与银行统计指南》，旨在向成员国介绍《国际金融统计》中货币与银行数据的编制方法。该指南并未形成关于货币与金融统计在数据收集、编制、汇总等方面的一套标准，不是编制和表述统计数据的国际准则，也未做官方正式发布，但其为发展和统一国际货币与金融统计准则发挥过重要作用。

二、首部准则的诞生

随着1994年墨西哥金融危机和1997年亚洲金融危机的爆发，各国政府更加意识到货币与金融统计在国家宏观经济统计体系中的重要性和特殊地位。应成员国要求，国际货币基金组织在1996年11月和2000年2月举办了地区和成员国专家会议，邀请各国政府相关实际操作部门和有关国际机构的专家共同探讨货币与金融统计范围的界定、原则和概念等问题。根据专家们给出的指导性建议，国际货币基金组织于2000年颁布了《货币与金融统计手册》（MFSM2000），这标志着现代货币与金融统计标准化国际准则的诞生，其目的是为各国货币与金融统计提供理论指导，并协助货币政策的制定、实施和监测。

MFSM2000作为货币与金融统计领域的第一本手册，与1993年版《国民账户体系》（SNA1993）中的金融账户体系存在整体联系，与SNA1993在金融性公司资产和负债分类、金融存量和流量的定值原则等方面保持了一致，确保了金融数据与其他宏观经济指标的一致性，且有助于跨国比较。MFSM2000第一次确立了货币与金融统计的概念框架和方法论准则，成为国际通行的货币与金融统计基本方法和原则，是各国中央银行开展金融统计的主要依据。但是，MFSM2000仍存在一些尚未解决的问题：一是MF-

SM2000 在交易证券应计利息、回购协议和证券借贷、黄金互换和黄金贷款这三个领域未达成共识,仅概括了现有想法,并未作出具体规定。二是 MF-SM2000 的重点在于厘清概念,主要是为各国货币与金融统计提供理论指导。它并不是一本编制指南,不介绍统计数据的来源和编制方法,因此无法满足各国对货币与金融统计在实际操作指导方面的诉求。

三、操作性指南的颁布

为进一步增进 MFSM2000 对各国货币与金融统计实际工作的指导性,2008 年 7 月,国际货币基金组织正式颁布了《货币与金融统计编制指南》(MFS Guide2008)。由此,MFSM2000 和 MFS Guide2008 共同构成了国际货币基金组织货币与金融统计国际准则的核心框架。

从 MFSM2000 和 MFS Guide2008 的关系看,一方面,MFSM2000 依据经济核算理论和方法,界定了货币与金融统计的核算对象、统计范围、金融资产分类、机构单位和部门划分、金融存量流量核算方法和原则,建立了反映金融运行过程的总体指标体系以及货币与金融统计基本框架,在概念分类、统计范围、核算准则、核算方法以及基本框架等方面为 MFS Guide2008 奠定了基础。另一方面,与 MFSM2000 相比,MFS Guide2008 更具可操作性,内容也更加详细、系统,对机构单位分类、部门划分、资产定值、记录时间和数据来源等都做了更翔实的说明。MFS Guide2008 参照各国经验,为编制货币与金融统计数据提供了可操作的指导性框架。

四、最新准则的推出

MFSM2000 与 MFS Guide2008 推出后,逐步成为各国货币与金融统计实际工作的国际准则,但在实践中仍暴露出一些缺陷。特别是 2008 年国际金融危机爆发,随着非银行金融中介、各种创新型金融工具的快速发展,以及跨市场、跨产品、跨境资金流动潜在风险的增加,原有的货币与金融统计框架已无法全面反映金融市场的运行状况,对创新型金融工具的风险监测显得无力,货币与金融统计框架面临巨大挑战。各国中央银行对金融统计数据缺口问题展开了广泛深入的讨论,对修订货币与金融统计准则提出了强烈需求。

同时,货币与金融统计准则的修订也是与其他相关国际准则匹配的需要。货币统计是对金融性公司资产和负债的统计,金融统计是对经济中所有部门金融资产、负债存量和流量的统计,国民经济核算中的金融账户、资金流量表和国际收支表均属于金融统计范围,因此货币与金融统计准则应与国民账户体系、国际收支统计、政府财政统计等其他国际准则在概念、分类、核算原则与方法上保持一致。其他国际准则相继修订和再版,对诸多概念、分类及核算准则作出了调整。为与其他国际准则,如最新的 2008 年版《国民账户体系》(SNA2008)、第六版《国际收支和国际投资头寸手册》(BPM6)等的变化相统一、相协调,货币与金融统计准则也需要相应进行修订。

2011 年 11 月,国际货币基金组织统计部门确定了一系列待修订议题,并于 2012 年 2 月正式启动对 MFSM2000 与 MFS Guide2008 的全面修订。2014 年,国际货币基金组织公布了《货币与金融统计手册和编制指南(征求意见稿)》,经过广泛讨论和征集意见,对征求意见稿中的内容进行了调整和充实,于 2016 年 3 月公布了《货币与金融统计手册和编制指南》(MFSMCG2016),并于 2017 年 4 月正式出版发行,成为货币与金融统计领域兼具理论与操作意义的国际准则。

MFSMCG2016 对 MFSM2000 和 MFS Guide2008 的修订旨在提升统计手册内容和指导范围的全面性,提高与其他宏观统计及监管统计的关联性和一致性,力求与金融市场的最新发展保持同步,更精准地反映金融市场运行状况,适应危机后各国货币政策制定和宏观审慎管理的新需要。总体来看,修订内容涉及总体框架、机构单位和部门、金融资产分类、存流量和核算原则、货币信贷和债务、货币统计的编制与发布、金融统计及资产负债核算等方面。统计的一般原则整体上与《2008 年国民账户体系》(SNA2008)保持一致,是对 MFSM2000 和 MFS Guide2008 的系统性补充与完善。

第二节 《货币与金融统计手册》和《货币与金融统计编制指南》

国际货币基金组织货币与金融统计的核心框架包括两部分内容,即

《货币与金融统计手册》（MFSM2000）和《货币与金融统计编制指南》（MFS Guide2008）。

一、《货币与金融统计手册》内容概要

MFSM2000 注重金融性公司部门的存量和流量统计，是 SNA1993 有关内容的延伸和具体化，其核算范围是整个货币与金融领域，主要由货币统计和金融统计两个部分构成。货币统计包括一整套关于经济体中金融性公司部门的金融资产、非金融资产、负债的存量和流量数据。MFSM2000 建议货币统计的组织和表述以部门资产负债表和概览两个框架为基础。其中，部门资产负债表包括金融性公司部门中一个次部门的各种资产和负债的存量和流量分列数据；概览是把一个或多个金融性公司次部门的部门资产负债表数据合并成加总的资产负债表，以便于全面、整体分析。金融统计包括一整套关于经济中所有部门的金融资产和负债的存量和流量数据。金融统计的组织和表述形式旨在显示经济中各部门间的金融流量及相应的金融资产和负债头寸。

MFSM2000 主要由八章内容组成，另设若干附录和专栏。八章内容大体分为四个部分。

一是体系框架结构（第一章、第二章）。第一章即导论部分主要简述 MFSM2000 的概况、目的及意义。第二章即基本框架和概览部分明确了货币与金融统计的定义和用途，阐述了统计方法及其与经济政策目标之间、主要统计原则及其与 SNA1993 标准之间的关系，以及金融总量指标的主要类型，并介绍了一套可作为货币与金融统计基础的标准，包括原则、概念、定值标准、登录时间以及加总、合并和轧差等内容。

二是金融统计分类（第三章、第四章）。第三章是机构单位和部门，这部分界定了机构单位及其主要类型，通过经济领土、经济利益中心阐述了居民与非居民的概念。第四章是金融资产的分类，阐述了金融资产、特殊金融工具的定义、性质和特征，提出了金融资产和其他金融工具的详细分类标准。

三是金融总量统计（第五章、第六章）。第五章是金融存量、流量和会计规则，这部分提出了金融存量和流量的定义，阐述了金融存量和流量的

估价方法、金融资产和负债的重估价问题以及资产数量的其他变化,介绍了金融交易记录、汇总、合并和轧差(取净额)的原则和方法,以及金融衍生工具和债务重组的统计处理方法。第六章是货币、信贷和债务部分,总结了货币的特点、维度以及各种类型的货币总量、信贷总量、债务总量的统计方法,并探讨了加权货币总量的测算方法。

四是金融统计账户(第七章、第八章)。第七章是货币统计框架部分,介绍了货币统计分析和报告的基本框架——广义货币概览(Broad Money Survey,BMS),包含所有金融性公司及其子公司的资产和负债数据,其中存款性公司概览居于核心地位。第八章是金融统计部分,在前一章货币统计的基础上进一步拓展了统计范围,包含了经济中所有部门的金融资产和负债,着重介绍了广义金融统计、国民经济资产负债体系以及积累账户和资金流量账户的编制、运用等内容。

需要注意的是,MFSM2000中并不包括关于利率、证券价格、股票价格或汇率的宏观经济数据的编制和表述。由于未达成共识,MFSM2000也并未对交易证券应计利息、回购协议和证券借贷、黄金互换和黄金贷款等领域作出具体规定。

二、《货币与金融统计编制指南》内容概要

MFS Guide2008在MFSM2000原有框架基础上,进一步丰富和完善了货币与金融统计框架,增加了实际操作性指导意见,并对章节进行了适当调整(见表2-1)。一是补充了更具可操作性的指导,新增了"货币与金融统计的来源数据"一章。二是丰富了货币与金融统计框架,主要体现在对"货币、流动性、信贷和债务""货币统计框架"和"金融统计"等章节内容的拓展上。操作性内容的增加是MFS Guide2008较MFSM2000在内容上的最大变化。此外,MFS Guide2008扩展和丰富了MFSM2000中关于"常住单位边界"和"三维金融统计"等内容。这些内容在MFSM2000中只是略有提及,MFS Guide2008则对其进行了详细阐述。

表 2–1　MFS Guide2008 与 MFSM2000 的区别和比较

章的设置		新增"货币与金融统计的数据来源"一章
节的设置	概览	增加"历史视角"和"与宏观经济统计体系的关系"两节
	机构单位和部门	基本一致
	金融资产的分类	基本一致
	存量、流量和会计规则	增加"存量和流量：按资产分类"一节
	货币、流动性、信贷和债务	增加"电子货币""向国际货币基金组织报送货币总量""在《国际金融统计》中报告货币总量""迪维西亚货币"和"经济时间序列的季节调整"各节
	货币统计框架	增加"金融性公司报送""向国际货币基金组织报送""数据公布"和"补充数据"各节
	金融统计	增加"呈现方式""编制方法和来源数据""缺失数据的估计方法"和"编辑数据和统计不一致"各节
其他		增加正文附件 12 个、专栏 23 个、表格 60 个

资料来源：聂富强，崔名铠，等.《货币与金融统计编制指南（CGMFS2008）》的比较与思考[J]. 统计研究，2009（9）.

第三节　《货币与金融统计手册和编制指南》

完善的货币与金融统计既是经济和金融决策的重要支撑，也是维持良好金融发展秩序的必要前提。2008 年国际金融危机不仅暴露了金融监管的不足，也反映出货币与金融统计体系发展的滞后，强化了各国对准确、全面和可靠货币金融数据的需求。危机后，国际货币基金组织在深刻总结危机教训并结合各国实践经验的基础上，率先开展了促进货币与金融统计方法完善的工作，全面启动了对货币与金融统计准则核心框架的修订，于 2016 年 3 月公布了《货币与金融统计手册和编制指南》（MFSMCG2016），成为货币与金融统计领域兼具理论与操作意义的国际准则。

第二章 国际货币基金组织的货币与金融统计体系

一、内容概要

2016年版的《货币与金融统计手册和编制指南》（MFSMCG2016）将2000年版的《货币与金融统计手册》（MFSM2000）和2008年的《货币与金融统计编制指南》（MFS Guide2008）进行了合并，并在此基础上对货币统计方法和实际操作指南进行了更新和完善，从而为各国编制货币与金融统计和开展分析监测提供指导。MFSMCG2016包含一套完整的货币与金融统计标准化报表表式，为各国编制和报告中央银行、其他存款性公司和其他金融性公司数据提供了工具。

MFSMCG2016中所提出的方法和概念与其他宏观经济数据集是一致的，包括2008年版《国民账户体系》（SNA2008）、第六版《国际收支和国际投资头寸手册》（BPM6）、2014年版《政府财政统计手册》（GFSM2014），以及由联合国与欧洲中央银行联合发布的《国民核算手册：国民账户中的金融生产、金融流量与存量》。这种一致性反映出了不同宏观统计体系的紧密联系。

具体来看，MFSMCG2016共包括八章。

第一章是简介，阐述了发布《货币与金融统计手册和编制指南》的目的、历史沿革、相对MFSM2000和MFS Guide2008的主要变化以及手册的结构。MFSMCG2016主要有三个方面的目的：一是为编制和发布货币统计提供指南，二是为构建金融统计框架提供方向，三是帮助使用者理解不同宏观经济数据集之间的关系。

第二章是货币与金融统计框架概览，主要介绍货币与金融统计的范围、用途和编制方法，具体包括以下内容：一是主要原则和概念，以及与SNA2008的关系与异同；二是在编制部门资产负债表时，不同机构单位数据的合并过程，以及由资产负债表生成的概览；三是金融性公司会计记录间的联系，以及货币与金融统计的方法指南。

第三章是机构单位和部门，主要介绍机构单位和部门的定义。本章详细描述了机构单位和部门的定义，并且举例说明了居民和非居民部门的边界，相关概念与SNA2008等其他国际准则保持一致。此外，本章还重点论述了金融性公司部门与国内其他部门以及世界其他地区之间的关系。

第四章是金融资产和负债的分类，详细描述了金融资产和负债不同分类的特征。MFSMCG2016中金融资产和负债的顶层分类与SNA2008完全一致，包括八个方面，即货币黄金和特别提款权，通货和存款，债务证券，贷款，股权和投资基金份额，保险、养老金和标准化担保计划，金融衍生工具和员工股票期权，其他应收/应付账款等。

第五章是存量、流量和会计规则，介绍了金融性公司部门的存量、流量和会计规则的概念。金融性公司部门范围内金融工具的存量和流量数据的整合框架和复式会计准则，主要包括记录时间、交易成本和金融服务费的处理、金融存量和流量的价值评估、总量计算、净值计算和合并计算。MFSMCG2016采用与SNA2008相同的权责发生制为会计基础，在经济价值产生、转移、交换、消失时记录流量。存量和流量的计值运用市场价格或相当于市场价格的价值来计价。总体原则是数据以总值记录，当缺乏总值数据时以净值记录。

第六章是货币、流动性、信贷和债务，介绍了货币、流动性、信贷和债务的概念以及与基础货币、广义货币和其他货币总量相关的一系列问题。MFSMCG2016讨论了广义货币的定义和重要意义，指出货币、流动性、信贷和债务的总量有三个共同的维度，即一个特定总量中所包含的金融工具、发行部门和持有部门。本章还介绍了货币发行部门、货币持有部门和货币中性部门的区别。

第七章是货币统计的编制、基础数据和发布，讨论了货币统计框架和实际操作问题：一是货币统计的总体框架、部门资产负债表和金融部门及其子部门的分析概览，如存款性公司概览和金融性公司概览；二是货币统计的数据来源、数据报告需求、数据调整和估计、报告数据有效性的系统识别；三是货币数据如何在国内发布以及向国际货币基金组织报送的情况。

第八章是金融统计，主要包括以下内容：一是展示金融统计框架，描述金融统计数据的编制、发布和基础数据；二是提出流量和存量账户的定义和范围，并引入更多复杂的统计框架，如二维金融统计和基于资金来源去向表的三维金融统计；三是讨论如何解决金融统计的主要数据来源与其他数据来源存在的统计分歧和差异。

此外，MFSMCG2016正文后有三个附录，分别是货币统计与其他宏观

第二章 国际货币基金组织的货币与金融统计体系

统计、部门资产负债表和标准化报送表格（Standardized Report Form，SRF）以及金融性公司概览。

二、主要修订内容

MFSMCG2016 对 MFSM2000 和 MFS Guide2008 的修订主要包括三类议题：一是基于 SNA2008①、BPM6② 等其他相关国际统计准则变化的修订，二是基于金融形势发展和维护金融稳定需要的修订，三是弥补原统计框架不足的修订。具体修订内容包括以下方面。

（一）基于其他相关国际统计准则变化的修订

1. 修订机构单位和部门分类

根据 SNA2008、MFSMCG2016 对机构单位和部门分类进行了调整：一是新增合作制与有限责任合伙制单位。二是新增特殊目的实体（Special Purpose Entity，SPE）。虽然 SNA2008 没有给出关于特殊目的实体的确切定义，但其明确指出特殊目的实体是为持有从公司或政府单位的资产负债表剥离的证券化资产或其他资产而创建的。除 SNA2008 列举的专属金融机构、公司的虚拟子公司、广义政府这三类特殊目的实体外，MFSMCG2016 新增第四类即多国政府特殊目的实体。三是修订金融部门分类。MFSMCG2016 将保险公司和养老基金区别开来，同时定义货币市场基金（Money Market Funds，MMF）和非货币市场投资基金，将专属金融机构和贷款人放在了同一类别中，将货币统计下的金融业机构单位分为中央银行、其他存款性公司和货币市场基金、其他金融中介机构三个分部门。与 SNA2008 一致，MFSMCG2016将金融性公司部门划分为九类，分别为中央银行、中央银行以外的存款性公司、货币市场基金、非货币市场投资基金、保险公司和养老基金以外的其他金融中介机构、金融辅助机构、专属金融机构和贷款人、保险公司、养老基金（其分类与 MFS2000 和 MFS Guide2008 的对照见表 2-2）。

---

① 其中的金融账户、资金流量表等属于金融统计范畴。SNA 相关介绍详见本章附录一。
② 国际收支统计属于金融统计范畴。BPM 相关介绍详见本章附录二。

表 2-2　　　　　　　金融性公司部门分类修订对照

MFSM2000 / MFS Guide2008		MFSMCG2016	
中央银行	中央银行	存款性公司	中央银行
其他存款性公司	商业银行		中央银行以外的存款性公司
	其他存款性机构		
	清算银行		货币市场基金
其他金融性公司	保险公司和养老基金	其他金融性公司	非货币市场投资基金
	其他金融中介		保险公司和养老基金以外的其他金融中介机构
	金融辅助机构		金融辅助机构
			专属金融机构和贷款人
			保险公司
			养老基金

在机构单位和部门分类方面，MFSMCG2016 与 SNA2008 之间的差异可归纳为两点：一是金融机构一般不区分住户账户和非营利机构账户，因此不采用 SNA2008 中的做法。二是 MFSMCG2016 在 SNA2008 基础上对其他金融性公司中的特别情况进行了说明，补充了特殊目的实体、中央结算交易对手（Central Clearing Counterparty，CCP）等其他金融性公司部门的边界情况，强调特殊目的实体在部门划分上还需参考其对母公司的依赖程度及公司所处的领土位置，中央结算交易对手主要从事证券与衍生品交易的清算及结算活动。MFSMCG2016 将二者归入了保险公司和养老基金以外的其他金融中介机构。

2. 修订金融资产分类

一是修订金融衍生产品和雇员股票期权。SNA2008 中金融资产一级分类由原来的七类调整为八类，增加了金融衍生产品和雇员股票期权类别，分类目录更为详细，且将雇员股票期权从金融衍生产品中单列。MFSMCG2016 根据 SNA2008 的调整，在金融衍生产品和雇员股票期权（原体系中称为金融衍生产品）下增设金融衍生产品和雇员股票期权两个子项，单独列示雇员股票期权，与金融衍生产品分列区别介绍，而金融衍生产品进一步细分为期权和远期两类。二是修订投资基金份额。MFSMCG2016 的处理略微不同于SNA2008，即新建了一个单独的资产分类——货币市场基金，并列入广义货币。三是修订资产负债按币种分类情况。SNA2008仅建议针对其他存款按币种进行交叉分类，而货币与金融统计已对所有资产负债按名义币种进行了分类，为此，MFSMCG2016仅对涉及外币资产的部分进行了修订，即按照BPM6讨论的原则，重点说明外币关联工具的处理方法。

3. 修订金融工具分类

MFSMCG2016在金融工具分类上主要增加了三个子类：一是新增子类"投资基金份额"，并纳入"股权和投资基金份额"；二是将"保险技术准备金"修改为"保险、养老基金和标准化担保计划"，资产边界也扩展到了包含规定要求的标准化担保计划和养老经理人对养老基金的债权；三是新增子类"雇员股票期权"，并纳入"金融衍生工具和员工股票期权"（MFSMCG2016与MFSM2000、MFS Guide2008对照见表2-3）。此外，MFSMCG2016增加了对新型金融工具的处理，更全面地阐述了其统计处理方法，如交易所交易基金（Exchange-Traded Funds，ETF）、银行间头寸、抵押担保债券（Collateralized Mortgage Obligation，CMO）及类似工具、信用违约掉期（Credit Default Swap，CDS）及其衍生产品、保险、标准化担保计划、担保债券和结构性产品等。

表2-3　　　　　　　　金融资产与负债分类修订内容对照

MFSM2000 / MFS Guide2008	MFSMCG2016
货币黄金和特别提款权	货币黄金和特别提款权
货币黄金	货币黄金
特别提款权	特别提款权
通货和存款	通货和存款
通货	通货
可转让存款	可转让存款
其他存款	银行间头寸
	其他可转让存款
	其他存款
非股票证券	债务证券

续表

MFSM2000 / MFS Guide2008	MFSMCG2016
短期	短期
长期	长期
贷款	贷款
短期	短期
长期	长期
股票和其他股权	股权和投资基金份额
	股权
	上市股份
	非上市股份
	其他权益
	投资基金份额/单位
	货币市场基金份额/单位
	非货币市场投资基金份额/单位
保险技术准备金	保险、养老基金和标准化担保计划
住户在人寿保险准备金和养老基金的净股权	非寿险专门准备金
住户在人寿保险准备金的净股权	寿险和年金权益
住户在养老基金的净股权	养老金权益
预付保险费和未决索赔准备金	养老基金对养老金管理人的要求权
	对非养老基金津贴的权益
	标准化担保下的代偿准备金
金融衍生工具	金融衍生工具和员工股票期权
	金融衍生工具
	期权
	远期合约
	雇员股票期权
其他应收/应付账款	其他应收/应付账款
商业信贷和垫款	商业信用和预付款
其他	其他

另一个金融工具的相关修订是本息与外币挂钩的金融工具的分类。在

MFSM2000 和 MFS Guide2008 中，金融工具的结算货币是判断金融资产或负债是以本国货币还是外国货币计价的关键因素，而 MFSMCG2016 采用 BPM6 的处理方式，对于本息与外币挂钩的金融工具在核算时视同以外币计价。同时，按照 SNA2008 和 BPM6 的分类，MFSMCG2016 对向成员国分配的特别提款权进行重新分类，从证券类调整为长期国外负债。

4. 详细阐述货币总量、流动性总量

MFSMCG2016 阐述了金融工具能否纳入广义货币需重点评估的两个特征，即该金融工具能够在多大程度上提供流动性和名义价值的储藏功能。MFSM2000 和 MFS Guide2008 并未对纳入货币总量统计的金融工具进行明确规定，而是由各国货币当局去判定。新修订的 MFSMCG2016 则对纳入货币总量的工具提供了具有可操作性的指导。针对机构部门，MFSMCG2016 从货币发行部门、货币中性部门、货币持有部门三个维度进行了说明。其中，货币发行部门主要是中央银行、其他存款性公司和货币市场基金，货币中性部门主要是中央政府和非居民部门，其他部门为货币持有部门。MFSMCG2016 新增了广义货币交易对手，分别从负债角度和资产角度对广义货币构成进行了说明，并拓展了广义货币指标的含义，将非存款性公司资产负债表中的部分项目纳入广义货币统计。同时，MFSMCG2016 指出各国可根据需要，定义次级货币总量指标。在对流动性总量的阐述中，MFSMCG2016 强调区分流动性的核心测度和广义测度。其中，核心测度主要是存款，广义测度还包括债务证券和贷款形成的负债总额。

5. 修订资产负债表

为了应对货币统计编制方法的变化，MFSMCG2016 对资产负债表也做了相应修订，主要体现在：一是特别提款权在中央银行资产负债表的负债部分被单独列为一行；二是对国际货币基金组织 1 号、2 号账户和证券账户的本币存款及外币存款进行重新分类；三是在部门资产负债表的资产方单独列明货币市场基金和非货币市场基金的投资基金份额；四是将货币市场投资基金份额（在其他存款性公司的资产负债表中）和非货币市场投资基金份额（在离岸金融中心的资产负债表中）根据相应的部门在负债方单独列示；五是在确认金融性公司中非居民的资产和负债、与金融性公司中非居民相关的银行间头寸、1 年期以内债务证券和贷款以及居民的贷款和存款等方面，MFSMCG2016 提供了更为详细的备忘项目。

6. 修订存量和流量的处理规则

MFSMCG2016 加大了对资产负债数量其他变化（Other Changes in the Volume of Assets and Liabilities，OCVA）的关注。SNA2008 调整了 OCVA 账户中非交易因素资产负债变动的可能原因，主要包括六大类资产负债变化及其子项：资产的经济出现、非生产性非金融资产的经济消失、巨灾损失、无偿没收、未分类的其他数量变化和分类变化。MFSMCG2016 对 OCVA 账户的关注焦点主要在于：一是主要分类及其子项的变化，二是增加与货币统计有关的项目，三是与 SNA2008 框架下新的分类保持一致，四是强调存量数据和流量交易数据的重要性。同时，在资产负债计值方面，MFSMCG2016 明确了市场价值、公允价值、名义价值、账面价值、摊销价值、面值、历史成本等易混淆术语的定义；除市场价格和公允价值之外，还列示了摊余成本等其他估值方法。此外，MFSMCG2016 还讨论了汇率变动、特殊种类债券、金融衍生工具、清算及交易时间等方面的核算。

7. 引入经济所有权概念

依据 SNA2008，MFSMCG2016 引入经济所有权的概念，明确区分法律所有权和经济所有权，以经济所有权的变更来确定交易登记时间。此外，依据 SNA2008 和 BPM6 的新变化，MFSMCG2016 对指数联结工具、特别提款权分配、不良贷款、再保险、保险技术准备金、未上市股份、主权财富基金（Sovereign Wealth Funds，SWFs）等项目的统计处理也作出了新的调整和说明。在表式方面，增加了基本经济概念及其与国民账户体系和其他手册中对应内容之间联系的详细内容，加强了与其他宏观经济统计之间的协调。

（二）基于金融形势发展和维护金融稳定需要的修订

1. 修订货币的概念及相关内容

当前，信用卡、电子货币等新型支付手段的种类、特征持续发生深刻变化。原货币统计体系没有给出有关货币的明确定义，只列出广义货币的备择清单。MFSMCG2016 则从功能及构成的角度明确了货币的定义，进一步完善了货币分析工具，为统计报表编制者判断某一新型金融资产是否属于广义货币提供了充足、有效的分析工具。同时，MFSMCG2016 新增了从资产角度定义的广义货币交易对手方的相关概念。

2. 细化金融统计的存量和流量等内容

MFSMCG2016 建议按季度或年度统计金融数据，鼓励按季度统计。MFSMCG2016 主张金融统计数据可以有不同的详细程度，可以涵盖存量和流量，也可以只有存量，或只有流量；机构部门的分类或金融工具的类别也可以有所不同。此外，金融统计数据可以是二维的，也可以是三维的。最全面的金融统计包含以下账户信息：金融账户的资金来源和去向、资产负债表、资产账户其他变化。二维金融统计与 SNA2008 的金融账户和资产负债表类似，二维金融统计数据不能提供交易对手部门的信息。三维金融统计提供资金来源和去向的信息，对自身部门和交易对手部门的金融存量和流量进行分解，例如中央政府发行由非金融机构购买的债券。三维金融统计中，x 轴为交易对手部门（政府部门或金融性公司），y 轴为金融工具，z 轴为自身部门（见图 2-1）。

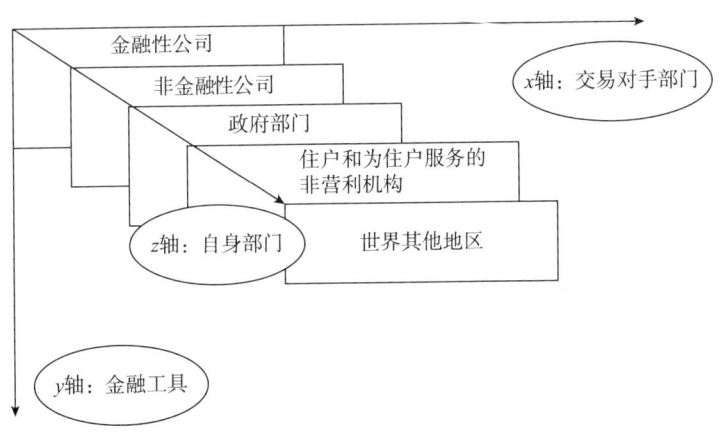

图 2-1 三维金融统计

以政府部门和金融性公司组成的两部门三维金融统计（见表 2-4）为例，金融工具分类和交易对手能够在同一张表中显示。

表 2-4 金融性公司和政府部门的两部门三维金融统计

发行方/借方 持有方/贷方	金融性公司			政府部门		
	资产	负债	净值（资产-负债）	资产	负债	净值（资产-负债）
金融性公司						
货币黄金和特别提款权						
现金和存款						
债务证券						
贷款						
股权和投资基金份额						
保险、养老金和标准化担保计划						
金融衍生工具						
其他应收/应付账款						
政府部门						
货币与黄金提款权						
通货和存款						
债务证券						
贷款						
股权和投资基金份额						
保险、养老金和标准化担保计划						
金融衍生工具						
其他应收/应付账款						

3. 增加欧洲中央银行证券持有统计的相关内容

与 2014 年的征求意见稿相比，MFSMCG2016 第六章中增加了欧洲中央银行关于证券持有统计的专栏。欧洲中央银行编制的证券持有统计按季度提供统一的部门数据，其中包括由欧元区居民投资者持有的证券，以及欧元区居民发行、由非欧元区居民持有的证券。在证券存量统计的单独模块中，欧洲中央银行也采集个别银行集团的证券持有信息。证券资产统计包括债券和股权（含投资基金份额），主要依赖两种信息来源：一是欧元区金融机构提供的逐只证券的持有报告,二是欧元区内其他监管机构提供的其他居民和非居民的信息报告。与逐笔报告类似,监管机构提供的信息有限。编制者接到这些信息后,再通过证券集中数据库(Centralized Securities Database,CSDB)等渠道来丰富相关内容。

4. 增加债券定价和记录的操作实例

与2014年的征求意见稿相比,MFSMCG2016第五章增加了不同类型债券的定价和记录的操作实例。这些新增的实例分别是平价发行的固定利息债券、折价发行的固定利息债券、与居民消费价格指数挂钩的固定利息债券、与外币挂钩的固定利息债券的流量和存量统计,明确了市场价值和名义价值之间的关系。表2-5、表2-8是3年期平价发行的债券存量和流量统计的案例。根据表2-5、表2-6的发行参数和市场利率、居民消费价格指数和汇率的3年变化情况,我们可以得到平价发行的固定利息债券存量和流量(见表2-7),以及债券从购买到赎回的流量变化(见表2-8)。

表2-5 不同类型债券发行的参数

	平价发行的债券	折价发行的债券	与CPI挂钩的债券	与外币挂钩的债券
面值(以本币计价)	1000	1000	1000	1000
发行价(以本币计价)	1000	900	1000	1000
付息率(%)	10	5.98	5	10
指数化	无	无	本金对应CPI	本金对应美元价格

表2-6 市场利率、CPI和汇率三年发展变化

	第0年末	第1年中	第1年末	第2年中	第2年末	第3年中	第3年末
市场利率(%)	10	10	7	9	11	12	12
基期CPI=100	100	103	104.5	107.4	111.3	113.4	117
汇率	10	9	8.5	9.5	10	10.5	11

表2-7 平价发行的固定利息债券存量和流量

	第0年末	第1年中	第1年末	第2年中	第2年末	第3年中	第3年末
名义价值							
息票支付前	1000	1048.8	1100	1048.8	1100	1048.8	1100

续表

	第0年末	第1年中	第1年末	第2年中	第2年末	第3年中	第3年末
息票支付后		1048.8	1000	1048.8	1000	1048.8	1000
应计利息		48.8	51.2	48.8	51.2	48.8	51.2
息票支付			-100		-100		-100
市场价值（含息价）	1000	1048.8	1154.2	1062.4	1091	1039.4	1100
市场价值（除息价）	1000	1000	1054.5	1013.6	991	990.6	1000
市场价值变化引起的重新估价（半年）		0	54.2	-40.7	-22.6	-0.4	9.4
市场价值变化引起的重新估价（累积）		0	54.2	13.6	-9	-9.4	0

表2-8　　　　　　　债券从购买到赎回的流量变化

时间阶段	名称		期初	交易	价值重估	资产数量其他变化	期末
初始状态/购买	金融资产	债券	0	1000			1000
		存款		-1000			
第一年的第一个半年	金融资产	债券	1000	48.8	0		1048.8
	股权	利息收入		48.8			
		价值调整		0	0		
第一年的第二个半年	金融资产	债券	1048.8	-48.8	54.2		1054.2
		存款		100			
	股权	利息收入		51.2			
		价值调整			54.2		
第三年的第二个半年（赎回前）	金融资产	债券	1039.4	-48.8	9.4		1000
		存款		100			
	股权	利息收入		51.2			
		价值调整			9.4		

第二章 国际货币基金组织的货币与金融统计体系

续表

时间阶段	名称		期初	交易	价值重估	资产数量其他变化	期末
债券购买后三年期间的流量	金融资产	债券	1000	0			1000
		存款		300			
	股权	利息收入		300			
		价值调整			0		
赎回	金融资产	债券	1000	-1000			账户结清
		存款		1000			

5. 强化对非银行金融中介机构的统计

2008 年国际金融危机进一步凸显了非银行金融机构对一国或地区金融稳定的影响，由此，各国政府和国际组织对非银行金融机构的数据更为关注。原货币与金融统计体系的标准化报送表格未单独反映该数据，而 MFSMCG2016 在标准化报送表格中将非银行金融中介机构（如保险公司、养老基金、结构性金融工具、对冲基金等机构和工具）作为备忘项目，以便加强对这类机构的监督和管理。

6. 引入资产负债表分析方法

MFSMCG2016 在第八章"金融统计"中增加了第三节"资产负债表分析方法"（Balance Sheet Approach，BSA）。资产负债表分析方法是在标准化报送表格的基础上，以各部门的资产负债表为起点建立资产负债分析矩阵，用于分析某一部门的金融脆弱性及其风险在经济各部门间的传导机制，以满足对交叉数据信息以及宏观审慎分析的信息需求。如可以通过资产负债表分析方法，来分析资产负债各种错配引起的风险点，以及随着时间推移这些风险点的累积情况：一是货币错配，如借款人以外币计价的负债大于其外币资产；二是资产负债期限错配，如短期负债对应长期资产，可能引发资金和利率风险；三是资本结构问题，如过分依赖债务而不是股权；四是偿付能力和交易对手风险，如债务人资产不能够覆盖负债及或有负债。总之，资产负债表分析方法可以反映部门间的相互关联如何通过借方和贷方影响整个经济，这有助于弥补 2008 年国际金融危机中暴露的跨部门信息缺口问题。三维金融统计常应用于资产负债表分析。

7. 增加欧洲中央银行统计需求优势及成本评估程序的内容

与2014年的征求意见稿相比，MFSMCG2016第七章"货币统计的编制、数据来源和发布"中增加了"优势和成本评估程序"专栏，介绍了欧洲中央银行的相关做法。欧洲中央银行于2000年正式建立了"优势和成本评估程序"，评估新统计报告需求的价值，评估的主要目的是降低报告负担，确保统计数据采集具有成本效益。评估程序主要包括五个步骤：一是评估利用现有统计数据能否满足新的数据需求、能够满足到什么程度；二是进行"实情调查"，用于分析增加统计数据的可行性以及与想要计量的经济现象的相关性；三是进行正式的成本评估问卷调查，分别寄给金融性公司（问卷内容主要是关于增加统计数据而新增的报告负担）和各中央银行（问卷内容主要是关于统计更多数据而增加的管理负担），受访者使用分级标准来评估成本；四是欧洲中央银行收到受访者的反馈后，将增加成本的相关情况再寄给统计数据的主要使用者，让他们根据成本再次考虑他们的统计需求；五是欧洲中央银行理事会根据优势和成本相匹配的原则，决定是否开展一项新统计。

（三）弥补原统计框架不足的修订

弥补原货币与金融统计框架不足的修订主要包括五个方面：一是累计折旧的处理方面，对MFSM2000和MFS Guide2008中二者处理方法不一致的部分进行修订。二是原金融账户统计范围较窄，需要进一步扩展。三是MFSM2000对伊斯兰金融机构的特点、基本工具类型及货币统计一般处理原则的介绍较为简略，新修订扩展了伊斯兰银行业的范围，以更好地反映伊斯兰金融活动和金融工具的新发展。四是修订金融资产负债的估值方法。MFSM2000和MFS Guide2008建议的一般原则是市场价格与公允价值，但各国实践当中往往还会用到一些其他方法，如名义价值、摊余成本、票面价值、账面价值和历史成本，MFSMCG2016对此作出了修订和说明。五是MFS Guide2008建议对持有到期的债务证券按市场价格或公允价值核算，但在实践中存在困难，而《国际财务报告准则》推荐的方法是摊余成本，为此MFSMCG2016对此做了调整。

三、主要贡献

(一) 金融工具分类在国际准则中保持领先地位

MFSM2000 和 MFS Guide2008 在金融工具的处理上一直领先于 SNA1993，而 SNA2008 关于金融工具的修订也以借鉴货币与金融统计体系为主，比如 SNA2008 在员工股票期权、期权与远期、回购协议、货币市场基金和保险技术准备金等方面主要借鉴了 MFSM2000，而 MFSMCG2016 对此做了更详细的描述。除一般金融衍生工具外，新修订涉及各种新型金融工具的处理方法，如交易所交易基金、银行间头寸、信用违约掉期等。

(二) 与其他国际标准的协调性明显提高

货币与金融统计的基本原则和概念与 SNA2008 总体保持协调一致。MFSMCG2016 根据 SNA2008 做了很多调整，如引入经济所有权概念、确定交易时间并对机构单位分类、金融部门分类、金融资产分类以及资产数量其他变化的主要分类及其子项等方面做了调整。在跨国企业界定、主权财富基金划分、资产负债按到期日分类和特别提款权的分配等方面，MFSMCG2016 根据 BPM6 准则进行了调整。此外，MFSMCG2016 根据《证券统计手册》(HSS) 的规定，对资产证券化的不同形式均给予详细说明。

(三) 从以存量统计为主向存量和流量统计并重迈进

MFSMCG2016 增加了对各部门的货币、信贷和债务等金融流量数据的统计。修订的手册从征求意见稿到正式出版，又经历了两年的时间，主要充实的部分集中于对流量统计的阐述，如在第五章"存量、流量和会计准则"的第三节中，将征求意见稿中的"金融资产和负债的计价"改为"存量和流量的计价"；在 MFSMCG2016 中增加了第五章的第四节"流量和存量的编制"，主要阐述对流量的计价（交易、重新定值、资产数量的其他变化）、不同类别金融资产和负债的存量和流量、债务重组的记录方法等。

(四) 进一步推动货币与金融统计核算体系的可操作化进程

2004 年，国际货币基金组织为便于成员国报送货币统计数据，开发了标准化报送表格。标准化报送表格进一步推动了货币与金融统计核算体系的可操作化进程。目前已有100多个国家及地区的中央银行按照标准化报送表格执行数据报送。标准化报送表格在具体实施过程中所取得的经验，又被补充进货币与金融统计核算体系中。这些内容在 MFS Guide2008 中有所提及，但篇幅很少，而在 MFSMCG2016 第七章"货币统计的编制、基础数据和公布"中，国际货币基金组织围绕标准化报送表格展开详细论述，内容涉及数据公布特殊标准（Special Data Dissemination Standards，SDDS）、数据公布通用系统（General Data Dissemination System，GDDS）、国际金融统计（International Financial Statistics，IFS）等各类数据公布系统。MFSMCG2016在理论概念与实践操作等内容方面的编排处理上更加体系化。

附录一：国民账户体系

国民账户体系（System of National Accounts，SNA）是联合国发布的一套以经济学原理为基础，严格按照核算规则对经济活动进行全面测度的国际公认准则，它涵盖了国民经济的各个方面，而不仅是金融领域的核算和统计。

一、发展历程

国民账户体系是对国民经济活动进行综合考察和统一核算的一套制度体系，在宏观经济统计领域具有重要的指引作用。现代 SNA 体系起源于1947年。当时，有"国民经济统计之父"之称的理查德·斯通（获1984年诺贝尔经济学奖）在其撰写的联合国报告及其附录"国民收入和相关总量的定义与计算"中介绍了账户系列方法。基于此研究，SNA1947 提出一套包含9张表的统计体系来反映收入、支出、资本形成和储蓄总量来源及相互之间的联系。

在 SNA 的发展历程中，有三个具有里程碑意义的版本，分别是 SNA1953、SNA1968 和 SNA1993。其中，SNA1953 标志着标准化国民经济核算体系的建立，SNA1968 确立了标准化国民经济核算体系的框架，SNA1993

是 20 世纪国民经济核算体系发展的集大成者（杨仲山，2008）。从编写主体来看，SNA1953、SNA1968 由联合国（the United Nations，UN）单独编写，SNA1993 由联合国、欧盟委员会（European Commission，EC）、经济合作与发展组织（Organization for Economic Cooperation and Development，OECD）、国际货币基金组织和世界银行（World Bank，WB）共同编写。当前，国民账户体系的最新准则是 SNA2008，它提供了一套符合国际惯例的概念、分类、核算规则、统计方法、账户和表式体系。

二、SNA2008 在 SNA1993 基础上进行的主要修订

SNA2008 分为三大部分：第一部分是概要性介绍；第二部分具体介绍经常账户、积累账户及资产负债账户等账户体系和表格，同时给出了账户整合的方法；第三部分对这套账户进行了全方位的详细阐述，并提出了一些可能的扩展。与 SNA1993 相比，SNA2008 虽然在框架体系上未进行根本或综合性的变动，但在资产、金融部门、全球化及其相关问题、广义政府和公共部门、非正规部门等五个方面仍有新突破。SNA2008 不仅为国民经济核算提供了全球普适性的指导，也强化了国民账户体系在统计体系中的中心地位。

（一）机构单位和部门分类的修订

首先，修订机构单位的范围。一是符合条件的辅助活动生产单位应单独确认为机构单位。SNA2008 提出从事辅助活动的生产单位可建立独立账户，或所处地点独立于其所服务的机构单位时，应被确认为单独的机构单位。二是虚拟子公司不应作为机构单位。SNA2008 认为虚拟子公司不应作为机构单位看待，除非对一个经济体而言，该子公司的常住性不同于其母公司。三是非常住单位的分支机构有条件的可确认为机构单位。当非常住单位的分支机构在某一经济领土内长期从事大量的货物服务生产活动，并遵守其所在经济体的所得税法时，SNA2008 认为可确认其为该经济领土的机构单位。四是明确了跨国企业的常住性。当一个跨国企业无法确认属于哪个经济体时，SNA2008 建议将该企业的总营业额在其经营的各个经济领土内按比例进行分配。

其次,修订金融机构部门的分类。一是扩展子部门。SNA2008修订了金融性公司部门的子部门,由5个子部门扩展为9个子部门,包括中央银行、中央银行以外的存款性公司、货币市场基金、非货币市场投资基金、保险公司和养老基金以外的其他金融中介机构、金融辅助机构、专属金融机构和贷款人、保险公司和养老基金。二是控股公司被纳入金融性公司部门。SNA2008建议将金融控股公司划分为金融性公司部门,并将其确认为专属金融机构。有别于此,SNA1993则将公司总部划分为非金融性公司部门,只有在其子公司全部或大部分是金融机构时,才将公司总部划分为金融性公司部门的金融辅助机构。三是扩展了金融服务的定义,将金融中介服务以外的增长包含在内,尤其是金融风险管理和流动性转换,包括监管服务、便利服务、提供流动性、承担风险、承销和交易服务等。

再次,明确特殊目的实体。SNA2008对于特殊目的实体提供核算指导,并指出特殊目的实体具备以下特征:几乎没有实体形态,总是与其他公司有关,常常是一个子公司,常住在其母公司常住经济领土之外的经济领土内。此类单位应被确认为一个机构单位,但有三种类型除外,分别是专属金融机构、公司的虚拟子公司以及广义政府的特殊目的单位。

最后,单独设置非营利机构单位(Non – Profit Institution,NPI)。SNA2008将非营利机构单位划分到不同的机构部门并作为单独的子部门,以便于获得符合要求的所有非营利机构活动的汇总补充表。

(二) 资产负债范围及分类的修订

首先,修订资产分类。SNA2008对资产的分类,第一级别仍然分为非金融资产和金融资产。非金融资产仍然分为生产资产和非生产资产,但不再区分有形资产和无形资产。生产资产分为固定资产、存货和贵重物品;非生产资产分为自然资源,合约、租约和许可证,商誉和营销资产。

其次,扩展资产范围。SNA2008将研究与开发、武器系统、数据库等纳入生产资产范畴,并扩展了原有对水资源的定义。

最后,修订金融资产和负债的分类。为反映SNA1993推行以来金融市场上出现的各种创新,提高适用性,SNA2008修改了对金融资产/负债的分类。第一级分类中,增加了金融衍生工具和雇员股票期权,修改了"债务

第二章 国际货币基金组织的货币与金融统计体系

证券""股权和投资基金份额""保险、养老金和标准化担保计划"三个名称。子分类中，将货币黄金的定义修改为货币当局作为储备资产所持有的黄金，包括金块和对非常住单位的未分配的黄金账户，以便与《国际收支和国际投资头寸手册》（BPM6）保持一致；确认特别提款权负债；引入银行间头寸，以避免交易双方均为银行时所引起的存款和贷款的模糊性；对股权和投资基金份额进行细分；对保险、养老金和标准化担保计划重新分类。

（三）核算及测算方法的改进

1. 改进核算方法

一是利用相关资产的不变质量价格指数，按照一定时期的平均价格来测算固定资本消耗；二是仍将所有权转移费用记录为固定资本形成，但其摊销方式由SNA1993建议的在整个资产生命周期内摊销改为在购买者预计持有该资产的时期内逐步摊销；三是原件与复制品作为不同产品进行核算。

2. 改进包括生产边界在内的交易规定

一是改进了金融中介服务的间接测算方法（Financial Intermediation Services Indirectly Measured，FISIM），建议金融中介服务的间接测算方法只适用于贷款和存款，计算方法改为：金融中介服务的间接测算方法 =（贷款利率 - 参考利率）× 贷款额 +（参考利率 - 存款利率）× 存款额。二是明确了中央银行的产出。中央银行生产服务分为三个方面：金融中介服务、货币政策服务以及对金融性公司的监管服务。通过区分其市场产出或非市场产出来测算中央银行的服务。三是改进了非寿险服务产出的记录，建议用期望值法、会计法和成本法来估计非寿险产出，以抵销在巨灾发生时以权责发生制核算的保险活动产生的不稳定性。四是建议参照直接保险来记录再保险。

3. 改进金融资产和负债的核算

一是仍将证券回购协议视为抵押贷款，但承认已回购证券出售的可能性。二是建议在金融账户中记录雇员股票期权交易，对应于由股票期权价值所代表的雇员报酬。理想的方式是期权价值应当对应于授权日与含权日之间的整个时期，如果不可能，则可在授权日记录。三是建议设立两个与不良贷款（利息或本金逾期90天及以上的贷款）相关的备忘项目，即被视为不良贷款的名义贷款价值以及这些贷款的市场等量值。四是明确三种类型担保的核算。第一类是借助金融衍生工具形式提供的担保，按照金融衍生工具来核算；第二类是标准化担保，在金融账户中有一个项目反映了新担保费用支付和已有担保的代偿之间的差额；第三类是一次性担保，一般不作为金融资产/负债记录。五是详细阐述了对指数关联型债务证券的处理，推荐了两种确定每个核算期应计利息的方法。六是修订了对外币关联型债务证券的处理，建议其归类和记录视同以外币计价的债务工具。七是对非上市股权提供了多种估值方法，增加了灵活性。八是建议对所有因证券出借而对证券所有者的应付账款，以及因黄金贷款而对黄金所有者的应付账款，都应记录为利息。九是基于经济所有权区分融资租赁和经营租赁。十是记录养老金权益的若干建议发生变化，如建议养老金承诺应记录为对住户的负债；养老基金应当根据总成本来确定其产出值，视为持有养老金权益的雇员的应付账款等。

（四）其他改进

1. 引入新的概念

一是引入了经济所有权概念作为所有权变更的标志，以替代原先的法定所有权；二是引入资本服务这一分析性概念，通过编制资本服务补充表，有利于深入开展生产率研究；三是引入资源租赁概念，根据经济所有权将承租人对其资产所有者的支付行为记录为所有者的财产收入。

2. 资产更名

一是将SNA1993中的"无形生产资产"更名为"知识产权产品"，并对其核算处理做了进一步明确和扩展；二是将"非生产非金融资产的重大改良"更名为"土地改良"；三是将"矿藏勘探"更名为"矿藏勘探与评估"；四是将"有形非生产资产"更名为"自然资源"；五是将"外购商誉"更名为"外购商誉和营销资产"。

3. 新增对广义政府和公共部门的相关问题的讨论

一是明确了政府和公共部门与经济体其他部门之间的界限；二是明确了关于公营公司支付的超级红利、对公共企业的注资等项目的处理方法；

三是明确了对广义政府部门与有关公营公司之间的交易,以及通过证券化工具所完成的交易的核算方法;四是明确了按权责发生制记录税收。

附录二:《国际收支和国际投资头寸手册》

《国际收支和国际投资头寸手册》旨在为各经济体之间的交易和头寸统计提供标准框架,主要目的包括提供并解释国际收支和国际投资头寸统计的概念、定义、分类和惯例;通过推广国际上通用的指导原则,促进数据的国际可比性;阐明国际收支和国际投资头寸统计与其他宏观经济统计之间的联系,促进不同数据集之间的一致性;介绍国际收支数据的用途、金融资产和负债的其他变化以及作为一个经济体国际账户的国际投资头寸。

一、发展历程

1948 年 1 月,国际货币基金组织推出第一版《国际收支手册》(Balance of Payments Manual,BPM1),该版本为各国向国际货币基金组织定期提供具有国际标准的报告奠定了基础,是对国际联盟有关国际收支统计指导方针编制工作的纵深推进。BPM1 主要包括数据报告表格以及完成这些表格的简要说明,但并未对国际收支的概念和编制方法进行一般性讨论。《国际收支手册》(第二版)(BPM2)于 1950 年公布,主要是对 BPM1 的一些概念进行了补充性说明。《国际收支手册》(第三版)(BPM3)于 1961 年面世,它提供了一整套可供各国满足自身需要的国际收支原则。《国际收支手册》(第四版)(BPM4)于 1977 年发布,它反映了国际金融体系及国际交易方式的重要变化,更全面地阐述了有关居民地位和计值的基本原则及其他会计原则。经过长时间酝酿,《国际收支手册》(第五版)(BPM5)于 1993 年 9 月问世。该版本的特点是与同期编制的 SNA1993 进行了协调,避免了数据统计标准不一致问题。它对定义、术语和账户结构做了许多修改,包括将经常账户中的资本转移和非生产资产转移到新指定的资本账户,将资本账户重新命名为金融账户,将服务从初次收入(以前称为要素服务)中剥离。为与 SNA1993 保持一致,BPM5 还引进了作为微观基础的各种单位和部门,而不是将经济体作为单一的单位;此外,还纳入了有关国际投资头寸的内容。

2001年,编制委员会提出,决定在2008年前后对BPM5进行更新。2004年4月,国际货币基金组织发布了有关更新的《附注提纲》,并成立了技术专家组,分别就货币联盟、直接投资、储备和其他问题提出建议。该草案版本于2007年3月至2008年3月公布在国际货币基金组织网站上,并向全世界征求意见。此外,国际货币基金组织还向委员会成员和其他有关各方分发了若干章节和整个文件的其他草案版本,并在2008年1~9月举办了一系列区域宣传研讨会,对该手册的修改进行诠释,征求各方对手册内容的意见。2008年11月,手册第六版通过。新版本就国际投资头寸提供了比以前更为详细的指南,还就重新定值、其他数量变化及其对资产和负债计值的影响进行了更详细的讨论。过去十年里,全球在国际投资头寸、直接投资、外债、证券投资、金融衍生产品和储备资产方面的详细工作成果被纳入新版手册。为反映有关交易、其他变化和头寸的一体化观点,第六版名称改为《国际收支和国际投资头寸手册》(Balance of Payments and International Investment Position Manual),但为突出反映其历史演变,依然简称为 BPM6。

二、内容概要

BPM 6 共有14个章节和9个附录,其中介绍性章节(第一章至第六章)阐述了各个账户的共同问题,第七章至第十三章分别对每个主要账户进行了介绍,最后一章对数据分析进行了阐述。此外,BPM6还介绍了一般性原则,以求广泛适用。同时,这些原则也适用于一些需要提供额外指导的特定主题。

第一部分概要介绍了手册内容:第一章提供手册的背景资料,第二章介绍会计和信息披露框架,第三章介绍会计原则,第四章阐述与单位、部门和居民地位有关的问题,第五章介绍资产和负债分类,第六章解释职能类别。

第二部分主要介绍了框架中的账户。每个账户旨在反映一个单一的经济过程或现象,并单列一章加以介绍。第七章介绍国际投资头寸以及这类

第二章 国际货币基金组织的货币与金融统计体系

头寸所带来的投资收益,自 BPM5 问世以来,各国越来越重视这类数据的编制;第八章介绍金融账户,包括直接投资、证券投资、金融衍生品、其他投资等;第九章介绍金融资产和负债的其他变化账户,包括重新定值;第十章介绍货物与服务账户;第十一章和第十二章分别介绍收入初次和二次分配账户;第十三章介绍资本账户。对每个账户的全面了解还需要运用若干原则,如介绍性章节中的估值、记录时间、居民地位和分类等。

最后一部分,即第十四章,对国际收支和国际投资头寸数据分析进行了介绍,特别提及将宏观经济关系作为整体分析框架。

三、BPM6 与 SNA2008 的比较

(一) 对外账户

从 BPM5 的编制开始,国际货币基金组织就注重与 SNA2008 中的世界其他地方账户以及国际账户内容保持一致。因为国际账户与国民账户体系密切相关,多数国家首先编制国际收支和国际投资头寸数据,然后将这些数据纳入国民账户体系中世界其他地方账户下对应的对外账户。在居民单位划分、计值、记录时间、转换程序,以及货物、服务、收益、资本转移和对外金融资产和负债的统计范围方面,SNA2008 与 BPM6 完全一致。

(二) 会计体系

国民账户体系采用的基础会计体系与国际收支所采用的类似。但是,国民账户体系将同一交易的双方(居民和非居民)的分录都包括在内,而国际收支只包括一方(居民方)的分录。因此,国民账户体系中每笔交易都会产生四项分录,即每方两项。国际收支中的贷方在国民账户体系中称为资源或流出,借方称为使用或流入。国民账户体系的世界其他地方账户从非居民单位的角度表述,而国际收支则从居民单位的角度表述同一交易。例如,一个经济体的进口在国民账户体系中列为资源,即世界其他地方账户的流出,以及居民单位的流入或使用。

(三) 分类体系

SNA 与 BPM 的分类体系总体相同,主要大类的范围和术语完全一致。

表述上较为明显的差异在于，国际账户采用职能类别作为投资收益、金融账户和国际投资头寸的一级分类，而国民账户体系则采用工具和部门作为一级分类，职能类别不适用于国内关系。但是，国际账户中的工具和机构部门细分数据可以与国民账户体系数据进行转换或比较。此外，世界其他地方账户和国际账户在分类和细分程度上也存在差异。这反映了分析需求的不同以及在国民账户体系中对所有经济部门使用统一分类方法的必要性。由于使用的术语一致，国际账户项目和对应国民账户体系项目之间存在关联。此外，为方便比较和建立关联，BPM6 附录 9 列出了国民账户体系代码（由于国际账户使用职能类别作为一级分类，国民账户体系代码在投资收益、金融账户和国际投资头寸上增加了一个字母，以表示职能类别）。

（四）账户间的联系

除一些细微差别（如国民账户体系将货物和服务账户称为货物和服务对外账户，将国际投资头寸称为对外资产和负债）外，国民账户体系与世界其他地方账户及国际账户的术语相同。

国民账户体系中，货物和服务进出口的范围与国际收支的相关项目一致。在国际收支统计中，服务进出口进一步细分，为分析和政策决策提供数据，尤其为国际协议框架内的国际服务贸易谈判提供数据。国际收支中列出的服务与《中央产品分类》一致，但旅行、建设和别处未涵盖的政府货物和服务等基于交易者的项目除外。雇员报酬、财产收入和经常转移的定义相同，但国际账户采用职能类别划分投资收益；对外累积账户项下资本账户的主要部分与国际收支资本账户相同；平衡项目净贷款/净借款与国际收支项目相同。

国民账户体系中，金融账户的范围与国际收支金融账户相同，只是细分程度不同。与此类似，国民账户体系对外资产和负债账户的范围与国际投资头寸相同。但是，在国民账户体系中，金融资产首先按工具类型分类；而在国际收支中，金融项目首先按职能类别分为直接投资、证券投资、金融衍生工具（储备除外）和雇员股票期权、其他投资和储备资产。国民账户体系使用的金融工具分类及其与职能类别的关系和工具组成见附表 2-1。

第二章 国际货币基金组织的货币与金融统计体系

附表 2-1 国民账户体系与国际账户项目对应表

（金融账户和国际投资头寸）		
SNA2008 金融工具分类	国民账户体系代码	BPM6 金融工具分类
货币黄金和特别提款权	F1	
货币黄金	F11	货币黄金（RA）
特别提款权	F12	特别提款权（资产-RA；负债-OI）
通货和存款	F2	通货和存款（DI, OI, RA）
通货	F21	
可转让存款	F22	
银行间头寸	F221	银行间头寸（OI）
其他可转让存款	F229	
其他存款	F29	
债务证券	F3	债务证券（DI, PI, RA）
短期	F31	短期（DI, PI, RA）
长期	F32	长期（DI, PI, RA）
贷款	F4	贷款（DI, OI, RA）
短期	F41	短期（DI, OI, RA）
长期	F42	长期（DI, OI, RA）
股权和投资基金份额	F5	股权和投资基金份额（DI, PI, OI, RA）
	D43	收益再投资（DI, PI, OI, RA）
股权	F51	股权（DI, PI, OI, RA）
		收益再投资（DI, PI, OI）
投资基金份额/单位	F52	投资基金份额/单位（DI, PI, OI, RA）
		收益再投资（DI, PI, OI）
货币市场基金份额/单位	F521	货币市场基金份额/单位（DI, PI, OI, RA）
其他投资基金份额/单位	F529	其他投资基金份额/单位（DI, PI, OI, RA）
保险、养老金和标准化担保计划	F6	保险、养老金和标准化担保计划（DI, OI）
非寿险准备金	F61	非寿险准备金（DI, OI）
寿险和年金收益	F62	寿险和年金收益（DI, OI）

续表

养老金权益	F63	养老金权益（DI，OI）
养老基金对养老金管理人的债权	F64	养老基金对养老金管理人的债权（DI，OI）
对非养老金福利的权益	F65	对非养老金福利的权益（DI，OI）
启动标准化担保的准备金	F66	启动标准化担保的准备金（DI，OI）
金融衍生工具和雇员股票期权	F7	金融衍生工具和雇员股票期权（FD，RA）
金融衍生工具	F71	金融衍生工具（FD，RA）
雇员股票期权	F72	雇员股票期权（FD）
其他应收/应付账款	F8	其他应收/应付账款（DI，OI）
商业信用和预付款	F81	商业信用和预付款（DI，OI）
其他应收/应付账款—其他	F89	其他应收/应付账款—其他（DI，OI）

注：DI 为直接投资，PI 为证券投资，FD 为金融衍生工具（储备除外）和雇员股票期权，OI 为其他投资，RA 为储备资产；国民账户体系代码用于金融账户项目；资产负债表/国际投资头寸代码以 A 开头，其余部分相同（例如，货币和存款的金融账户分录为 F2，对应的资产和负债头寸为 AF2）。此外，收益再投资在国际投资头寸中不适用。

资料来源：《国际收支手册》（第六版）。

除了按照金融工具类型分类外，国际收支还按照简化的部门类别（中央银行、其他存款性公司、广义政府、其他金融性公司和其他部门）进行划分，以建立与货币银行、政府财政、国际银行和外债统计等其他经济和金融统计机构之间的联系。

附录三：《国民核算手册：国民账户中的金融生产、金融流量与存量》

为促进各国在 SNA2008 框架下开展金融统计工作，2014 年 1 月 28 日，联合国与欧洲中央银行共同发布了《国民核算手册：国民账户中的金融生产、金融流量与存量》（以下简称《账户手册》），以国民账户体系框架为基础，补充和完善了金融统计方面的制度规定和操作规范。《账户手册》详细阐述了金融服务及金融资产和负债在国民账户中的核算方式。对 SNA2008

中没有涉及的一些分类和概念,《账户手册》给出了详细解释,对金融统计和金融账户的编制具有重要参考价值。

一、《账户手册》概要

《账户手册》共十章。第一章是对 SNA2008 的概览,总体介绍 SNA2008 的核算框架、机构部门分类、估值和计价原则等。第二章是在 SNA2008 框架下,金融性公司部门和次部门的概念和分类,以及出于不同目的对这些部门的组合划分方式。第三章是各类金融产出(金融服务)的计量方法和数据来源。第四章是金融资产和负债的分类。第五章是金融资产和负债的估值。第六章是金融账户和资产负债表的编制方法。第七章是金融账户和资产负债表的数据来源。第八章是金融账户和资产负债表的发布。第九章是金融账户和资产负债表的用途。第十章超越国别限制,讨论如何编制经济和货币联盟的金融账户和资产负债表。

二、《账户手册》的主要内容

(一) 金融性公司部门的分类

金融性公司是指一国境内提供金融服务(包括保险及养老基金服务)的常住单位。根据市场活动性质和负债的流动性,金融性公司可以划分为九个子部门,分别是中央银行、中央银行以外的存款性公司、货币市场基金、非货币市场投资基金、保险公司和养老基金以外的其他金融中介机构、金融辅助机构、专属金融机构和贷款人、保险公司、养老基金。根据控股性质,每个次部门还可以进一步划分,具体如附表 2-2 所示。

附表 2-2　　　　　　　　金融性公司部门和次部门

部门和次部门	合计	公营	本国私营	外资控股
金融性公司	S12			
中央银行	S121			
中央银行以外的存款性公司	S122	S12201	S12202	S12203
货币市场基金	S123	S12301	S12302	S12303
非货币市场投资基金	S124	S12401	S12402	S12403

续表

部门和次部门	合计	公营	本国私营	外资控股
保险公司和养老基金以外的其他金融中介机构	S125	S12501	S12502	S12503
金融辅助机构	S126	S12601	S12602	S12603
专属金融机构和贷款人	S127	S12701	S12702	S12703
保险公司	S128	S12801	S12802	S12803
养老基金	S129	S12901	S12902	S12903

注：表中以 S 开头的编码是 SNA2008 中的部门代码。

资料来源：《账户手册》。

根据不同目的，可以将这些金融机构次部门进行组合划分。例如，从货币政策制定者和分析者的角度出发，可以将金融性公司部门划分为存款性金融机构、保险公司和养老基金以及其他金融中介机构三类，具体如附表 2-3 所示。另一种分类方式是把金融性公司划分为金融中介机构、金融辅助机构和其他金融机构三大类。

附表 2-3　　　　　金融性公司次部门划分（货币政策视角）

金融性公司（S12）								其中：公营金融机构（S12001）
存款性公司			保险公司和养老基金		其他金融中介机构			
中央银行(S121)	中央银行以外的存款性公司(S122)	货币市场基金(S123)	保险公司(S128)	养老基金(S129)	非货币市场投资基金(S124)	保险公司和养老基金以外的其他金融中介机构(S125)	金融辅助机构(S126)	专属金融公司和贷款人(S127)

资料来源：《账户手册》。

（二）金融资产和负债的分类

由于金融债权与债务具有对称性，因此金融资产和负债的分类方式相同。金融资产和负债可以按照金融工具、功能、流动性、收入、期限、货币、利率和交易对手等不同的标准进行分类。例如，按金融工具划分为八大类：货币黄金和特别提款权，通货和存款，债务证券，贷款，股权和投资基金份额，保险、养老基金和标准化担保计划，金融衍生工具和雇员股票期权以及其他应收/应付账款。

（三）金融资产和负债的估值

1. 金融工具存量的估值

市场价值计价是金融工具存量估值的核心原则。市场价值是指金融资产在购买或出售时，买卖双方自愿成交的价格，不包括佣金、手续费和税收，但考虑应计利息。与之对应的还有名义价值计价原则，反映的是债务人欠债权人的所有未偿金额，包括未偿还本金和应计利息。市场价值＝名义价值＋市场价格变动引起的累计重估值。《账户手册》对各类金融工具存量的估值进行了详细介绍。金融资产和负债分为可流通的金融工具（如债务证券或股票）和不可流通的金融工具。可流通的金融工具按市场价值计价，不可流通的金融工具通常按名义价值计价。

2. 金融交易的估值

金融交易按交易价值进行记录，即当金融资产或负债被创造、交换或清算时，按本国货币计量的计值，或根据商业原则估算的价值。每项金融交易的交易双方均按相同的价值进行记录。《账户手册》详细阐述了各类金融工具对应的金融交易估值。

此外，《账户手册》还介绍了重估值、资产负债的其他变化，并讨论了各类应计利息的会计处理原则和方法。

（四）金融账户的编制方法

《账户手册》讨论了机构部门金融账户和资产负债表的编制方法，即从非金融机构部门的投资和融资表逐步扩展为金融机构部门的金融账户。附表2-4展示了非金融机构部门的融资和金融投资活动，该表只涵盖了有限的金融资产和负债分类。从资产的角度来看，存款、贷款、债务证券、股票是金融投资的表现形式；从负债的角度来看，贷款、债务证券、股票是融资的表现形式。

附表2-4　　　　非金融机构部门的融资和金融投资

交易和存量			
主要金融资产（金融投资）	SNA2008编码	主要金融负债（融资）	SNA2008编码
合计		合计	
通货和存款	F2	贷款	F4
通货	F21	贷出（按期限）	
存款		非金融机构	
可转让存款	F22	短期	
货币发行机构		长期	
其他机构单位		广义政府	
其他存款	F29	短期	
货币发行单位		长期	
其他机构单位		住户和为住户服务的非营利机构	
		短期	
		长期	
		贷入	
		货币金融机构	
		其他金融机构	
		世界其他地区	
债务证券	F3	债务证券	F3
短期		发行	
长期		广义政府	
		短期	
		长期	
		非金融机构	
		短期	
		长期	
上市流通股份	F511	上市流通股份	F511
投资基金份额	F52	由非金融机构发行	
其中：货币市场基金份额	F521		

第二章 国际货币基金组织的货币与金融统计体系

续表

交易和存量			
主要金融资产（金融投资）	SNA2008编码	主要金融负债（融资）	SNA2008编码
合计		合计	
非寿险技术准备金	F61		
寿险和年金	F62		
养老基金	F63	养老基金	F63
		发起主体	
		非金融机构	
		广义政府	
		中央政府发行的其他存款	F29
平衡项			

资料来源：《账户手册》。

附表2-4可以在四个方面加以拓展延伸：一是更详细的部门分类；二是覆盖全部的金融资产和负债分类，这就要求额外收集非金融部门的贷款、非上市股票、其他股权、金融衍生工具和雇员股票期权、其他应收/应付账款等不易获取的数据；三是将金融资产和负债的范围拓展到常住非金融公司和住户之间，如贸易信贷和企业间的贷款；四是更加详细的积累账户，即在机构部门金融账户的基础上增加资本账户、重估值账户和资产负债的其他变化账户。此外，《账户手册》还介绍了部门之间转移账户的编制方法。

（五）金融账户的数据来源

金融账户的数据来源主要有三个途径：一是直接从产生数据的各个机构单位收集，包括金融性公司资产负债表统计数据、非货币市场投资基金统计数据、保险公司和养老基金统计数据、其他金融性公司统计数据、国际收支平衡统计数据、政府财政统计数据等；二是从交易对手间接收集的数据，如货币统计数据一般来自交易对手方，因为存款、贷款、债务证券发行等数据比较容易获得，并且有交易对手部门、期限、币种的详细分类；三是从金融工具的微观数据库收集，包括证券统计数据和信用登记数据。

《账户手册》对各种数据的采集来源进行了详细介绍，同时建议，最好通过直接方式采集未经合并的源数据，其中按金融工具和交易对手分类的流量和存量数据最为理想。

（六）金融账户的政策分析框架

通过金融账户和资产负债表可以推导出机构部门账户全面的存量和流量（交易、重估价和其他流量）的关系，这对政策分析至关重要。《账户手册》通过举例说明了金融账户和资产负债表在政策分析方面的用途：一是货币和金融分析，包括货币资产的监测和金融工具投资组合变化的分析。二是金融结构分析，即从市场和市场参与者的角度来分析国民经济的金融结构。三是宏观审慎监管和金融稳定分析，即从金融账户和资产负债表来推导金融稳健指标。此外，《账户手册》还对美国的资金流量账户、欧元区季度账户、国际货币基金组织的资产负债表进行了介绍，并列举了这些账户的用途。

参考文献

[1] 陈梦根. 2008SNA 对金融核算的发展及尚存议题分析 [J]. 财贸经济, 2011 (11).

[2] 崔名铠. MFS 核算体系的演变与启示 [J]. 统计研究, 2015 (6).

[3] 陈梦根, 张唯婧. 货币与金融统计国际标准的发展、修订及影响 [J]. 国际经济评论, 2015 (5).

[4] 高敏雪. SNA – 08 的新面貌以及延伸讨论 [J]. 统计研究, 2013 (5).

[5] 国际货币基金组织. 货币与金融统计手册 [Z]. 国际货币基金组织, 2000.

[6] 国际货币基金组织. 货币与金融统计手册和编制指南 [Z]. 2016.

[7] 联合国, 欧盟委员会, 经济合作与发展组织, 国际货币基金组织, 世界银行. 2008 年国民账户体系 [M]. 北京：中国统计出版社, 2012.

[8] 刘前进. 次贷危机后货币与金融统计改革新动向 [J]. 观察思考, 2014 (1).

[9] 毛术文. 宏观审慎监管视角下国际金融统计的主要发展及启示 [J]. 金融前沿, 2015 (4).

[10] 聂富强, 崔名铠, 郭永强. 货币与金融统计编制指南 (CGMFS 2008) 的比较与思考 [J]. 统计研究, 2009 (9).

[11] 人民银行天津分行课题组. 我国中央银行金融统计的国际比较与制度借鉴 [J]. 华北金融, 2006 (增刊1).

[12] "SNA 的修订与中国国民经济核算体系改革"课题组. SNA 的修订对 GDP 核算的影响研究 [J]. 统计研究, 2012 (10).

[13] "SNA 的修订与中国国民经济核算体系改革"课题组. SNA 的修订与中国国民经济核算体系改革 [J]. 统计研究, 2013 (12).

[14] "SNA 的修订与中国国民经济核算体系改革"课题组. SNA 关于机构部门分类的修订与中国机构部门的调整研究 [J]. 统计研究, 2012 (7).

[15] "SNA 的修订与中国国民经济核算体系改革"课题组. SNA 关于中央银行产出计算方法的修订与中国相应计算方法的改革研究 [J]. 统计研究, 2013 (10).

[16] 许涤龙, 周光洪, 陈艳军. SNA 关于非金融资产和金融资产分类的修订 [J]. 统计与信息论坛, 2009 (2).

[17] 许涤龙, 欧阳胜银. 货币与金融统计国际准则体系的发展与启示 [J]. 财经理论与实践, 2012 (1).

[18] 杨仲山, 何强. 国民经济核算体系 (1993SNA) 修订、影响及启示 [J]. 统计研究, 2008 (9).

[19] 杨仲山, 何强. 国民经济核算体系 (1993SNA) 修订问题研究 [M]. 大连: 东北财经大学出版社, 2008.

[20] 杨仲山. SNA 的历史: 历次版本和修订过程 [J]. 财经问题研究, 2008 (12).

[21] 姚家庆. 2008SNA 与 1993SNA 中金融工具的比较研究 [J]. 财会金融, 2013 (12).

[22] ECB, "First Results of the New Monetary and Financial Statistics", Internet, http://www.ecb.europa.eu.

[23] IMF, "Statistics Department, Summary of Main Conclusions", Monetary and Financial Statistics Manual and Compilation Guide Revision Expert Meeting, Washington DC, FEB24-23, 2012.

[24] IMF, "Statistics Department, Annotated Outline", Monetary and Financial Statistics Manual and Compilation Guide Revision, Washington DC, 2011.

[25] IMF, "Statistics Department, Issues Paper", Monetary and Financial Statistics Manual and Compilation Guide Revision Experts Group Meeting, Washington DC, FEB24-23, 2012.

[26] IMF, "Monetary and Financial Statistics Compilation Guide", IMF, 2008.

[27] IMF, "Monetary and Financial Statistics Manual", www.imf.org., 2000.

[28] IMF, "Monetary and Financial Statistics Manual and Compilation Guide (Draft)", www.imf.org., 2015.

[29] IMF, "Monetary and Financial Statistics Manual and Compilation Guide", www.imf.org., 2016.

[30] UNITED NATIONS, EUROPEAN CENTRAL BANK, "Financial Production, Flows and Stocks in the System of National Accounts", UN 2014.

[31] UNITED NATIONS, EUROPEAN COMMISSION, IMF, OECD, World Bank, "System of National Accounts 2008", UN, 2009.

[32] unstats.un.org/unsd/national account/sna1993.asp.

[33] unstats.un.org/unsd/national account/sna2008.asp.

第三章 国际清算银行的金融统计框架

国际清算银行成立于1930年5月17日，总部位于瑞士巴塞尔。国际清算银行的职责是为中央银行维护货币与金融稳定提供服务，促进各国在上述领域的国际合作，并为中央银行提供银行服务。在金融统计方面，国际清算银行通过与各国中央银行和货币当局合作，采集全球金融体系的结构和行为数据，并将其用于对金融稳定、国际货币溢出效应和全球流动性的分析。2008年国际金融危机后，国际清算银行意识到扩大统计覆盖范围的重要性和必要性，并着手修订和完善原有金融统计框架，同时增加了对系统重要性金融机构和影子银行的统计和监测，有效提高了金融统计的全面性和准确性以及对金融风险的敏感性。

第一节 国际清算银行金融统计的新进展

国际清算银行的金融统计主要包括国际银行业统计、债务证券统计、金融衍生产品统计、全球流动性指标统计、非金融部门信贷统计、偿债比率统计、住宅地产价格指数统计和有效汇率指数统计。2008年国际金融危机后，国际清算银行针对统计信息缺口，进一步修订并完善了金融统计框架。

一、国际清算银行金融统计的主要内容

（一）国际银行业统计

国际清算银行最早于20世纪60年代开展国际银行业统计（International Banking Statistics，IBS）工作，主要目的是监测跨国银行的金融活动，其数据由参与国家自愿报送。20世纪70~80年代部分发展中国家的金融混乱、

国际金融统计发展与比较

1997年亚洲金融危机和2008年国际金融危机均促成了这项工作的进一步开展。从统计内容看，国际清算银行编制并发布的国际银行业统计数据有两套，分别是本地银行统计（Location Banking Statistics，LBS）和合并银行统计（Consolidated Banking Statistics，CBS）。

1. 本地银行统计

本地银行统计主要包括一国或地区国际银行业务的运行情况，衡量的是境内银行国际债权和负债。该项统计建立在居民原则上，与国际收支统计、外债统计的原则一致，其统计基础是报告银行的所在地区，统计内容为相关银行未合并的国际银行业务以及与各关联机构（分支行、子公司或合资企业）的国际交易。本地银行统计的内容包括三个部分：一是非居民持有的各币种债权和债务，二是居民持有的外币债权和债务，三是居民持有的本币债权和债务（自2012年第二季度起开始报送）。因此，该统计一方面涵盖了以所有币种货币持有的跨境债权和债务，另一方面涵盖了居民以外汇形式持有的债权和债务。数据先由各商业银行报送至其货币当局，各国进行本国汇总后再报送至国际清算银行。

本地银行统计按币种对科目进行细分，对统计方法进行优化，提高报告频率，这使国际清算银行能够计算债务中的盈亏和汇率调整变化，构成了国际清算银行流动性分析的基础。同时，本地银行统计提供银行交易对手的所在地区和领域、银行交易的工具和币种以及银行的所在地区和国别等信息。本地银行统计数据集还可以提供金融系统潜在脆弱性的相关信息，特别是能对跨境银行信贷风险提供辅助监测。例如，在金融周期扩张阶段，利用本地银行统计进行的研究发现，跨境银行信贷增长趋势远快于整体信贷增长趋势，跨境国际信贷是国内信贷激增的主要动力。此外，本地银行统计还可用于分析外部资产和负债中货币、行业部门的情况。本地银行统计报送机构类型详见表3-1。

表3-1　　　　　　　　　本地银行统计报送机构类型

分类	报送机构	定义
A	全银行业金融机构	B类、C类、D类、E类银行的总和

第三章 国际清算银行的金融统计框架

续表

分类	报送机构	定义
B	国内银行	控股母公司位于报送国境内的银行，无论该母公司本身是银行或非银行实体
C	外国银行子公司	位于报送国境内但母公司位于其他国家或地区的机构
D	外国银行分公司	由总部完全控制的银行分支机构
E	联合银行	控股人不明或混合国籍的财团银行

2. 合并银行统计

合并银行统计提供银行总部机构以全球为合并基础的国际金融债权信息。相比本地银行统计，合并银行统计建立在法人原则基础上，能更好地反映一国银行体系的整体风险状况，但合并银行统计没有细分币种，导致相关计算中不涉及汇率调整变化，这使得不同时期的总量容易受汇率变动影响。与本地银行统计不同的是，合并银行统计将报告银行的境外分支机构数据纳入报告银行集团，而不是其所在地区。例如，一家德国银行位于伦敦的子公司，在本地银行统计中被纳入英国银行统计，在合并银行统计中则与其母公司合并后纳入德国银行统计。目前，合并银行统计覆盖来自 31 个国家的银行集团。基于不同的风险基础，合并银行统计数据集包含两个子集，分别是以报送国直接风险为基础的数据集和以报告国最终风险为基础的数据集。与前者相比，后者考虑了风险转移等因素的影响。例如，德国银行向墨西哥公司发放贷款，而贷款担保人为美国银行，在直接风险基础上，德国银行将该笔贷款作为墨西哥的债务进行统计；在最终风险基础上，该笔贷款则纳入美国债务统计，因为墨西哥公司若无法履行其义务，则由担保方即美国银行偿还贷款。由于考虑了风险转移，基于最终风险的统计数据集相比基于直接风险的数据集能更好地度量风险。

合并银行统计主要分析不同国别的国际银行对于单个国家和行业的风险敞口。合并银行统计在风险敞口方面的度量基准是国外债务，它提供银行在本国以外的借款人的债务数据，包括银行境外分支机构所扩展的债务（但不包括金融衍生产品、担保和信贷承诺）。国外债务是不同国别银行之间最具可比性的风险衡量标准。由于会计准则在各国间存在差异，其他风险衡量的可比性更加复杂，尤其是在金融衍生产品方面。合并银行统计报送机构类型详见表 3-2。

表 3-2　　合并银行统计报送机构类型

分类	报送机构	定义
A	存款性公司	B 类、C 类、D 类、E 类银行的总和
B	国内银行	控股母公司位于报送国境内的银行，无论该母公司本身是银行或非银行实体
C	母公司合并统计的境内外资银行	分支机构或子公司位于某一报送国境内，但数据由位于另一个报送国家的总行报送（此类银行数据不纳入全球总量，仅用于对银行国际活动进行综合分析）
D	境外外资银行	银行网点位于某一报送国，但其控股机构则位于非报送国（此类数据也适用于控股人不明或混合国籍的财团银行）
E	联营银行	分支机构或子公司位于某一报送国境内，但数据并不由位于另一个报送国的控股母公司报送（此类银行的控股母公司通常为非银行机构，如保险集团下属的银行分支机构）

（二）债务证券统计

国际清算银行按照国际市场和国内市场划分，分别统计货币市场和债券市场的债务信息，形成国际债务证券数据和国内债务证券数据。国际债务证券是指那些发行于其他市场而非借款人所在国家市场的债券，通常包括市场参与者所谓的"外国债券"。国内债务证券是指在本地市场发行的债券（无论债券以何种货币计价）。全部债务证券为国际债务证券数据和国内债务证券数据的合计数据。

债务证券统计数据的编制遵循国际公认的证券分类和持有统计框架。其中，国际债务证券数据主要以商业数据源（特别是迪罗基和欧洲银行票据交换所等数据）为基础，根据单个证券的数据编制成合计数据。国内债务证券数据则主要来源于各个国家，但并非所有国家都公布国内债务证券数据，从而导致债务证券数据存在缺口。虽然从概念上看，全部债务证券是国际债务证券和国内债务证券的合计，但部分统计指标的计算可能存在重复，如归为国际债务证券的单个证券可能也会纳入国内债务证券的汇总数据，从而导致全部债务证券数据出现偏差。

第三章 国际清算银行的金融统计框架

国际清算银行的债务证券统计数据可以衡量债券在不同国家和不同行业的增长趋势及相对重要性，债券的关键信息（如币种和期限等）可用于分析借款人的外汇风险敞口和交易风险等。此外，债务证券统计数据可揭示证券投资者的活动，并可结合本地银行统计数据集推断境外非银行投资者的债务证券持有数。国际债务证券统计包含发行人所在地区和国籍等信息，其中国籍信息基于实际控制的母公司（制定潜在经济决策的实体）所在国家，基于国籍的证券数据有利于确认不同国家和部门借款人之间的联系，帮助数据使用者了解资金流向和用途。例如，一家中国金融性公司在开曼群岛的子公司债务由母公司担保，并用于其在中国的融资贷款，发行人的国籍可辅助确定相关实体，但这些信息不能完全替代财务信息或担保人的合同信息。国际清算银行债务证券统计详见表3-3。

表3-3　　　　　　　　国际清算银行债务证券统计

	国际债务证券统计	国内债务证券统计	总债务证券统计
定义	非本国居民在所有市场发行（旧指标：基于国际投资者）	本国居民在国内市场发行（旧指标：基于本地投资者）	国内外居民在所有市场发行
数据源	基于商业数据源的证券数据库	中央银行（旧指标：公开信息渠道）	中央银行
有效数据起始年份	1966年	各国不同（旧指标：1989年）	各国不同
频度	季度	季度（旧指标：1994年以前按年度）	季度
估值	票面价值	票面价值或名义价值	
分类	证券统计手册（旧指标：国际清算银行）	证券统计手册（旧指标：国家标准）	证券统计手册
部门	金融性公司，包括中央银行；非金融性公司；广义政府	金融性公司，包括中央银行；非金融性公司；广义政府	金融性公司，包括中央银行；非金融性公司；广义政府
子部门	银行（旧指标：缺省）	—	—

续表

	国际债务证券统计	国内债务证券统计	总债务证券统计
定义	非本国居民在所有市场发行（旧指标：基于国际投资者）	本国居民在国内市场发行（旧指标：基于本地投资者）	国内外居民在所有市场发行
货币	>90	部分统计（旧指标：本币计价）	—
期限	短期适用原始期限和剩余期限	短期适用原始期限（旧指标：按剩余期限）	—
计算方式（利率）	固定利率、浮动利率、权益关联	部分统计	—

（三）金融衍生产品统计

为综合反映全球金融衍生产品市场的规模和结构情况，国际清算银行编制并发布了三套金融衍生产品统计数据，包括按季度发布的交易所交易的金融衍生产品统计数据以及按半年和三年发布的场外（Over the Counter，OTC）交易的金融衍生产品统计数据。

交易所交易的金融衍生产品统计数据主要反映外汇、利率、期货和期权的成交量以及持仓量（未平仓合约），统计数据主要来源于商业数据源以及交易所交易合约。国际清算银行将合约数量转换为以名义金额反映的合约规模，使不同市场的金融衍生产品交易情况具有可比性。国际清算银行发布的金融衍生产品统计数据不包括股权类合约、商品类合约、信用类合约以及非标准化的标的工具（如通货膨胀、气候、能源合约等）。

每半年发布的场外交易的金融衍生产品统计数据主要是由全球金融系统委员会（Committee on the Global Financial System，CGFS）编制的，数据主要反映金融衍生产品所有品种合约的名义持有金额以及总市值。目前报送此数据的机构包括13个国家的大型交易商，内容包括境外分支机构的全球性合并报表，但不包括集团内部活动。

每三年发布的场外交易的金融衍生产品统计数据是在半年报的基础上收集的来自更多国家交易商的数据。目前，此报告共涵盖53个国家的交易商数据。与半年报类似,该报告数据覆盖金融衍生产品所有品种合约的名义持有金额以及总市值。此外,该报告还统计场外利率和外汇衍生品市场的成交量数据。

(四) 全球流动性指标统计

私人部门借款人的绝大部分信贷由银行提供,因此,为快速有效地评估全球流动性,国际清算银行所参考的指标主要是银行信贷。首先,国际清算银行利用其采集的主要数据,譬如本地银行统计数据、国际债务证券数据及其他国家的数据等,着力于反映全球流动性情况。其次,国际清算银行通过统计未偿还贷款金额,反映融资活动风险积聚程度。再次,国际清算银行聚焦于评估国际信贷,譬如非居民的跨境借款、外汇借款等,这主要是因为国际信贷更容易传递金融危机的影响,国际信贷的微小变动往往会加大国内的趋势变化,甚至会导致国际金融的大起大落。最后,国际清算银行通过一系列数量价格的补充指标,更多地反映与金融稳定相关的全球流动性情况,包括重要金融市场以及细分市场的情况等。

(五) 非金融部门信贷统计

国际清算银行按季度统计40个国家的政府部门、私人非金融部门等非金融部门的信贷活动,其中,私人非金融部门进一步细分为非金融性公司和住户部门(包括为住户服务的非营利性机构)。非金融部门信贷活动所涉及的金融工具包括货币、存贷款及债务证券,这三种金融工具就是通常所谓的"核心债务"。非金融部门信贷活动的统计方法遵循《2008年国民账户体系》,主要以市场价值计价。

(六) 偿债比率统计

偿债比率(Debt Service Ratio,DSR)指标反映收入用来偿还给定利率、本金和贷款期限的债务比例。由于偿债比率考虑利息支付和摊销计提,因此它是一个较为全面的信用评估指标。

编制偿债比率指标,需要使用收入、债务构成、利率、平均剩余期限等指标数据,这些指标数据主要来自各国国民核算体系,部分来源于国际清算银行或各国货币当局基于细微颗粒度数据的合理估算。偿债比率指标运用范围较广，可以用于评估住户部门、非金融性公司和所有私人非金融部门的信用水平。

（七）住宅地产价格指数统计

各个国家住宅地产市场都存在一定的特殊性，而且住宅地产国际统计标准约束力不足，造成不同国家的地产价格数据序列存在显著差异，可能在频率、地产类型和年份、覆盖地区、计值单位、编制方法和季节性调整上有所不同。在相关提案的倡议下，国际清算银行发布了详细的住宅地产价格数据集，并按国别公布住宅地产价格指数。住宅地产价格指数是一个整体指标，大多数情况下覆盖该国新建和现存等所有类型的住宅。该指标提供了实际价格序列和名义价格序列，其中实际价格序列等于名义价值减去消费价格指数。

（八）有效汇率指数统计

有效汇率指数分为名义有效汇率和实际有效汇率。名义有效汇率由双边汇率几何加权平均计算得出，权重由制造业的贸易流量、双边直接贸易以及两国在第三方市场的竞争力对比进行双重加权得到。实际有效汇率的计算与名义有效汇率一致，采用实际双边汇率几何加权平均数，实际双边汇率通过两个汇率国家的相对消费价格调整计算而来。有效汇率（Effective Exchange Rate，EER）是判断一国货币总体强弱的综合指标：一是作为衡量国际价格和成本竞争力的指标，二是作为货币政策环境指数和金融状况指数的组成部分，三是作为外部冲击传递效果的测量器，四是作为货币政策的中介目标或者操作目标。

二、危机后国际清算银行金融统计的新进展

2008年国际金融危机后，国际清算银行为解决国际统计数据的缺口问题，一直致力于修订与完善相关金融统计制度，进一步提高国际统计数据的全面性和实用性。国际清算银行主要对国际银行业统计、债务证券统计、资产证券化统计、信用风险转移统计和政府债务数据库五个方面进行了优

化，确保统计数据的一致性和灵活性，帮助决策者和市场参与者更好地识别风险，为全球金融系统的良性发展奠定基础。

(一) 优化国际银行业统计

1. 优化国际银行业统计的方法

2010年初，全球金融系统委员会 (Committee on the Global Financial System，CGFS) 设立特别统计小组，探讨并提出改善国际银行业统计的两阶段方法。第一阶段优化于2011年4月批准实施，旨在提高国际银行业统计对全球金融稳定的监测能力，更全面地了解国际银行体系的全球合并资产负债表，并强化交易对手国的信息分析。第二阶段优化于2012年1月批准实施，旨在通过扩大国际银行业统计数据的覆盖面，明确特定国家和交易对手的银行信贷风险，强化监测单个国家金融性公司和非金融性公司的银行信贷，进一步完善银行融资风险管理。两阶段优化措施具体包括以下几个方面。

(1) 编制完整的资产负债表。各国银行系统基本采用按国家（地区）划分的统计结构，这类结构以银行运营所在地区为基础进行统计。银行总部与分支机构分别进行统计，银行总部所在国可将按国家（地区）统计的数据合并成统一的资产负债表。国际清算银行通过优化填补了国家（地区）统计报告框架的数据缺口。此外，统计的货币币种分类进一步细化，包含了瑞士法郎和英镑这两种币种的头寸。

(2) 增补交易对手国的统计信息。国际银行业统计增加了交易对手国统计，在国际银行资产负债表中反映来自所有不同地区风险的暴露情况，全面分析银行系统遭受冲击时的跨国资金流动过程。例如，如果特定的银行资金来源（如美国货币市场基金或石油出口国存入银行的石油美元）受到冲击，国际银行业统计可以辅助识别哪些国家银行系统过度依赖此类资金来源，以及哪些国家和交易对手部门获得了此类资金。

(3) 更全面地评估国家信贷风险。国际清算银行细化了合并报表中的交易对手部门分类。同时，国际银行业统计收集银行所属国的借款人风险，并报告银行股本基数规模和总资产负债表，能够更全面地监测国家银行系统的信贷风险。

（4）监测银行信贷供给趋势和银行融资模式。按国家（地区）统计分类，银行分为国内银行、境外分支机构和国外子公司，以反映不同类型银行的贷款行为和资金结构。此外，在按国家（地区）统计中，交易对手部门分类更加细化，这有利于更好地评估本地银行、非银行业金融机构和私人非金融部门跨境资金的规模和流动性风险。

（5）更好地评估银行负债资金偿还风险。银行需要在合并统计中报告总负债（包括存款、短期和长期债务证券、衍生工具、其他负债）和权益总额，总体上评估银行负债资金偿还风险。此外，国际清算银行将银行债务证券的剩余期限按照短期和长期进行了拆分，这样能更好地衡量不同期限债务的偿债风险。

（6）提高现有国际清算银行数据的实用性。鉴于国际银行业统计的重要性日益突出，第二阶段优化的最终目的是提高国际银行业统计的完整性和可访问性，国际清算银行内各统计小组重新考虑简化数据保密设置，扩大数据使用范围（特别是满足其他国家中央银行和公众的数据需求）。

2. 完善国际银行业统计的内容

为应对国际金融体系变化，国际清算银行对国际银行业统计内容不断进行完善。譬如，国际清算银行在统计数据中增加国内业务信息，并添加了更详细的交易对手部门分类信息，以丰富银行借贷分析方法。国际清算银行的国际银行业统计数据针对本地银行统计和合并银行统计的改进主要体现在五个方面：一是在本地银行统计和合并银行统计里，将银行资产负债表的数据范围扩展到银行的国内业务，而此前统计的数据只针对国际业务；二是在合并银行统计里引入银行合并资产负债表中的资金融入方数据；三是完善本地银行统计和合并银行统计中交易对手的行业分类，在非银行实体中区分了非银行金融部门交易对手和非金融部门交易对手；四是细化后的本地银行统计提供了有关银行国别信息的报告，包括报告银行所在地区和所属国家、交易对手居住地、货币币种的信息；五是国际清算银行全面修订了国际银行业统计数据报表。

（二）优化债务证券统计

债务证券市场的国际化发展逐渐混淆了国际债券和国内债券的边界。

为提高数据可比性，国际清算银行于2012年修订了国际债务证券发行统计分类方法，并首次公布总债务证券统计数据。债务证券统计的主要优化内容包括以下几个方面。

首先，重新定义国际债券。新的债券定义侧重于一级市场，即以证券首次发行上市所在的国家（地区）作为统计基础，国内市场统计本国居民发行的债券，而非居民首次发行的债券则被纳入国际市场统计。

其次，统一分类方法。国际清算银行采用《证券统计手册》标准进行统一分类和子科目设置，包括借款人所在部门、货币种类、计息方式、债券期限等。国际清算银行还对部门分类进行了调整，如增补了"非银行金融公司"这一类别。

（三）修订资产证券化统计框架

2014年12月，国际清算银行公布了新修订的资产证券化统计框架，主要包括减少对外部评级的依赖、加大高评级证券化风险暴露的风险权重、减少低评级证券化风险暴露的风险权重、降低断崖效应、提高银行账户持有证券化风险暴露资本标准等，显著提升了资产证券化统计信息在风险反映方面的敏感性。主要修订内容包括以下三点。

一是减少外部评级依赖。巴塞尔协议Ⅱ的框架有两个层次：第一层次是标准法（Standardized Approach，SA），通过应用标准法信用风险框架对银行风险进行评级；第二层次是内部评级法（Internal Rating - Based Approach，IRB），允许对银行证券化的相关风险暴露进行更细致的评估。新修订的资产证券化统计框架则着重减少对外部评级的依赖，简化其层次结构。

二是根据风险高低合理调整风险权重。新修订的资产证券化统计框架在风险敏感度和审慎监管方面优于巴塞尔协议Ⅱ。新框架虽然显著地增加了与证券化暴露风险对应的资本要求，但优质资金池中高级证券化风险暴露的资本要求却降低了（风险权重降至15%）。此外，国际清算银行还将优先档的风险权重和最大资本的限制要求与底层内部评级法框架保持一致。

三是增加"简单、透明、可比"原则。新修订的资产证券化统计框架将巴塞尔银行监管委员会和国际证券会组织联合发布的《确认简单、透明、可比的资产证券化的判断依据》（*Criteria for Identifying Simple, Transparent* and Comparable Securitizations）一文中的"简单、透明、可比"（Simple, Transparent and Comparable, STC）原则纳入其中，旨在帮助交易双方（发起人、投资者和信托责任人等）对特定证券的风险和收益进行更全面的评估。

（四）完善信用风险转移统计

2008年国际金融危机使金融衍生产品统计信息和风险转移信息成为补足统计信息缺口的焦点。自2011年6月起，国际清算银行细化了信用衍生产品不同交易对手分类的信用违约互换风险转移统计：一是更精细地提供衍生品交易商的交易对手分类信息，将净信用风险信息从对冲基金直接穿透至申报交易商，再通过申报交易商收集相关行业数据。二是改进信用衍生数据的应用，主要是根据交易对手基础债务特性（部门、评级和到期日等）逐个分析信用风险转移情况。

（五）建立政府债务数据库

金融危机以来，许多发达经济体的公共借贷大量增加，公众广泛质疑公共债务的可持续性，要求进行全面、一致统计的呼声不断提高。然而，财政数据统计方法在不同国家有显著差异，大多数国家政府债务数据每年仅公布一次，不利于及时监测政府债务发展情况。

在此背景下，国际清算银行于2015年建立政府债务数据库，主要基于三个目标：一是在各国间统一指标定义和使用范围，方便跨国比较，并且按季度进行更新；二是保持政府债务数据库的基本概念与私人非金融部门现有债务数据库的一致性，支持从政府部门和私人非金融部门两个层面对国家债务模式进行分析；三是对相关数据以市场价值或名义价值进行计价。

政府债务数据库的主要特点包括四个方面：一是政府债务数据库仅包括核心债务工具，分别是货币、存贷款及债务证券。这三种工具通常是政府债务的主要组成部分，利用核心债务工具有利于进行国际比较。二是政府债务报告主体为广义政府部门，包括中央和地方政府以及社会保障基金。与国际上大多数现有的数据库一致，公共企业不属于广义政府部门，而属于金融或非金融企业部门，所以被排除在外。三是政府债务以总额为基准进行报告，不扣除政府资产。部门之间的债权债务互相冲抵,即政府债务需要先在内部进行合并。四是使用两种不同的计价方法,一种为国民账户体系推荐的方法,即尽可能使用市场价值计价;另一种为使用名义价值计价。

第二节 系统重要性金融机构统计

2008年国际金融危机后,国际组织加强了对系统重要性金融机构(Systemically Important Financial Institutions,SIFIs)的监管。一方面,国际组织加强了制度研究,从多个方面制定监管制度和标准。2009年10月,金融稳定理事会、国际货币基金组织、国际清算银行联合发布了《关于对金融机构、市场和工具的系统重要性评估的指导意见》(*Guidance to Assess the Systemic Importance of Financial Institutions, Markets and Instruments: Initial Considerations*)的指导性文件,用于识别系统重要性金融机构、市场和基础设施。2010年,金融稳定理事会为减少系统重要性金融机构产生的道德风险发布了系列文件,完善了系统重要性金融机构评估框架。巴塞尔银行监管委员会根据监管要求,在巴塞尔协议Ⅲ中修订了对系统重要性金融机构的监管规定,并于2011年发布了《全球系统重要性银行的评估方法和附加风险损失吸收要求》(*Global Systemically Important Banks Assessment Methodology and the Additional Loss Absorbency Requirement*),提出了识别全球系统重要性银行(Global Systemically Important Banks,G–SIBs)的指标体系。金融稳定理事会与巴塞尔银行监管委员会宏观审慎监管部门制定了相关指导方针,将全球系统重要性金融机构的相关理论运用于国内系统重要性金融机构,深化对系统重要性金融机构的研究和运用。另一方面,国际组织以全球系统重要性银行统计为突破口,加强统计实践工作。金融稳定理事会与国际货币基金组织合作制定了全球系统重要性银行数据报送模板,以更细的颗粒度收集统计数据,使得信息完整性和一致性大大提高,并与相关国家金融监管机构、宏观审慎部门等共享数据,以更灵活地应对潜在风险。本节主要介绍系统重要性金融机构的评估与识别方法,并简要分析全球系统重要性银行通用数据采集模板。

国际金融统计发展与比较

一、系统重要性金融机构的评估与识别

系统重要性金融机构的识别与评估是系统重要性金融机构统计监测和监管的首要问题。按照金融稳定理事会的定义,系统重要性金融机构是指那些"由于自身规模、复杂性、系统性关联等原因,一旦其无序倒闭将会对更大范围的金融体系和实体经济运行造成显著破坏的金融机构"。考虑到系统重要性金融机构对整个金融体系的重要影响,金融稳定理事会等国际金融监管组织认为,必须首先评估哪些金融机构具有系统重要性影响,以便于对其实施更加严格的监管。国际货币基金组织、巴塞尔银行监管委员会、金融稳定理事会等国际金融监管组织建议从"规模""可替代性""关联度"等方面评估金融机构的系统重要性。

1. 规模

金融机构的重要性通常随着其提供的金融服务数量的增加而增加,且其破产所带来的系统性影响程度也与规模成正比,因此规模被普遍认为是评估系统重要性的关键因素。需要注意的是,规模未必指一家机构的规模,有可能是指一类机构,这些机构可能是小型的,但被视为一个整体时意义重大,因为它们往往在同一时间陷入困境,或者对某一特定的冲击有类似的行为反应,如暴露在共同的风险因素中(通过类似的业务模型暴露于相关资产或负债中)。因此,在某些情况下,强大的共性从系统的角度上产生与规模类似的效果。

2. 可替代性

如果一个金融机构在发生危机时,其他金融机构难以提供相同或相似的服务,那么这个机构就缺乏直接可替代性。如果这类机构在经济中扮演着关键角色,其他金融机构依赖它们提供关键的专业服务,那么这类机构便具有系统重要性,如提供清算、支付、结算交易和托管服务的金融机构以及其他执行专门职能的机构等。当这类系统重要性机构提供的服务数量庞大,或为金融机构之间提供关键联系时,由其有限的可替代性所产生的潜在系统性风险隐患将更加令人担忧。

3. 关联度

关联度表现为由于合同关系,一个机构的财务困境在某种程度上增加

了其他机构发生财务困境的可能性。这种连锁效应可作用于资产负债表的两边，比如在负债方面，关联越多（债权人和客户的数量越大），就越有可能对客户或债权人产生风险溢出效应。个体承担的风险敞口越大，这些效果就越有可能被放大。

4. 其他指标

这些指标往往与特定机构或某些特定时期机构之间的金融脆弱性有关。相关的常用指标包括杠杆率、流动性、期限错配以及复杂性。杠杆率体现了一个机构在系统中传播危机的能力，杠杆率越高，触发头寸平仓所需要的价格变动就越小。衡量机构杠杆率时应该同时测量其表内头寸和表外头寸，包含机构表外头寸的总体杠杆率更能代表该机构传播危机影响和引起资产市场动荡的能力。此外，如果一家机构持有的资产流动性不足，当面临支付困难且其他融资途径受阻的情况时，为及时化解流动性风险，该机构将大量抛售资产，如果其他机构在同类资产上也有敞口，就可能引发系统性风险。考虑到期限错配同样会引发流动性风险，机构资产流动性和资金期限错配程度都会影响系统受威胁程度。机构的复杂性是系统脆弱性的另一种来源，特别是在缺乏透明度的情况下，由于无法了解机构实际所承担的风险，一旦发生系统性事件，信息不对称将容易放大潜在风险。

2011年，巴塞尔银行监管委员会提出了五个维度的全球系统重要性银行识别指标，各维度均具有20%的权重，具体见表3-4。

表3-4　　　　　　　全球系统重要性银行的相关评估指标

因素（权重）	内涵	指标（权重）
规模（20%）	单家金融机构提供金融服务数量的总水平	表内外总资产（20%）
可替代性（20%）	假如该机构倒闭，其他金融机构能否提供相同或相似的服务	通过支付系统结算额（6.67%）
		托管资产总额（6.67%）
		债券和股权市场承销交易额（6.67%）
关联度（20%）	与其他金融机构间的联系	银行间资产（6.67%）
		银行间负债（6.67%）
		批发融资比率（6.67%）

续表

因素（权重）	内涵	指标（权重）
复杂性（20%）	业务、结构及运营的复杂程度	场外衍生品票面价值（6.67%）
		第三层次资产（6.67%）
		交易账户及可供出售资产总额（6.67%）
全球活跃性（20%）	跨越司法管辖权的业务活动	跨境债权（10%）
		跨境债务（10%）

注：第三层次资产（Level 3 Assets）指流动性差以及价值难以衡量的金融资产，如部分私人投资、抵押担保证券等。

资料来源：BASEL COMMITTEE ON BANKING SUPERVISION. Global Systemically Important Banks：Assessment Methodology and the Additional Loss Absorbency Requirement，2011.

二、系统重要性金融机构通用数据采集模板

在宏观审慎监管理念下，金融稳定理事会会同国际货币基金组织、有关国家中央银行和监管机构及其他国际组织制定了全球系统重要性银行通用数据采集模板，要求全球系统重要性银行经母国中央银行或监管机构审核后，向国际清算银行数据中心报送数据。金融稳定理事会根据采集的模板数据撰写统计分析报告，并在参加报送的母国中央银行及监管机构（统称数据提供者）间共享，经其他数据提供者书面同意，金融稳定理事会还可应数据提供者要求采集更多的额外信息。数据模板主要采集以下几类数据。

（一）"机构对机构"数据

"机构对机构"（Institution – to – Institution，I – I）数据重点从微观角度揭示了银行机构与具体交易对手之间的风险传递途径，金融工具的分类主要基于交易特性，重点关注衍生产品、对冲工具、交易类债券等以市场价值计价的交易头寸，从资产、负债、所有者权益等方面来监测机构之间的关联性，防范单家机构因信用、流动性等风险对其他机构乃至整个金融系统的稳定造成不良影响。它主要采集（合并后的）报数机构与其他（合并后的）交易对手间双边资产负债头寸数据，据此衡量彼此间的风险敞口、融资依赖性和潜在的风险传播路径。目前模板内共包括四张"机构对机构"

第三章　国际清算银行的金融统计框架

数据报表，分别为前 50 大交易对手信用敞口报表（周报和月报）、主要融资来源表（月报）和债务证券持有情况表（月报）。

1. 前 50 大交易对手信用敞口报表（周报）

前 50 大交易对手信用敞口报表（周报）主要采集报数机构对前 50 大交易对手的风险敞口，用于分析交易对手违约给报数机构带来的信用风险冲击。报表要求报数机构根据与其他机构开展衍生产品交易、货币市场工具交易及持有该对手所发行证券等途径形成的头寸敞口之和确定交易对手排序，采集前 50 大交易对手（实名）的衍生产品头寸、证券抵押融资头寸、信用风险对冲工具头寸、货币市场交易头寸、持有该交易对手发行的证券以及该交易对手为标的的信用违约互换（Credit Default Swap，CDS）（不含为对冲风险而持有的部分）等风险敞口。

报表以二维表形式展示，每行填报一个交易对手，列上填报对该对手上述各类工具的头寸敞口。报表的填报有两个重点：一是对报数机构与交易对手均提出较高的合并要求，所有受到母公司担保或隐性支持的实体均需纳入合并范围，并基于该范围监测敞口头寸；二是填报衍生产品头寸和证券抵押融资头寸时，报数机构需自行逐产品计算信用估值调整[①]和潜在损失[②]，计算过程需使用复杂的统计和估计方法以及大量历史数据。

2. 前 50 大交易对手信用敞口报表（月报）

前 50 大交易对手信用敞口报表（月报）依照周报的交易对手名单及排序，采集前 50 大交易对手（实名）的衍生品市值（按标的资产分类）、应付衍生品头寸、证券借贷头寸、借出资金头寸、主权债务风险、支付结算限额等风险敞口。

报表以二维表形式展示，每行填报一个交易对手，列上填报对该对手上述各类工具的头寸敞口。报表的填报同样有两个重点：一是需要对交易工具进行比较详细的划分，例如有价证券按发行主体被分为 G7 主权发行、

[①] 交易对手违约的可能性带给合约价值的影响。通常所称的衍生合约价值为市场价值或计算所得的公允价值，并未考虑交易对手违约的因素，因此该价值为无交易对手风险价值。模板要求考虑交易对手违约的可能，并由此调整合约估值。

[②] 在特定时点或时间段内，在一定置信区间（95% 或 99%）上估算的潜在风险损失的最大值。

非 G7 主权发行和高评级公司发行等；二是需要列出报数机构对逐个交易对手的授信额度及总敞口限额等，精细化程度要求较高。

3. 主要融资来源表（月报）

主要融资来源表（月报）主要采集报数机构（集团监管并表口径）主要融资来源方的国别、币种、融资工具、期限等方面的信息，用以监测其融资结构，从负债方分析其潜在流动性风险，并判断报数机构出现信用事件时对其债权人造成的冲击及对全球金融体系的影响。报数机构根据是否有抵押品分别填报前 20 大主要融资来源信息。考虑到获取自身发行并于二级市场交易的工具持有者信息比较困难，对此类交易工具可免于报送。

报表以二维表形式展示，每行填报一个交易对手，列上填报交易对手识别信息（实名）、交易对手国别、部门、交易工具、交易币种、剩余期限和交易金额等信息。

4. 债务证券持有情况表（月报）

债务证券持有情况表（月报）采集报数机构持有的其他报数机构发行的在二级市场交易的金融工具信息，从持有者角度补充前述主要融资来源表所未能采集的在二级市场交易的工具信息，并可从资产方分析报数机构潜在的流动性风险，还可预测发生危机时报数机构在金融市场抛售证券对金融市场和证券发行者的冲击。

报表以二维表形式反映，每行填报一个交易对手，列上填报交易对手识别信息（实名）、交易对手国别、交易工具、交易币种、剩余期限和持有金额等信息。报数机构均为商业银行，因此本报表中不需要填报交易对手部门信息。

（二）"机构对总体"数据

"机构对总体"（Institution-to-Aggregate，I-A）的数据模板基于宏观分析的资产负债表框架建立，重点关注全球系统重要性银行对国民经济各部门的影响和跨国风险传递，数据颗粒度更细，并表关系更加复杂，充分体现了宏观审慎管理目标对系统重要性银行的要求。它主要采集（合并后的）报数机构资产负债头寸的国别、部门分布信息（如对特定国家的信贷敞口或来自特定部门的融资占全部融资来源的比重），衡量报数机构在金融部门系统内的影响程度和范围、风险连接性和集中度，以及报数机构与实体经济各部门之间的关联性、对经济冲击的敏感性等。目前模板内共包括四张"机构对总体"数据报表，分别是直接对手风险报表、外汇衍生品报表、最终风险报表和弥合报表。

1. 直接对手风险报表

直接对手风险报表主要采集报数机构所持资产负债头寸的直接交易对手和交易工具（包括期限和币种）的分布情况，用于反映报数机构与不同类型的交易对手通过各种金融工具开展的交易，进而判断交易对手出现信用事件时给报数机构带来的潜在风险（这种风险可能会被转移给第三方，风险转移的情况通过后文所述的 I – AUR 报表反映）。报表从直接交易对手的国别、部门、交易工具、币种和剩余期限五个维度反映，其中交易工具和部门分别反映在报表的行、列上，而国别、币种和剩余期限则在报表"锁定"① 级中反映，即对某个国家形成的以某币种计价且剩余期限处于特定区间的敞口填报一张报表，在报表中按工具和交易对手部门进行细分。除表内项目敞口外，还应填报通过担保、承诺、信用衍生品等工具形成的或有敞口，或有敞口将应收及应付分别填报，不予轧差。

2. 外汇衍生品报表

外汇衍生品报表采集报数机构外汇衍生品交易信息，用于监测报数机构外汇衍生品交易中由于币种和期限不匹配所引发的流动性风险，以及因交易对手倒闭或金融市场崩溃造成无法对冲而引起的风险暴露。报表同时统计多头持有（合同到期时应收）和空头持有（合同到期时应付）的外汇衍生品头寸，不予轧差。报表分别于行、列统计到期应收和应付的币种和金额，剩余期限则在报表"锁定"级中反映，即每种剩余期限填一张表。报表包括两张子表，分别采集外汇远期交易情况和外汇互换交易情况。其中，外汇互换交易情况表按交易类型分为仅交换利息和同时交换本金及利息两类。

3. 最终风险报表（季报）

最终风险报表（季报）主要采集报数机构通过信用衍生产品、担保等

---

① 锁定是指报表自身的附加信息。

工具转入及转出风险的情况。金融稳定理事会认为通过风险转移工具造成的风险传染与交易对手发生信用事件造成的风险传染是风险在金融体系内传播的两大主要途径，因此需要监测报数机构持有的各种金融工具的最终风险承担者[①]的分布情况，以及报数机构作为最终风险承担者所"保护"的对手方分布情况。报表中用行反映转出或转入风险的不同工具，不予轧差处理，用列反映承担或转出风险的交易对手部门，交易对手国别则在报表"锁定"级反映，即来自不同国家的交易对手对应不同的表单。除表内项目敞口外，还应填报通过担保、承诺、信用衍生品等工具转入或转出的或有敞口。

4. 弥合报表（季报）

弥合报表（季报）将全球系统重要性银行集团合并的资产负债表按集团内不同主体的类型（包括集团控制的特殊目的载体）进行细分，用于评估全球系统重要性银行从事保险业务或其他非金融活动对集团的重要程度。从事这些活动的附属机构通常被排除在监管合并口径之外，对其开展监测可有效防止大型金融控股集团的监管套利行为及其带来的潜在风险。报表行上主要为资产负债表项目，列上按照集团资产负债表相关合并和拆分的原则，分别列示按会计准则要求合并的结果、监管要求合并的结果以及监管未要求合并的保险公司或集团内其他实体等层次进行拆分后的结果。

（三）结构化数据及系统重要性指标

结构化数据及系统重要性指标主要是描述报数机构提供的支付、清算等主要金融服务情况，危机中的修复能力以及自身发生危机时的系统性影响。目前，该类数据的具体采集模板尚未定义。

（四）常规统计框架外的临时性数据

当形势需要时，金融稳定理事会还将额外采集常规统计框架外的临时

---

① 在以下两种情况下，最终风险承担者将不同于直接交易对手：一是交易对手为其他机构的分行或附属机构时，最终风险承担者为交易对手的总行或顶层控制机构；二是如果对某项资产购买了风险缓释工具（如 CDS）或由第三方为其担保，最终风险承担者为风险缓释工具的卖方或担保方。

第三章 国际清算银行的金融统计框架

性数据。该类数据包括两个层次：一是已预先定义好采集内容，但仅在必要时报送的非常规数据；二是管理机构根据需要临时决定采集的数据（见表3-5）。目前该类数据的具体采集模板尚未定义。

表3-5　　　　全球系统重要性银行统计框架的主要内容

	名称	框架	主要内容
"机构对机构"数据	模板A—前50大交易对手风险敞口报表（周报）	第一阶段：全球系统重要性银行的集团成员与前50大交易对手集团成员的全部敞口信息。填报频率为每周及每月	衍生工具、证券融资、短期配售、授信、发行人风险、支付/清算/结算等共计51个指标
	模板B—前50大交易对手风险敞口报表（月报）		
	模板A—主要融资来源表（月报）	第二阶段：引入全球系统重要性银行与主要交易对手融资依赖度的交易信息，按最新国际监管要求的对手分类，再按监管层级、并表范围进行动态排序，逐个依交易对手进行报送。金融稳定理事会对全球系统重要性银行对手间数据要求严格，要求双边通报、对手举证。填报频率为每月	融资提供方、持有全球系统重要性银行成员可交易债券的交易对手识别信息、交易对手国别、部门、交易工具、交易币种、剩余期限和金额等共计36个指标
	模板B—债务性证券持有情况表（月报）		
"机构对总体"数据	主模板（季报）	第三阶段：覆盖全部业务信息，数据报送形式为汇总，无须排序，但需按工具、国别、交易对手类型、剩余期限、币种进行维度细分。填报频率为每季度	资产类、负债类、或有事项共计71个指标
	衍生品模板（季报）		全部衍生品共计21个指标
	外汇衍生品模板（季报）		外汇衍生品共计28个指标
	衔接模板（季报）		资产类、负债类、或有事项共计125个指标

续表

名称		框架	主要内容
结构化数据及系统重要性指标	尚未定义	描述报数机构提供的支付、清算等主要金融服务情况，危机中的修复能力以及自身发生危机时的系统性影响	尚未定义
临时性数据	尚未定义	一是预先定义了采集内容，但仅在必要时报送的非常规数据；二是管理机构根据需要临时决定采集的数据	尚未定义

第三节　影子银行统计

2008年国际金融危机后，影子银行（Shadow Banking）成为各国监管当局和国际组织广泛关注的焦点。金融稳定理事会认为影子银行是金融危机的重要风险源，并将其定义为游离于正规银行体系监管之外，容易导致系统性风险和监管套利的信用中介机构或业务。影子银行在不同的信用中介环节，以不同的金融工具，通过期限转换、流动性转换、不完全信用风险转移或（和）杠杆交易等方式，强化金融风险的传导，损害金融监管的效力。

2010年以来，金融稳定理事会受G20委托，牵头开展影子银行体系研究，从定义分类、数量规模、风险监测和政策工具等方面初步构建了统一的影子银行监测框架。本节以金融稳定理事会的统计监测模板和系列官方文件为基础，对金融稳定理事会关于影子银行的统计监测和风险评估框架进行了梳理和归纳。

一、影子银行统计概述

(一) 影子银行的定义及特征

影子银行是指游离于正规银行体系监管之外，可能导致系统性风险和监管套利的信用中介机构（实体）或业务（活动）。影子银行一般具有五个特征：一是游离于正规银行体系之外，没有受到类似于银行的严格的审慎监管（如资本、流动性要求等）；二是具有信用中介功能，是常规银行体系为实体经济提供融资支持的重要补充；三是通过期限转换、流动性转换、不完全信用风险转移或（和）杠杆交易等行为，产生类似于银行的金融风险，并通过信用中介链条向传统银行体系传导，从而引发系统性风险；四是进行监管套利，损害金融监管的有效性；五是从形式上看，影子银行既包括信用中介机构（实体），也包括机构（实体）开展的影子银行业务(活动)。

（二）影子银行的统计理念

为厘清影子银行的边界和范围，确定系统性风险的潜在来源，2015年金融稳定理事会改变了单纯以法律形式或机构名称作为影子银行识别标志的传统做法，引入了经济功能（Economic Functions, EF）概念，创造性地遵循了机构统计（Entity-Based）和业务统计（Activity-Based）并重的理念，从经济功能（业务和活动）角度出发识别和判断影子银行，以使决策者更好地捕捉所有进行期限转换、流动性转换、不完全信用风险转移或（和）杠杆交易的影子银行活动，加强对可能产生系统性风险的金融创新工具的监测和分析。

（三）影子银行的统计分类

根据经济功能，影子银行主要包括五种类型。

1. 有挤兑风险的集合投资工具（记为EF1）

集合投资工具是指投资者把资金集中在一起，通过公司、信托或某种合同安排的形式进行统一投资。有挤兑风险的集合投资工具特指因投资标的市场价值下降、投资载体信誉受损等因素而可能出现投资者集中、大量赎回的投资工具。这类工具是影子银行最主要的组成部分，目前占全球影子银行的65%以上，主要包括货币市场基金（Money Market Funds, MMFs）

和非货币市场投资基金①（不包括无信用中介行为的股权投资基金和无流动性风险的封闭式基金）。但需注意的是，若封闭式基金有明显的杠杆交易②、期限转换或流动性转换行为，则其仍归类于 EF1。我国的银行表外理财和资金信托计划具有集合投资属性，可归入 EF1。

识别是否存在"挤兑"风险，有三种方法：一是进行压力测试，若在高压市场环境下，赎回份额占总资产的比重始终小于 5%，则可判断无"挤兑"风险。二是根据金融机构或业务的期限转换和流动性转换水平③进行判别。期限转换水平是指具有相同期限的资产与负债的匹配程度（如短期负债占短期资产的比重），流动性转换水平是指具有相同流动性的资产与负债的匹配程度（如流动性负债占流动性资产的比重）。若两个指标较长时期内均低于 0.1，则可以判定无"挤兑"风险。三是利用与其经营模式相似的其他机构进行类比判断。

2. 依赖短期融资提供贷款服务的机构或业务（记为 EF2）

依赖短期融资提供贷款服务的机构或业务是指在特定市场上依赖短期融资④为非金融性公司和住户提供专业化贷款服务的机构或业务，如贷款公司、租赁公司、汽车金融公司、专业金融公司、典当行等。它们是传统银行业的重要补充。

判断是否依赖短期融资，有两个标准：一是短期负债占总资产的比重超过 10%，因为短期负债占比如果过高，可能会导致频繁融资，在市场波动较大时容易引发资产甩卖，从而侵蚀企业资产或权益；二是当短期负债占总资产的比重小于或等于 10% 时，如果短期负债为该机构普通权益的两倍或两倍以上，则该机构存在依赖短期融资的行为。

3. 依赖短期融资或客户资产抵押融资提供交易中介服务的机构或业务

---

① 在具体判定是否属于影子银行或属于某一类影子银行时，还需结合影子银行的定义、特征、风险等定性和定量因素，同时充分考虑各国金融发展和监管实践，因此本书在各个经济功能下分别列举的影子银行类型，仅是根据前期全球监测结果统计出的可能包括的类型范围，并不表示它们必然是影子银行或会产生系统性风险。

② 包括发行优先级证券、从银行借款、投资衍生产品工具或从事回购业务。

③ 衡量期限转换水平和流动性转换水平有若干个指标，具体可见本节第三部分"影子银行的风险评估"相关内容。

④ 短期融资是指剩余期限为 1 年及以下的负债，如现金或短期债券等。

(记为 EF3)

这类影子银行是指在证券市场上依靠短期融资为买卖双方提供中介服务的机构或业务（不包括证券承销服务和证券交易服务），如证券经纪商、证券金融公司等。

4. 提供增信服务的机构或业务（记为 EF4）

这类影子银行是指为金融机构发行金融工具提供担保或信用增级服务的机构或业务，如融资担保公司、信用保险公司、信用增级公司等。

由于信息不对称和市场失灵，这类机构在担保和增信业务上往往过于激进，造成担保或保险定价水平与借款人和担保人的资信水平不相匹配，由此引发社会信用过度扩张和杠杆水平提高，在高压市场环境下，可能引发严重的系统性风险。

5. 提供证券化融资服务的机构或业务（记为 EF5）

这类影子银行是指通过结构化融资或存量资产证券化的形式来提供融资服务的机构或业务，如住房抵押贷款证券化（MBS）、资产支持证券化（ABS）等。

将结构化融资工具和资产证券化工具归入影子银行，主要是因为尽管证券化有利于降低融资成本、增强对实体经济的信贷支持，但它增加了金融体系的流动性转换、期限转换、杠杆风险以及监管套利。特别是当市场流动性急剧下降时，证券化可能导致整个金融体系的系统性风险上升。

二、影子银行的统计方法和监测框架

（一）影子银行的统计方法

1. 从广覆盖到窄聚焦的三步法

为厘清影子银行的统计范围，金融稳定理事会通过广覆盖到窄聚焦三步法进行识别。广覆盖是指将监测范围扩展到所有可能产生影子银行风险的非银行金融中介和其他金融中介；窄聚焦是指集中关注传统银行体系以外，通过期限转换、流动性转换、不完全信用风险转移和杠杆交易等行为导致系统性风险和监管套利的信用中介实体和业务。

统计时，主要分三个步骤进行：第一步，统计非银行金融中介（Monitoring Universe of Non-Bank Financial Intermediation, MUNFI）；第二步，统

计其他金融中介（Other Financial Intermediaries，OFIs）；第三步，统计影子银行。其中，非银行金融中介和其他金融中介是基于广覆盖，通过监测传统银行体系以外从事信用中介的机构，从范围上界定所有可能潜在产生影子银行风险的机构；影子银行是基于窄聚焦严格定义的影子银行口径。非银行金融中介和其他金融中介由于分机构采集数据，统计边界清晰且易于统计，在统计实践中得到了普遍的认可，被广泛用于影子银行统计监测的中间步骤和规模估算。

（1）统计非银行金融中介。统计非银行金融中介是指非银行金融中介广义监测，机构范围包括传统银行体系以外的保险公司、养老基金和其他金融中介。这是评估非银行金融中介参与影子银行业务程度的起点。

（2）统计其他金融中介。其他金融中介是指除了中央银行、商业银行（存款性银行）、保险公司、养老基金、公共金融机构和金融辅助机构以外的所有金融中介实体，如货币市场基金、对冲基金、其他投资基金、房地产投资信托（Real Estate Investment Trusts，REITs）和房地产基金（Real Estate Funds，REFs）、信托公司、贷款公司、证券经纪商、结构化融资工具和中央交易对手（Central Counterparties，CCPs）等。实践中，其他金融中介可作为影子银行的近似替代指标，因此又被称为广义影子银行（Broad Measure of Shadow Banking）。

（3）统计影子银行。影子银行是从非银行金融中介中剔除未直接发挥信用中介作用或未产生影子银行风险的机构和业务后的剩余部分，是按照"游离于正规银行体系监管之外，容易导致系统性风险和监管套利的金融中介机构或业务"这一定义和经济功能方法严格界定的影子银行口径，故也称为狭义影子银行（Narrow Measure of Shadow Banking）或经济功能分类法下的影子银行（Shadow Banking under the Economic Functions Approach），是金融稳定理事会进行风险评估和政策工具摸底的主要载体。

2. 三个步骤之间的关系

从统计方法看，非银行金融中介统计和其他金融中介统计是机构统计，覆盖了所有可能产生影子银行风险的机构；而影子银行统计是业务统计，严格按照定义、特征和风险来确定影子银行的统计范围。从统计范围看，非银行金融中介口径最大，较之于其他金融中介多出了保险公司和养老基金；其他金融中介口径居中，较之于影子银行，多出一部分非影子银行机构，但少了一部分影子银行业务（如保险公司和养老基金中被划定为影子银行的业务）。

由于影子银行在统计上存在统计对象难以完全覆盖、合并报表数据难以分解以及数据缺失等问题，因此实践中可使用非银行金融中介和其他金融中介作为近似监测指标。

（二）影子银行的监测框架

为监测全球影子银行体系的发展趋势及相关风险，形成具有跨国可比性的影子银行数据，金融稳定理事会构建了较为全面的统计监测框架，主要包括以下几个方面。

1. 分机构统计表

分机构统计表统计金融部门分机构的金融资产、信贷资产、批发融资、卖出回购和买入返售资产等存量指标，一方面由此可以获取金融部门的资产规模，另一方面也可以计算非银行金融中介和其他金融中介的资产规模，作为影子银行的估算口径。

2. 经济功能分类表

经济功能分类表主要从业务角度划定影子银行范围并统计其金融资产规模，是金融稳定理事会评估风险和梳理政策工具的基础。从目前的统计实践来看，这部分工作难度较大，各类影子银行的认定仍在不断完善。

3. 风险评估表

风险评估表具体包括关联性统计表、风险矩阵表和风险摸底表三类，其中关联性统计表主要是按机构统计银行与其他金融中介之间的债权、债务关系，据此判断银行体系与其他金融中介的关联程度。风险矩阵表主要是计算各类影子银行的风险因子水平和信用中介水平，数据来源为资产、负债、权益及表外统计数据。风险摸底表主要利用风险矩阵表计算各类影子银行的风险因子水平和总体风险水平，据此确定政策关注的对象。

4. 政策工具表

政策工具表主要梳理目前旨在防范影子银行风险的各类法律法规、条例和规范等，评估政策实施效果，总结全球范围内已成功化解或部分化解影子银行风险的政策，为其他成员国提供有益的经验。

金融稳定理事会影子银行统计监测框架详见表3-6。

表3-6　　　　　　金融稳定理事会影子银行统计监测框架

表单号	表名	统计内容
1	宏观摸底表（Macro-Mapping）	分机构统计金融部门（中央银行、银行、保险公司、养老基金、公共金融机构、其他金融中介和金融辅助机构）的资产（金融资产）等存量
2	分机构统计表（Supplementary）	作为宏观摸底表的补充，统计金融部门分机构的金融资产、信贷资产、贷款、批发融资、卖出回购、买入返售等存量
3	经济功能分类表（Economic Function）	分机构确认和统计五类影子银行，阐明分类理由，统计各类影子银行的金融资产存量
4	关联性统计表（Interconnectedness）	统计银行、保险公司、养老基金、其他金融中介（总体及部分子类）、境外机构之间相互持有的债权、债务规模
5	风险矩阵表（Risk Metrics）	分别统计五类影子银行资产（金融资产）规模排名前三位的资产、负债、权益及表外项目，计算风险因子（期限转换、流动性转换、不完全信用风险转移和杠杆）水平和信用中介水平
6	风险摸底表（Risk Mapping）	分为两张子表，表1分别计算五类影子银行的期限转换、流动性转换、不完全信用风险转移和杠杆水平，表2统计存在潜在影子银行风险的机构和业务类型
7	政策工具表（Policy Tools）	统计五类影子银行的政策工具信息，包括政策工具、实施效果、法律基础、不足改进等

（三）影子银行的分析方法

1. 影子银行体系的总量和结构分析

总量指标主要包括影子银行体系的金融资产规模及变动趋势、金融资产占金融部门资产总额的比重及变动趋势、金融资产占国内生产总值的比重及变动趋势、金融资产占银行体系金融资产的比重及变动趋势，结构指标主要包括各类影子银行金融资产规模占影子银行总体规模的比重及变动趋势。

2. 影子银行体系的关联分析

监管机构通过获取金融产品卖方提供的存量和流量数据、监管部门提供的交易对手信用风险数据以及银行体系通过司法程序间接提供的影子银行体系内部活动数据，来分析影子银行体系的关联性。金融稳定理事会建议各国在资金流量表的基础上，进一步审视银行与其他金融中介间的内在联系，准确测算影子银行体系的规模。

三、影子银行的风险评估

影子银行的风险评估可以为监管当局防范和化解系统性风险提供重要的信息支持。影子银行触发系统性风险主要有两个途径：一是关联性风险，即通过与传统银行体系间债权和债务互持，间接引发系统性风险；二是内生性风险，即影子银行作为信用中介，可能直接引发系统性风险。

（一）关联性风险评估

1. 关联性统计

关联性统计主要是用于评估影子银行风险对传统金融部门的溢出效应，包括两方面内容：一是其他金融中介与银行之间相互持有的债权、债务水平，二是各类其他金融中介机构与银行、保险、养老基金等部门之间相互持有的债权、债务水平（见表3-7）。

表3-7　　　　　　　金融性公司间的关联性统计

		银行业	保险公司	养老基金	其他金融中介	其他金融中介的子类	境外
银行业	债权						
	债务	—					
保险公司	债权		—				
	债务	—	—				
养老基金	债权			—			
	债务	—	—	—			

续表

		银行业	保险公司	养老基金	其他金融中介	其他金融中介的子类	境外
其他金融中介	债权	—	—	—			
	债务	—	—	—	—	—	
境外	债权						
	债务						

2. 关联性分析

（1）银行的引致风险。从银行角度看，银行对其他金融中介的债务占银行资产的比重，表示其他金融中介对银行的融资风险；银行对其他金融中介的债权占银行资产的比重，表示其他金融中介对银行的信用风险。

（2）其他金融中介的引致风险。从其他金融中介角度看，其他金融中介对银行的债务占其他金融中介资产的比重，表示银行对其他金融中介的融资风险；其他金融中介对银行的债权占其他金融中介资产的比重，表示银行对其他金融中介的信用风险。

影子银行关联性风险分析框架详见图3-1。

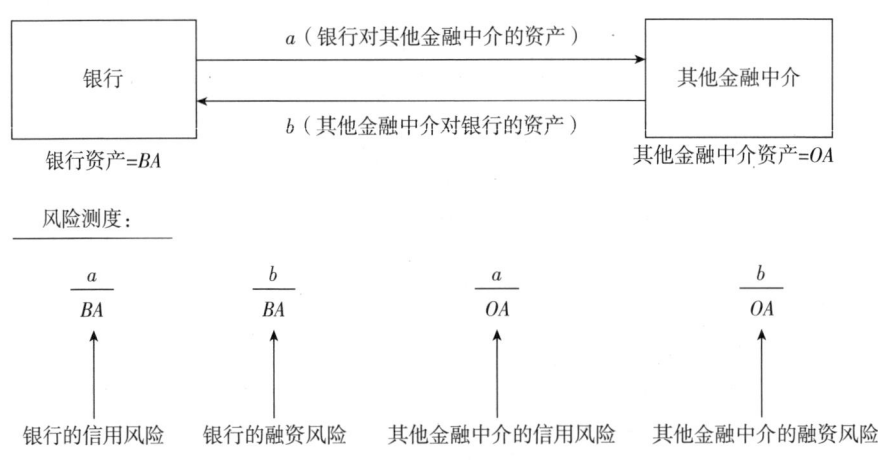

图3-1 影子银行关联性风险分析框架

第三章 国际清算银行的金融统计框架

(二) 内生风险评估

1. 影子银行风险矩阵[①]

影子银行风险矩阵包括两大指标：一是信用中介指标；二是风险因子指标，包括期限转换、流动性转换、不完全信用风险转移和杠杆。

（1）信用中介（Credit Intermediation，CI）。信用中介是指从存款人或其他贷款人那里获取资金转贷给借款人的过程，信用中介指标一般通过信用资产占总金融资产[②]的比重来表示，具体包括以下三个指标。

$$CI1 = \frac{信用资产}{总金融资产}$$

$$CI2 = \frac{贷款}{总金融资产}$$

$$CI3 = \frac{信用资产 + 表外信用风险敞口}{总金融资产 + 表外总敞口}$$

CI1、CI2、CI3 的取值范围是 $[0, 1]$，取值越大，表明信用中介功能越突出，取 0 表示没有信用中介功能。

（2）期限转换（Maturity Transformation，MT）。期限转换是指相同剩余期限的资金来源与资产的匹配程度。衡量是否存在期限转换，有三个指标：

$$MT1 = \frac{长期资产 - 长期资金来源}{总金融资产}$$

$$MT2 = \frac{短期资金来源（1年及以下）}{短期资产（1年及以下）}$$

$$MT3 = \frac{短期资金来源（1个月及以下）}{短期资产（3个月及以下）}$$

MT1 通过比较长期资金来源[③]和长期资产的匹配程度来衡量是否具有期限转换。当 MT1≤0 时，表明无期限转换；当 MT1＞0 时，表明部分长期资

[①] 风险矩阵按照五大经济功能，分别测算各类影子银行中规模排名前三位的风险矩阵。金融稳定理事会并没有提供每类风险因子的值域或是"安全线"，而是通过国家之间的横向比较，识别可能存在系统性风险积聚的影子银行实体。

[②] 对于 EF1，总金融资产是指其管理的资产规模（Asset Under Management，AUM），下同。

[③] 对于 EF1，长期资金来源包括长期负债和不可赎回权益；对于其他类的影子银行，长期资金来源包括长期负债和权益，下同。

产需通过短期资金来源提供融资,则存在期限转换,数值越大表明期限转换程度越高。当 MT1 = 1 时,表明该机构仅持有长期资产,且全部依靠短期资金来源进行融资,期限转换程度最高。

MT2 和 MT3 都是通过比较短期资金来源①和短期资产的匹配程度来衡量是否具有期限转换,二者的差异在于选取短期资金来源和短期资产的标准有所不同。对于 MT2 和 MT3,其取值范围是 $[0, \infty)$,当在 $[0, 1]$ 区间时,表示短期资金来源仅支持短期资产,不存在期限转换;当在 $(1, \infty)$ 区间时,则表示短期资金来源为长期资产提供了融资,存在期限转换。

(3) 流动性转换(Liquidity Transformation, LT)。流动性衡量的是在无损失或承受很少损失的情况下,可以快速变现的资产规模②。其中,流动资产根据变现能力不同,分为狭义流动资产和广义流动资产。狭义流动资产是指现金及现金等价物。广义流动资产是指高信用、高流动性、变现无障碍的资产(HQLA③)。衡量流动性转换主要包括三个指标:

$$LT1 = \frac{总金融资产 - 狭义流动资产 + 短期资金来源(1个月及以下)}{总金融资产}$$

$$LT2 = \frac{总金融资产 - 广义流动资产 + 短期资金来源(1个月及以下)}{总金融资产}$$

$$LT3 = \frac{短期资金来源(1个月及以下)}{广义流动资产}$$

LT1 和 LT2 均是用"短期资金来源 - 流动资产"来反映是否存在流动性转换。当 LT1(LT2)≤1 时,即短期资金来源≤流动资产,表明短期资金来源仅为流动性资产提供资金支持,不存在流动性转换;当 LT1(LT2)>1 时,即短期资金来源>流动资产,表明一部分短期资金来源还为非流动资产提供了资金支持,则存在流动性转换;极端情况是 LT1(LT2)= 2,这时所有资产均为非流动资产,且全部由短期资金来源提

---

① 对于 EF1,短期资金来源包括短期负债和可赎回权益;对于其他类的影子银行,短期资金来源仅包括短期负债,下同。

② 由于施行的会计准则不同,各国对流动性资产的定义范围存在一定差异。

③ HQLA 的全称为 High Quality Liquid Assets。根据巴塞尔协议Ⅲ,HQLA 由一级资本和二级资本组成,一级资本可以无限制地纳入 HQLA,二级资本必须进行价值扣减后才能纳入 HQLA,且不能超过总规模的 40%。HQLA 主要包括现金和现金等价物、短期投资(货币市场基金)、零风险权重的政府债券等。

第三章 国际清算银行的金融统计框架

供融资支持,流动性转换程度最高。

LT3 通过比较短期资金来源和流动资产来衡量是否具有流动性转换[①]。当 LT3 在 [0,1] 区间时,表示短期资金来源仅支持流动资产,不存在流动性转换;当在 (1,∞) 区间时,表示短期资金来源不仅为流动资产,还为非流动资产提供了融资,存在流动性转换。

(4) 不完全信用风险转移(Credit Risk Transfer,CRT)。不完全信用风险转移是指机构通过各种金融工具将部分信用风险转移至表外或其他金融机构,或其他机构为其提供隐性担保,导致整个金融体系的系统性风险水平上升。衡量不完全信用风险转移的指标主要如下:

$$CRT1 = \frac{表外信用风险敞口}{表外总敞口 + 总金融资产}$$

CRT1 取值范围是 [0,∞),取值越大,信用风险转移程度越高,给整个金融体系带来的风险水平也越高。

(5) 杠杆(Leverage,L),主要包括以下三个指标[②]:

$$L1 = \frac{总金融资产}{股权}$$

$$L2 = \frac{表外总敞口 + 总金融资产}{股权}$$

$$L3 = \frac{名义总敞口(GNE)}{净资产价值(NAV)}$$

影子银行风险矩阵详见表 3-8。

表 3-8 　　　　　　　　影子银行风险矩阵

指标	计算公式	说明
信用中介(CI)		
信用中介(CI1)	=信用资产/总金融资产	衡量信用资产的相对规模
信用中介(CI2)	=贷款/总金融资产	衡量贷款的相对规模

---

① LT3 供除 EF1 以外的其他影子银行使用,也即 EF1 仅计算 LT1 和 LT2。
② L3 仅供 EF1 使用,也即其他类的影子银行仅计算 L1 和 L2。GNE(Gross Notional Exposure)即名义总敞口,是指截至数据报告日已开始但并未完成的全部交易的名义总价值或名义价值,用于考量在市场环境急剧恶化、资产价格迅速下跌的情况下,集合投资工具可能面临的风险和损失。

续表

指标	计算公式	说明
信用中介（CI3）	=（信用资产+表外信用风险敞口）/（总金融资产+表外总敞口）	衡量表内外总信用资产的相对规模
期限转换（MT）		
期限转换（MT1）	=（长期资产－长期资金来源）/总金融资产	衡量由长期资金来源融通的长期资产规模，取值为0时，表示长期资产完全由长期资金来源支持，无期限转换行为
期限转换（MT2）	=短期资金来源（1年及以下）/短期资产（1年及以下）	衡量对短期融资的依赖。取值0~1表示短期资金来源仅支持了短期资产，不存在期限转换；取值大于1表示短期资金来源还支持了长期资产，存在期限转换
期限转换（MT3）	=短期资金来源（1个月及以下）/短期资产（3个月及以下）	
流动性转换（LT）		
流动性转换（LT1）	=［总金融资产－狭义流动资产+短期资金来源（1个月及以下）］/总金融资产	取值小于等于1，表示流动资产完全由短期资金来源支持，无流动性转换；取值大于1，表示存在由短期资金来源支持的非流动资产，存在流动性转换
流动性转换（LT2）	=［总金融资产－广义流动资产+短期资金来源（1个月及以下）］/总金融资产	
流动性转换（LT3）	=短期资金来源（1个月及以下）/广义流动资产	取值0~1表示短期资金来源仅支持了流动性资产，不存在流动性转换；取值大于1表示短期资金来源还支持了非流动资产，存在流动性转换
不完全信用风险转移（CRT）		
信用风险转移（CRT1）	=表外信用风险敞口/（表外总敞口+总金融资产）	衡量表外信用风险的相对规模
杠杆（L）		
杠杆（L1）	=总金融资产/股权	值越大，杠杆水平越高
杠杆（L2）	=（表外总敞口+总金融资产）/股权	将表外业务纳入考量，较L1监测标准更为严格
杠杆（L3）	=名义总敞口（GNE）/净资产价值（NAV）	EF1适用

2. 影子银行风险摸底

（1）风险测度。风险矩阵全面展示了按经济功能分类的各类影子银行的风险因子水平。进行风险测度时，先将所有风险因子指标转换为无量纲的分档数值，再以规模为权重分别计算各类影子银行的风险水平（见表3-9）。每一类影子银行均选取规模最大的两类机构进行计算。

表3-9　　　　　　　　　影子银行风险测度

	EF1	EF2	EF3	EF4	EF5	总计
杠杆	L_1	L_2	L_3	L_4	L_5	L
流动性转换	LT_1	LT_2	LT_3	LT_4	LT_5	LT
期限转换	MT_1	MT_2	MT_3	MT_4	MT_5	MT
信用风险转移	CRT_1	CRT_2	CRT_3	CRT_4	CRT_5	CRT

假设第 i 类影子银行的第 j 类机构的杠杆水平为 L_{ij}，流动性转换水平为 LT_{ij}，期限转换水平为 MT_{ij}，信用风险转移水平为 CRT_{ij}，资产规模为 TA_{ij}，与银行体系关联性为 IC_{ij}，其他风险水平为 OR_{ij}。其中，$i=\{1,2,3,4,5\}$，$j=\{1,2\}$；$IC,OR=[0,1]$[1]。

第一步：为了形成可比的数据，将 L_{ij}、LT_{ij}、MT_{ij}、CRT_{ij} 转换为无量纲的分档数值，分别是1（低）、2（较低）、3（中等）、4（较高）、5（高）。可以采取的分档方法很多，以平均值法为例，

假设 $L_{\max}=\max\{L_{ij}\}_{i=1,2,3,4,5;j=1,2}$，$L_{\min}=\min\{L_{ij}\}$，$\bar{L}=\dfrac{L_{\max}-L_{\min}}{5}$

则 $L_1=L_{\min}$，$L_2=L_1+\bar{L}$，$L_3=L_2+\bar{L}$，$L_4=L_3+\bar{L}$，$L_5=L_4+\bar{L}$，$L_6=L_{\max}$

若 $L_{ij}\in[L_m,L_{m+1}]_{m=1,2,3,4,5}$，则 $L_{ij}=m$，即 L_{ij} 为 m 档数值，标记为 L'_{ij}。

对 LT_{ij}、MT_{ij}、CRT_{ij} 使用同样的方法分档，标记为 LT'_{ij}、MT'_{ij}、CRT'_{ij}。

---

[1] 关联性权重以银行业对其债权占其资产的比重来表示，取值范围是[0,1]；其他风险取值范围也是[0,1]，取值依据是监管当局对其宏观审慎评估的结果，可以是定量判断，也可以是专家打分判断。

第二步：以规模为权重①，计算五类影子银行的风险因子水平。

$$L_i = L'_{i1} \times \frac{TA_{i1}}{TA_{i1} + TA_{i2}} + L'_{i2} \times \frac{TA_{i2}}{TA_{i1} + TA_{i2}}$$

$$LT_i = LT'_{i1} \times \frac{TA_{i1}}{TA_{i1} + TA_{i2}} + LT'_{i2} \times \frac{TA_{i}2}{TA_{i1} + TA_{i2}}$$

$$MT_i = MT'_{i1} \times \frac{TA_{i1}}{TA_{i1} + TA_{i2}} + MT'_{i2} \times \frac{TA_{i2}}{TA_{i1} + TA_{i2}}$$

$$CRT_i = CRT'_{i1} \times \frac{TA_{i1}}{TA_{i1} + TA_{i2}} + CRT'_{i2} \times \frac{TA_{i2}}{TA_{i1} + TA_{i2}}$$

由此得到的 L_i、LT_i、MT_i、CRT_i 均为 [1，5] 的无量纲数值，可以横向比较五类影子银行的风险因子水平。

第三步：以规模为权重，计算影子银行整体的风险因子水平。

首先计算每类影子银行的权重因子：

$$a_i = \frac{TA_{i1} + TA_{i2}}{\sum_{n=1}^{5} \sum_{q=1}^{2} TA_{nq}}$$

然后，根据权重依次计算出影子银行的杠杆、流动性转换、期限转换、不完全风险转移的水平：

$$L = \sum_{n=1}^{5} L_i \times a_i, \ LT = \sum_{n=1}^{5} LT_i \times a_i, \ MT = \sum_{n=1}^{5} MT_i \times a_i, \ CRT = \sum_{n=1}^{5} CRT_i \times a_i$$

由此得到的 L、LT、MT、CRT 均为 [1，5] 的无量纲数值，据此可横向比较各国影子银行的风险因子水平。

(2) 风险评估。基于风险测度的风险评估主要分为两个部分：一是评估存在潜在风险的影子银行业务，二是评估各类影子银行的主要风险类型（见表3–10）。

---

① 除了用规模作为权重外，可还用关联性指标和其他风险指标对规模权重进行调整，用 TA + IC 或是 TA + OR 计算相对占比。

表 3-10　　　　　　　　　　影子银行风险评估

风险类型	存在相应风险的主要影子银行类型（按经济功能划分）	对应的机构（或业务）类型
流动性错配	EF1 EF3 EF5	——流动性资产较少的开放式基金 ——资产支持商业票据（ABCPs）或其他结构化融资工具 ——隔夜回购协议 ——投资逆回购协议的证券经销商
期限错配	EF1 EF2 EF3	——固定收益的开放式基金 ——财务公司 ——证券经销商
高杠杆	EF1 EF2 EF3 EF4	——对冲基金 ——证券经销商 ——财务公司 ——债券保险公司
信用风险转移	EF1 EF4 EF5	——涉及信用衍生产品的对冲基金 ——债券保险商和保险公司

参考文献

[1] 杜金富. 国际金融统计制度比较 [M]. 北京：中国金融出版社，2009.

[2] 王浠. 系统重要性金融机构国际监管改革进展及对我国的启示 [J]. 金融发展评论，2011 (8).

[3] 郭卫东. 国际组织对系统重要性金融机构的监管及启示 [J]. 经济纵横，2013 (2).

[4] 沈伟. 中国的影子银行风险及规制工具选择 [J]. 中国法学，2014 (4).

［5］中国人民银行河池市中心支行课题组．构建中国影子银行统计监测框架探讨［J］．南方金融，2014（8）．

［6］毛术文．国际金融统计的最新发展及其启示［J］．统计与决策，2016（11）．

［7］中国人民银行吴忠市中心支行课题组．国际银行业务统计体系发展及对我国金融统计的影响［J］．金融发展评论，2017（2）．

［8］Bank for International Settlements. Guidelines for reporting the BIS international banking statistics，March 2013.

［9］Bank for International Settlements. Guidelines to the international consolidated banking statistics，June 2012.

［10］Committee on the Global Financial System. Improving the BIS international banking statistics，November 2012.

［11］Bank for International Settlements. Global Monitoring with the BIS International Banking Statistics，January 2008.

第四章 美国金融统计

美国金融体系发达，金融统计的组织管理以及数据采集、存储、加工、共享与发布机制等制度基础较为健全，在此基础上形成了完整细致的金融统计体系。但2008年国际金融危机仍暴露出美国传统金融统计框架中金融风险预判预警的数据信息缺失。危机后，美联储重构职责框架，改进金融统计体系，拓展金融统计范围，加强审慎监管统计，成立专职机构负责跨部门统计协调，采用"一对一"签署备忘录的形式，加强部门间协调与合作，完善数据信息共享，以便及时掌握整个金融体系运行和风险状况，增强宏观调控和金融风险防控的有效性、针对性和前瞻性。自2013年起，美联储用"金融账户"取代"资金流量"，用于核算整个经济社会各部门的资金来源和运用情况，在美联储数据发布中居于核心地位。

第一节 美国金融统计的基本情况

一、中央银行角色

（一）金融统计的历史沿革

自1914年以来，联邦储备委员会以多种形式发布了大量有关美国的经济和金融统计信息，通常被称为统计发布（Statistical Releases）。从其历史沿革看，大体经历了三个阶段：一是1970年之前，美联储不定期公布银行货币历史统计信息，1914—1941年编制了银行业金融统计报表，1941—1970年编制了货币金融统计报表；二是1970年之后，美联储的数据公布被纳入美国年度统计公报，实现按年度定期公布金融统计数据；三是近年来，美联储金融统计数据的发布途径进一步拓宽，频度进一步提高，最新的金融统计数据都会在美联储董事会公共网站（http://www.federalreserve.gov/

releases）上定期发布。随着经济金融市场发展和政策变动，美国的金融统计指标集始终处在动态变化中，不断有指标被停用或替代，数据发布频度也会有所变动。因此，美联储在发布数据时，会在"其他"栏目中载明各时期指标的统计时间、口径和频率等相关信息，以方便数据需求者的使用。

（二）职责分工及中央银行角色

基于自身政治、经济和文化背景，美国逐渐形成了特征鲜明的金融监管模式。受美国《国家银行法》（1864年通过）约束，与按照机构属性的分工不同，美国的金融监管是依据业务类型分工的，且实行联邦政府和州政府两级政府以及不同监管机构共同参与的"双重多头"竞争监管格局。受监管格局影响，美国金融统计尤其是监管统计采用了分散模式，即不同监管机构各有分工，均在各自职能和监管职责范围内，依据相关法律和法规，采集、整理和披露其负有监管责任的金融机构或金融市场的统计数据，并定期形成监管报告。从职责分工看，货币统计和金融统计主要由美联储负责，监管统计则由不同监管部门在各自职责范围内分别负责（见表4-1）。

表4-1　　　　危机后美国金融统计职责分工情况

统计机构	统计领域	统计对象
美联储	货币与金融统计	所有存款性金融机构
美联储 金融稳定监督委员会 货币监理署 联邦存款保险公司 储蓄机构监管署 国家信用社管理局	银行业监管统计	商业银行 储蓄机构 信用合作社 产业贷款公司 银行控股公司 金融控股公司
美联储 金融稳定监督委员会 美国财政部 市政债券决策委员会 证券交易委员会 国家证券交易商协会 商品期货交易委员会	证券业监管统计	国债 市政债券 公司债 股票 衍生品市场 证券机构

第四章 美国金融统计

续表

统计机构	统计领域	统计对象
联邦保险办公室 各州保险监管局 保险监督官协会	保险业监管统计	保险机构

1. 货币与金融统计

成立于1913年的美联储是美国最主要的金融统计机构,拥有货币政策制定、金融监管、金融稳定和金融服务四大职能。因此,它相应地承担涉及全局的货币和金融统计工作。

2. 监管统计

金融监管统计具体包括银行业监管统计、证券业监管统计和保险业监管统计,统计工作分别由相应的直接监管机构负责。

(1) 银行业监管统计。美国的银行业监管统计主要由美联储负责,统计对象包括在本州注册且属于美联储体系成员的商业银行、银行控股公司、外国银行在美分支机构以及由外国银行控股的商业借贷企业等。收集的信息包括资产负债表和损益表(以传统业务为主),既包括国内业务,也包括境外业务。美联储还收集银行控股公司的投资和业务往来数据,包括银行控股公司分支机构及其之间的交易数据。此外,美联储与联邦金融机构检查委员会(Federal Financial Institutions Examination Council, FFIEC)下属的其他监管机构合作,根据法规要求收集相关数据,对存款机构在借贷行为中是否存在歧视行为进行有效监管。货币监理署(Office of the Comptroller of the Currency, OCC)、联邦存款保险公司(Federal Deposit Insurance Corporation, FDIC)、储蓄机构监管署(Office of Thrift Supervision, OTS)以及国家信用社管理局(National Credit Union Administration, NCUA)也一起参与负责银行业监管统计,负责采集监管对象数据并整理、编制和披露监管信息。其中,货币监理署负责国家银行监管;联邦存款保险公司负责对所有参加存款保险的银行业金融机构进行监管;储蓄机构监管署主要负责监管储蓄机构,同时也负责受理储蓄机构转换为联邦储蓄银行的申请;国家信用社管理局负责对信用社等进行的监督和管理。与美联储的监管统计类似,这几个监管机构各自收集其履职范围内的统计数据,并分别形成与其主要职能相对应的数据监测报告。

（2）证券业监管统计。美国证券业监管统计主要由美国财政部、市政债券决策委员会（Municipal Securities Rulemaking Board，MSRB）、证券交易委员会（Securities and Exchange Commission，SEC）、国家证券交易商协会（National Association of Securities Dealers，NASD）以及商品期货交易委员会（Commodity Futures Trading Commission，CFTC）等证券业监管机构共同完成，并分别形成与其主要职能相对应的数据报告。以证券交易委员会为例，作为监管美国证券市场以及管理信息披露系统的唯一法定机构，其通过制定并执行强制性信息披露制度，要求证券发行公司定期披露和上报资产负债表、损益表和财务报告，收集、披露证券发行和交易相关信息，形成数据监测分析报告，定期向国会报告并向社会公众披露。

（3）保险业监管统计。各州保险监管局承担保险业的监管职责，而1987年成立的保险监督官协会（National Association of Insurance Commissioners，NAIC）是一个全国性行业组织，主要负责全国保险业监管统计的组织协调工作，主要任务是定期收集保险公司财务报表，并据此计算保险监管信息系统（Insurance Regulatory Information System，IRIS）指标，协助监管各州保险公司偿付能力和运营状况。同时，保险监督官协会还负责建立和维护全国保险公司财务状况数据库，各州保险业监管部门及用户可获取和使用数据库信息。

值得一提的是，由于美联储和其他金融监管机构（主要是证券业和保险业领域）都分别承担各自监管领域的消费者权益保护职责，这些机构除进行货币与金融统计、监管统计外，也会定期采集、披露监管对象涉及消费者和投资者权益方面的信息，这也是美国金融统计工作的一部分。

二、统计的范围及内容

（一）统计范围

美国金融统计体系基本遵循国际货币基金组织制定的《货币与金融统计手册》中关于金融数据的统计原则和框架，而统计数据的编制和发布按照《国民账户体系》中的金融账户体系进行。美国金融统计除涵盖了国内所有金融机构外，也将各经济部门相关存量和流量数据纳入统计范畴。其中，金融机构主要包括中央银行、商业银行、储蓄机构、信用合作社、产业贷款公司、银行控股公司、金融控股公司、衍生品交易所、证券机构以及保险机构等。从功能看，美国金融统计分为业务统计及监管统计。其中，业务统计主要统计货币和金融业务运行数据，通过收集、整理金融运行存量和流量数据，分析部门间资金流动和社会融资结构，以便了解整个金融和宏观经济运行状况，为制定和实施货币政策提供决策参考。这部分统计由美联储负责，其数据采集方式主要是各部门报送。监管统计主要统计和监测监管对象的经营、资产负债以及风险等情况，有现场统计和非现场统计两种方式，具体包括银行业监管统计、证券业监管统计和保险业监管统计，分别由相应领域的直接监管机构负责实施，并定期形成评估报告，以达到有效监管的目的。

(二) 主要内容

美国金融统计数据体系全面反映了美国金融机构资产负债、金融发展情况、金融稳健性、金融市场及对外金融等情况。其中，金融机构资产负债统计主要是对银行资产负债流量、存量进行统计；金融发展情况与美国经济发展、居民消费状况密切相关，主要在商业金融统计、家庭金融统计、工业活动统计等类别中体现；金融稳健性主要通过调查方式掌握，监管机构分别从国家信贷风险、企业及居民信贷风险、银行从业监管等方面对美国金融稳健性进行调查统计；金融市场方面主要包括货币存量和储备余额统计、商业金融统计、家庭金融统计、工业活动统计以及汇率、利率统计等，用于衡量金融市场信贷供需变化和金融市场价格变化；对外金融中，除汇率与国际数据统计完全独立外，其余数据分散在其他各个统计类别中。具体来看，美国金融统计数据体系主要包括银行资产负债统计、银行架构统计、商业金融统计、经销商融资条款统计、汇率与国际数据统计、金融账户统计、家庭金融统计、工业活动统计、利率统计、货币存量和储备余额统计及其他统计这11类内容。

1. 银行资产负债统计

美国银行资产负债统计基本遵循国际货币基金组织的货币统计框架，依照一定的会计原则，对银行资产方和负债方的流量及存量进行统计，包括银行总体货币储备、商业银行资产负债、银行贷款和国家贷款等内容。

2. 银行架构统计

银行架构统计是指对美国大型商业银行、少数人控股的存款机构（Minority–Owned Depository Institutions）与外国银行在美国办事处的基本信息进行统计，它既是美国银行体系的一个监管平台，也是相关统计和调查数据公布的重要方式。

3. 商业金融统计

美国商业金融统计包括金融市场统计、金融产品统计和金融参与者统计三个方面。

金融市场统计主要对股票市场、州政府和地方政府新发行证券、美国公司新发行证券等三个子类的相关指标进行统计。其中，股票市场统计数据主要按月度、年度统计普通股票价格和日均成交量、客户融资余额规模（包括保证金信贷和非保证金信贷）以及股票/可转换债券/卖空所需保证金；州政府和地方政府新发行证券统计所有新发行和再融资的证券规模，并按照证券发行类别、发行者所属地区层级类别、发行目的和行业类别进行月度和年度统计；美国公司新发行证券按美国国内/国外销售的债券、金融/非金融行业备忘项目、金融/非金融行业股票的划分口径进行统计。需要注意的是，美国公司新发行和再融资证券不包括二次发行、股权激励计划及公司内部交易，但包括扬基债券（Yankee Bonds）和上市私募。

金融产品统计主要依据产品分类进行，包括商业票据、公司中期票据以及股票证券的相关数据。其中，商业票据数据主要来源为存管信托及结算公司，其利率标准按多种类型进行划分，如分为"AA 非金融""A2/P2 非金融""AA 金融"以及"AA 资产支持"商业票据，或者以短期信用评级、长期信用评级以及行业 SIC 代码类型进行划分，但剔除了国外项目、市政项目、二次发行及回购协议等金融产品。商业票据利率一般包括 1 天期、7 天期、15 天期、30 天期、60 天期、90 天期等六种，每周三发布周数据，月末发布当月数据。公司中期票据数据主要统计美国所有公司（包括各类金融性公司和非金融公司）所发行中期票据的成交金额和发行机构数、未偿还中期票据的成交金额和发行机构数、信用等级为 BBB~AAA 的发行机构所发行及未偿还中期票据的成交金额。股票证券统计与金融市场统计内容相同。

金融参与者统计主要通过调查金融性公司情况和中小企业财务状况,对金融参与双方的信贷业务和财务状况进行统计。第一部分为金融性公司的信贷情况统计,主要从消费者信贷、房地产以及商业信贷三个方面,按月、季度、年对金融性公司自身及其管理的未结清应收账款进行存量和流量统计,并对该存量和流量数据进行季节调整。第二部分为中小企业信贷风险监测统计,主要通过调查了解中小企业资产负债情况、现金流量以及收入支出差额等状况,监测中小企业信贷所面临的风险,并结合中小企业信贷投向和融资成本进行风险评估。

4. 经销商融资条款统计

经销商融资条款统计依托高级信贷官员对经销商融资条款的意见调查(Senior Credit Officer Opinion Survey on Dealer Financing Terms,SCOOS)进行。SCOOS是一项关于集中交易市场和场外衍生品市场信贷证券融资信息的季度调查,仿照历史悠久的高级信贷员银行贷款调查制度开展,为商业银行提供家庭和企业贷款供需变化的定性信息,是了解和掌握金融系统运行状况的重要渠道。目前,SCOOS的调查对象主要包括20个经销商,它们占场外衍生品市场中以美元计价证券融资额的绝大多数份额。下一步,SCOOS调查范围可能会扩大到其他公司。

5. 汇率与国际数据统计

汇率和国际统计主要包括美国境内各银行、非银行企业、外国银行在美办事处三类机构的国际往来经常账户、资本账户、外汇储备、汇率和国家贷款风险等项目,反映美国国际经济与金融收支平衡状况。货币当局通过对这些数据的分析,适时调整国际贸易和国际金融政策。汇率指标有周数据和月度数据两种,反映美国与其贸易伙伴货币的汇兑比情况。目前,在汇率统计上,美联储美元计价有三种方式:一是贸易加权广义美元指数(Broad Trade-Weighted Dollar Index),以1997年1月为基准,以美国主要贸易伙伴货币[①]的加权平均汇率计算美元价值,是当前最常用的方式;二是

---

① 包括欧元、加拿大元、日元、英镑、瑞士法郎、澳大利亚元、瑞典克朗、墨西哥元、人民币、台币、韩元、新加坡元、港元、马来西亚林吉特、巴西雷亚尔、泰元、菲律宾比索、印尼卢比、印度里拉、以色列新锡克尔、沙特里亚尔、俄罗斯卢布、阿根廷比索、委内瑞拉波利瓦、智利比索、哥伦比亚比索。

加权主要货币美元指数（Major Currencies Dollar Index），以1973年3月为基准，以国际统一认可的主要货币①对美元的加权平均汇率计算美元价值；三是其他重要贸易伙伴指数（Other Important Trading Partners Index，OITP），以1997年1月为基准，以美国在新兴市场重要贸易伙伴的货币②对美元的加权平均汇率计算美元价值。美国依据美联储公布的总贸易权重、进口权重、出口权重和第三方市场竞争力权重，计算主要贸易伙伴的汇兑情况。为便于计算权重，美国对欧元区国家的货币汇兑采用固定比率。

6. 金融账户统计

自2013年起，美联储用"金融账户"取代"资金流量表"。美联储金融账户统计主要包括美国资金流量表、资产负债表和综合宏观经济账户数据，由美联储相关部门资深经济研究人员提供。同时，美联储提供金融账户指南（Financial Accounts Guide，FAG），便于用户快速理解各指标系列之间的联系，用户可通过搜索或浏览相关指标，了解该指标背后的大量信息，获取指标基础源数据。

7. 家庭金融统计

家庭金融统计主要包括消费贷款和消费贷款金融风险情况。消费贷款统计主要统计消费贷款的资金来源和去向、规模、利率和种类，消费贷款金融风险统计主要涵盖家庭债务总规模、金融债务比、未清偿抵押贷款债务情况三个方面。1980年至今，美国持续公布了季节调整后的抵押贷款负债和家庭债务比数据。

8. 工业活动统计

美联储工业活动统计包括所有在美工厂的工业生产和产能利用率等相关数据，按照属地原则进行统计管理，依据产品类别和产业类别分别进行统计。产品统计主要按照最终产品、中间产品和原材料进行分类统计。产业统计主要包括85个细分行业（其中，制造业67类，采矿业16类，公共事业2类），分别以3~4位北美产业分类系统编码（North American Industry Classi-

---

① 包括欧元、加拿大元、日元、英镑、瑞士法郎、澳大利亚元、瑞典克朗。
② 包括墨西哥元、人民币、台币、韩元、新加坡元、港元、马来西亚林吉特、巴西雷亚尔、泰元、菲律宾比索、印尼卢比、印度里拉、以色列新锡克尔、沙特里亚尔、俄罗斯卢布、阿根廷比索、委内瑞拉波利瓦、智利比索、哥伦比亚比索。

fication System，NAICS）区分。对于给定产业，产能利用率等于产能指数/生产指数。美联储根据生产和产能统计数据，评估监测美国产业发展状况。

9. 利率统计

利率统计主要包括美国联邦基金有效利率、商业票据利率、欧洲美元存款利率、银行贷款利率、贴现窗口首要信贷利率、掉期利率、公司债券利率、国家和地方政府债券利率以及常规抵押贷款利率几大类。美联储在发布利率数据时会对数据来源进行备注说明。其中，美国联邦基金有效利率是做市商交易利率的加权平均，有日利率、周利率、月利率、季度利率、半年利率和年利率数据。周利率是每周四到下周三数据的均值，月利率是一个月内所有数据的均值，年利率的计算按360天/1年数据的均值或者美联储银行利率，发布时往往会进行贴现处理。商业票据利率主要统计存款信托公司（Depository Trust Company）结算的特定商业票据交易利率，重点统计做市商或者直接使用方提供给投资者的利率。一般而言，1个月、2个月、3个月利率相当于在商业票据网页（www.federalreserve.gov/releases/cp/）上发布的30天、60天、90天期利率。美国国债名义收益率是美国最为重要的利率指标，由美国财政部负责监测统计，主要依据纽约联邦储备银行提供的场外市场上活跃国债的闭市收购交易收益率，剔除通胀因素得出。目前，美国财政部会定期发布1个月、3个月、6个月和1年、2年、3年、5年、7年、10年、20年、30年的国债利率。

10. 货币存量和储备余额统计

货币存量和储备余额统计主要监测货币存量、储备余额及其影响因素，如对储备银行信贷、外汇资产、黄金、特别提款权等进行统计。其中，储备银行信贷统计又细分为直接持有证券、直接持有证券未摊销溢价、直接持有证券未摊销折价、回购协议、贷款、应收未收账款、中央银行流动性互换及其他美联储资产。通过监测分析储备余额构成，能够更清晰地反映储备余额结构及其变动因素，为制定货币政策提供决策依据。

11. 其他统计

除了上述统计内容，美联储还会定期开展一些调查性统计工作，如节假日统计、选定利率月报、美联储统计数据出版体系历史和美联储公报统计补编等。目前，选定利率月报、公报统计补编已经废止，节假日统计主要是对未来一段时期新年、感恩节等法定节假日放假日期进行梳理和统计，以便公众了解统计系统关闭时间。

三、统计协调与信息共享

（一）成立监管协调委员会

1978年，美国通过了《金融机构监管和利率控制法案》。该法案规定，美国在1979年单独设立联邦金融机构检查委员会，该机构由美联储、货币监理署、联邦存款保险公司、国家信用社管理局、消费者金融保护局（Consumer Financial Protection Bureau，CFPB）署长或董事长组成。2006年，国家联络委员会（State Liaison Committee，SLC）[①] 作为投票成员加入联邦金融机构检查委员会。国家联络委员会主要负责上述监管机构的统筹协调，统一制定监管原则、监管标准和监管报告分析框架，推进银行业监管统计信息的协调、统一和共享。在监管统计数据及分析报告的审核、汇总及整合等方面，联邦金融机构检查委员会发挥了重要的枢纽作用，各监管机构的数据收集报表在得到联邦金融机构检查委员会认可后方能下发给报数机构，各类统计报表和监测分析报告也要上报联邦金融机构检查委员会，联邦金融机构检查委员会根据各监管机构提供的数据，统一编制《统一银行业绩报告》并对外发布。同时，各监管机构可通过联邦金融机构检查委员会迅速获取其他监管机构收集的监管数据。

（二）统一共享信息文书格式

1995年，美国修订《减少文书工作法》，制定联邦信息资源管理政策和实务规范，对信息共享的文书格式进行规范和统一，在法律层面上为美国金融统计工作的协调和信息共享提供了保障，极大地减轻了各金融监管机构信息收集文书工作的负担，降低了成本，强化了合作，确保了金融统计信息使用最大化，显著提高了信息共享效率。

[①] 国家联络委员会由国家银行监事会议、国家储备管理委员会和国家信用联盟主管协会的代表组成。

第四章　美国金融统计

四、危机后的反思及挑战

2008年国际金融危机后，美国相关机构进行了全面反思和总结，认识到现有金融统计和监管制度中存在一些突出问题，导致金融风险预估预判和风险处置机制失灵，集中表现在以下两个方面。

（一）监管体系分散，宏观审慎监管薄弱

美国长期以来实行金融分业监管和分层次监管的监管体系，即联邦政府和州政府、不同监管机构共同参与的"双重多头"竞争监管格局。在此监管格局下，危机前美联储仅对部分银行金融机构进行监管统计，对于金融控股公司、银行控股公司等机构的子公司仅有间接信息采集权，即需要通过其他监管机构间接获取报告和统计信息。随着经济金融全球化、金融机构综合化、金融业务创新化步伐加快，金融产品交叉持有现象不断涌现，金融风险传递加速，"双重多头"竞争性监管体制存在的问题日益暴露。其中，最突出的问题是监管领域重叠与监管空白并存，且没有一个单独的监管机构拥有足够的法律授权，能够统管金融体系的整体风险，导致缺乏对风险监管的全覆盖。2008年国际金融危机后，美国金融监管当局意识到维护金融稳定、防范系统性金融风险，不能仅依靠微观审慎监管，还需要完善和强化宏观审慎监管，并建立与之相适应的金融统计制度，整合各监管机构的数据统计职能，赋予监管当局更广泛的直接信息采集权，从而为履行监管职能提供全面的信息支撑和决策依据。

（二）统计信息不全面，形成监管缺口

危机前，美国部分金融领域存在数据统计空白，信息的不完全造成制度性监管缺口，导致危机发生前无法全面反映金融发生的深刻变化并及时预警，危机发生后又无法通过统计信息准确判断和评估危机扩散以及风险传染程度。危机前，美国金融统计信息不全面主要体现在以下几个方面：一是金融统计覆盖范围不全，宏观经济金融形势监测所需的信息不足，创新型金融机构和结构型金融产品统计信息缺失；二是风险传染监测手段落后，缺乏跨机构、跨市场、跨境交易的横向监测；三是信息共享基础薄弱，统计分类、标准和

定义各异，数据的共享利用率低，难以整体审视金融市场风险。

第二节 美国金融统计的最新进展

2008年国际金融危机后，美国在延续危机前金融统计工作总体模式的基础上进行了重要调整，主要采取了两项措施：一是进一步强化美联储金融监管和统计职能，赋予美联储更广泛的直接信息采集权；二是进一步扩大统计监测范围，全面强化对各类新型金融机构和金融创新产品的信息采集和监督管理。从内容看，具体包括以下几个方面。

一、货币统计

根据国际货币基金组织最新的《货币与金融统计手册和编制指南》（MFSMCG2016），美联储对美国货币统计相关内容进行了调整。当前美国货币统计主要包括：一是银行总体货币储备主要用于监测银行货币储备余额，通过设定上下限来控制银行储备余额变动范围，并按照金融政策要求对商业银行存款准备金进行分类；二是商业银行资产负债主要统计资产负债的存量和流量数据，并按照金融产品类别进行细分；三是银行贷款主要统计农业贷款、工业贷款、家庭住房抵押贷款和教育贷款等重要银行贷款的规模、坏账、违约率等情况，并通过相关调查了解与之相关的或有风险；四是国家贷款风险反映美国与其他国家借贷差额中存在的金融风险。

二、其他金融统计

（一）扩充金融统计对象

危机后，美联储大幅扩充金融统计对象，将所有系统重要性金融机构纳入统计范围，调整后的统计对象包括商业银行、金融控股公司、银行控股公司、储贷控股公司[①]、投资银行以及大型对冲和私募基金等重要金融机

---

① 《多德—弗兰克法案》第604条修改了《住房所有者贷款法案》，授予美联储对储贷控股公司及其子公司（包括被功能监管的子公司）检查和要求报告的权力。

构。对于尚未纳入监管的金融机构，美联储出于金融稳定目的，需要采集现阶段监管机构尚未采集数据的，可以向金融稳定监督委员会金融研究办公室提出申请，由金融研究办公室统一布置采集数据事项，未纳入监管的金融机构需如实填报相关数据。

（二）扩大金融统计内容

美国通过不断完善和细化部门及金融工具分类，强化对金融机构的统计监管。具体措施包括扩大系统重要性金融机构（包括银行和非银行金融机构[①]）的统计范围，要求除定期报送产品和服务信息、财务状况、财务风险、操作风险和其他风险的监测和控制情况外，还需要定期评估其业务运营对金融稳定构成的威胁程度，并形成专项报告报送监管机构[②][③]；增加全部金融部门和银行控股公司子部门的资产负债存量和流量统计；增加金融工具分类的明细数据；按期限长短和持有者分类细化政府债券统计；出台货币市场工具数据收集细则，要求总资产达到260亿美元以上、参加了存款保险的金融机构，以及资产达到9亿美元或以上的外国银行在美分支机构和办事处，向美联储报告其日常联邦资金交易、欧洲美元交易及大额可转让存单情况。

（三）完善对金融控股公司及其附属公司等的统计

一是修改一级金融控股公司认定标准。《多德—弗兰克法案》规定，一级金融控股公司不局限于银行控股公司，任何可能对经济金融体系造成严

---

① 《多德—弗兰克法案》第113条规定，如果金融稳定监督委员会认为该国或外国非银行金融机构存在重大财务困难，或该机构业务的性质、范围、大小、规模、集中度、相互关联度会对美国金融稳定造成威胁，金融稳定监督委员会有权以2/3多数决定是否将一家美国或外国非银行金融机构纳入美联储监管，并适用更严格的审慎监管标准。

② 《多德—弗兰克法案》第161条规定，美联储有权要求由其监管的非银行金融机构及其子公司向美联储就以下内容提交报告：（A）财务状况，财务风险、操作风险及其他风险的监测和控制体系，以及其业务和运营对美国金融稳定构成威胁的程度；（B）遵守法案第一章规定的情况。为减轻企业监管负担，该条款同时要求以上报告尽量使用已向其他金融监管机构提供的或可从其他监管机构获得的报告和信息、要求公开披露的信息以及外部审计的财务报表。

③ 《多德—弗兰克法案》第165（d）条规定，美联储必须要求系统重要性金融机构定期向美联储、金融稳定监督委员会和联邦存款保险公司报告该机构和其他重要非银行金融机构及银行控股公司之间互相的信用敞口的性质和程度。

重冲击的金融机构,如投资银行、对冲基金、私募基金、保险和经销商等非银行金融控股公司,都可被视为一级金融控股公司。二是强化对金融控股公司子公司的监管。监管机构有权直接要求其子公司向其提供报告,取代以往需向其功能监管机构获取报告和信息的做法①。当前,美联储增加了金融控股子公司资本评估和压力测试、证券控股公司注册申请、衍生产品、系统重要性金融机构,以及国外金融机构在美设立的分支机构经营状况等方面的统计报表内容。

(四) 加强对私募基金的统计

一是重新定义私募基金。《多德—弗兰克法案》修改了《1940 年投资顾问法》中关于私募基金的定义,明确规定私募基金包括对冲基金、私募股权基金、风险投资基金以及其他私募投资基金等工具。二是规定投资顾问有披露相关数据信息的义务。废除投资顾问注册豁免条例。危机后,美国监管当局规定,管理的私募基金资产达到 1.5 亿美元以上的投资顾问,需要在证券交易委员会登记,并有义务公开披露相关信息。为保护投资者利益或评估系统性风险,证券交易委员会和金融稳定监督委员会有权要求私募基金披露资产管理额、杠杆率(包括表外)、交易对手信用风险、交易和投资头寸、估值方法、持有的资产类型及其他必要信息。

(五) 加强对金融衍生品的统计

1. 掉期市场

《多德—弗兰克法案》第 7 章对掉期交易市场的统计监测作出规定:一是明确监管机构,即证券交易委员会监管与证券有关的掉期交易,商品期货交易委员会监管非证券类掉期交易,证券交易委员会和商品期货交易委员会共同制定混合型掉期产品的监管规则;二是规定注册登记管理机构,

---

① 《1956 年银行控股公司法》规定,美联储有权要求银行控股公司及其子公司向其提供财务状况、风险控制、与存款类子公司交易、遵守有关法律等方面的报告;美联储在要求子公司提供报告前,需向该子公司的功能监管机构提出要求,并由该监管机构从该子公司获得报告。《多德—弗兰克法案》第 604 条废除了美联储需要先向功能监管机构提出要求的规定,授权美联储直接要求子公司向其提供报告。

要求掉期交易商和主要参与者在监管机构注册登记；三是明确信息披露要求，即规定掉期交易的成交价格和交易量等信息要做公开披露，掉期交易商和主要参与者要保留完整的日常交易记录；四是明确相关监管要求，即掉期交易的参与者要满足资本、头寸等监管要求；五是扩大非清算掉期和非清算安全掉期业务最低保证金要求实施范围，即自2017年3月1日起，除了对拥有超过3万亿美元货币掉期交易的交易对手实施初始和变动保证金要求外，还将逐步对所有开展掉期业务的公司实施最低保证金要求。

2. 资产证券化

美国监管当局规定，资产证券化产品发行人需持有它们打包或出售的债务中至少5%的份额，即被迫保留一定的信用风险，并且不能对这部分风险做对冲。在数据信息方面，资产证券化产品发行人要向监管机构登记，并向投资者披露证券化产品的基础资产或贷款信息以及发行人的风险留存比例，以满足投资者评估风险及监管机构供给监测的需要。

（六）加强互联网金融统计

1. 将第三方支付业务纳入货币转移业务统计

第三方支付机构在美国法律上一般被界定为货币转移服务商，要遵守货币转移服务商相关法律制度，并接受各州货币监管机构的监管。美国对第三方支付业务采用横纵双线的监管体制。纵向看，联邦和州两级政府均具有对第三方网络支付机构的统计和监管权力；横向看，统计监管部门包括金融监管机构、消费信贷监管机构和商业监管机构等。具体的统计监管内容包括以下几个方面。

（1）加强对沉淀资金的统计监测。美国法律明确将第三方支付平台上的沉淀资金定义为负债。联邦存款保险公司规定，第三方支付平台必须将沉淀资金存放于其在商业银行开立的账户中，沉淀资金产生的利息用于支付保险费，并通过提供存款延伸保险实现对沉淀资金的统计和监管。

（2）通过立法方式规范注册信息统计。美国《爱国者法案》规定，第三方网上支付公司作为货币服务企业，需在美国财政部的金融犯罪执行网站上注册，正式运营前应通过相关认定，接受联邦和州两级的反洗钱监管，及时汇报可疑交易并记录和保存所有交易信息。

此外，出于对第三方支付平台的监管需要，美国相关法律对第三方支付平台作出了最低资本要求，并规定其有定期提交报告的义务。根据联邦存款保险公司的相关规定，各州监管部门可依据本州法律，对第三方支付业务进行不同定位，并据此对其实施监管。

2. 将网络信贷纳入证券业统计

（1）由联邦证券交易委员会进行统计监测。联邦存款保险公司要求互联网信贷平台注册成为证券经纪商，认定互联网信贷平台出售的凭证属于证券，由联邦证券交易委员会统计相关信息。

（2）注重市场准入及信息披露。联邦存款保险公司重点关注网贷平台是否按要求披露信息，侧重统计平台本身的注册资本，分析其与平台融资规模的关系，主要包括每个收益权凭证的期限、利率与到期日，借款人信用报告，借款人贷款目的、工作状态和收入等信息。除了在联邦存款保险公司登记外，网贷平台还需要在相应的州证券监管部门登记。该部门的要求与联邦存款保险公司类似，但有些州对投资者增加了一些个人财务标准的规定，包括最低收入标准、证券投资占资产的比重上限等。

3. 将众筹融资平台纳入统计

美国国会于 2012 年 4 月通过了《创业企业融资法案》（*Jumpstart Our Business Startups Act*，JOBS，简称《乔布斯法案》），针对中小企业及创业型企业通过众筹募集资本的行为及众筹平台机构提出了初步的监管统计架构，符合条件的众筹平台不必从联邦存款保险公司取得券商牌照即可发行或销售证券。具体统计监测措施包括以下几个方面。

（1）对众筹融资平台进行注册备案与信息披露管理。美国把众筹的收益权证定义为"证券"，众筹证券发行机构（众筹平台）需向联邦存款保险公司报告注册备案的信息，包括筹资企业的具体情况、商业计划、企业财务状况、企业高管情况、企业估值、投资者权利和未来风险状况等。此外，联邦存款保险公司还规定"一年内至少向联邦存款保险公司备案一次筹资企业的相关信息，并根据联邦存款保险公司按规则确定的合适方式，向投资者提供众筹证券发行机构的经营及财务报告"，按照单个项目筹资额的大小，进行不同程度的财务信息披露（见表 4-2）。

表4-2 按照单个项目筹资额的大小进行财务信息披露的要求

分类	要求
10万美元或以下的筹资项目	需要提供证券发行机构最近一次完整年度（若有）的所得税申报表；经过首席执行官确认无误，并且资料真实完备的财务报表
筹资额度为10万~50万美元的项目	必须提供与发行机构无关联的注册会计师按照证券交易委员会规则设定的标准与程序进行审阅的报表
筹资额度在50万美元以上的项目	必须出示经过注册会计师审核的报表

（2）借助证券交易协会实现对众筹平台的统计监测。美国通过把众筹的收益权证定义为"证券"，实现了联邦证券交易委员会对众筹平台的统计监测。按照规定，众筹平台必须注册成为全国性证券交易协会成员，并由美国金融监管局对平台进行统计监测。众筹平台的信息强制披露义务包括对投资者的风险告知与对交易行为的信息披露两个方面。

（3）将项目管理者纳入统计监测。监测内容主要包括募集总额、募集用途、众筹回报以及出资人信息等情况，并定期披露项目运行情况。其中，对众筹出资人的统计监测是根据投资者适当性监管要求开展的。监管当局定期统计出资人的人数、净资产、出资额明细及出资额的集中度等指标。

4. 将互联网理财纳入统计

美国对互联网理财的监管主要由美国联邦证券交易委员会负责。以美国PayPal[①]货币市场基金为例。PayPal货币市场基金由非隶属于PayPal的独立实体严格按照证券交易委员会的有关规则进行运作，它需要定期向联邦证券交易委员会报送财务报表等数据，联邦证券交易委员会根据采集的报表，对PayPal货币市场基金的资金规模和具体流向进行日常监管。

（七）监管统计

2009年6月起，美国进行了一系列金融监管体制改革，其中以2010年7月正式通过的《多德—弗兰克华尔街改革与消费者保护法案》（简称《多德—弗兰克法案》）影响最为广泛和深远。该法案从重组金融监管体系、强

---

① 指美国PayPal在线支付服务商。

国际金融统计发展与比较

化系统重要性金融机构监管、弥补空白地带监管、增强金融投资者和消费者权益保护、推进金融危机处理机制建设以及促进金融监管国际合作六个方面，对原有金融监管格局进行大幅调整，重新构建更为完整、全面的金融风险监管框架，强调在加强微观审慎监管的同时，进一步通过宏观审慎监管来防范系统性金融风险。具体来看，影响金融统计工作职责和内容的金融监管调整主要有以下几个方面。

1. 增强金融统计协调和共享机制

（1）增设金融稳定监督委员会（Financial Stability Oversight Council，FSOC），协调各部门监管。金融稳定监督委员会有权在职责范围内收集任何金融机构信息用于履职[1]，在协调与制衡金融监管机构的基础上全面防范系统性风险。金融稳定监督委员会由10名有投票权的成员和5名无投票权的成员构成，财政部长任主席，主要职责包括制定统一监管标准，协调监管冲突，处理监管争端，加强监管合作，防范、识别、提示和处置系统性风险，提高金融市场透明度，保障金融市场的安全和稳定[2]。

（2）扩大信息共享范围，进一步强化金融统计的协调和共享基础。将协调和共享范围从银行金融统计领域扩展至非银行金融统计领域，除美联储须在金融稳定监督委员会的指导和监督下进行监管统计和信息共享外，证券交易委员会和新设立的联邦保险办公室（Federal Insurance Office，FIO）也必须按照金融稳定监督委员会统一设定的标准和要求，采集证券、保险领域监管所需的记录、文件和报告等，并与金融稳定监督委员会进行信息共享[3][4]。

---

[1] 《多德—弗兰克法案》第112条规定，金融稳定监督委员会有权从金融研究办公室、成员机构以及新成立的联邦保险办公室获得所需的数据和信息，以监测金融服务市场，识别对金融稳定的潜在威胁，并履行其他职责。第154条也规定，金融研究办公室有权按照金融稳定监督委员会的决定或与金融稳定监督委员会协商后，要求任何金融机构提供报告，以评估公司本身、其参与的金融活动或市场是否对美国金融稳定构成威胁。

[2] 参见《多德—弗兰克法案》第112条，金融稳定监督委员会共被赋予14项职权。

[3] 《多德—弗兰克法案》第404条修订的《1940年投资顾问法》第204（b）条规定，证券交易委员会必须与金融稳定监督委员会共享信息，按照金融稳定监督委员会评估系统性风险的要求向其提供由私募基金投资顾问提交的全部报告、文件、记录和信息。

[4] 《多德—弗兰克法案》第502条规定，在财政部设立联邦保险办公室，办公室主任由财政部部长任命。授权联邦保险办公室从保险业和保险公司（包括再保险公司）以及它们的关联人搜集数据（包括财务数据）、签署信息共享协议、分析和发布数据并发布与各种保险（医疗保险除外）有关的报告。

（3）在美联储体系下设立消费者金融保护局，统一原来分散在各金融监管机构的消费者权益保护职责，对向消费者提供信用卡、按揭贷款等金融产品或服务的银行或非银行金融机构进行监管，加强对消费者权益的保护。消费者金融保护局拥有检查所有抵押贷款相关业务并对其实施监管的权力，资产规模超过100亿美元的银行或者信贷机构以及大型非银行金融机构均在其管辖范围之内（见图4-1）。

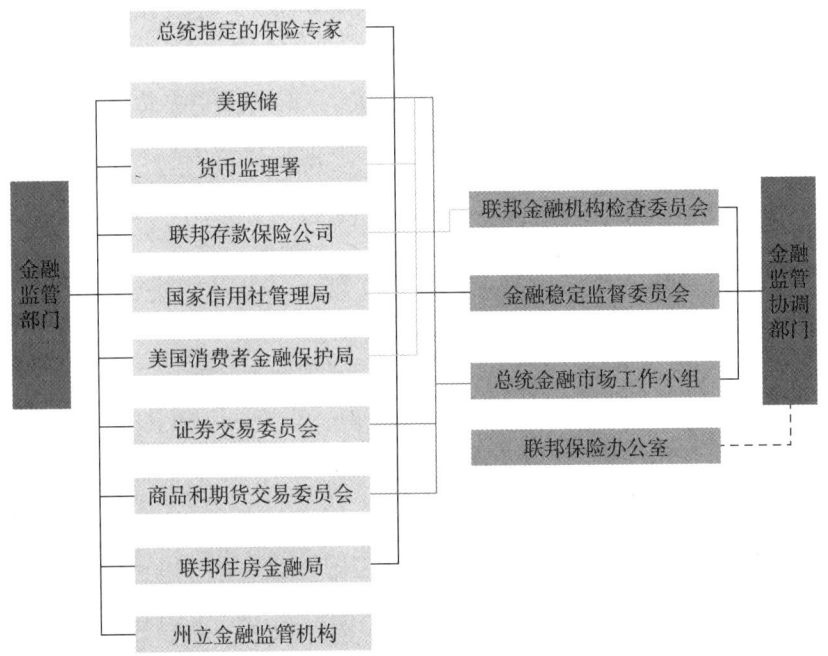

注：总统金融市场工作小组由里根总统通过行政命令在1988年成立，包括财政部长和联邦储备主席、证券交易委员会与商品期货交易委员会，主要职责是提供跨部门协调和信息共享，提高市场的监管效率。它不是一个服从国会监督的正式机构，但是每个成员在任命时都必须得到参议院的确认。

图4-1 美国现有金融监管框架

2. 强化中央银行宏观审慎监管权

（1）建立新的系统风险监管框架，降低金融机构"大而不能倒"的可能性（见图4-2）。明确美联储为系统重要性金融机构的监管主体，并将所有具有系统重要性的银行和非银行金融机构纳入美联储的监管，赋予美联储维护金融稳定的宏观审慎监管权,进一步强化和扩大对金融机构的审慎监管权,以降低系统重要性金融机构风险对整个金融系统稳定性的威胁。2011年10月11日,金融稳定监督委员会发布《监管特定非银行金融机构》(Authority to Require Supervision and Regulation of Certain Nonbank Financial Companies),其中明确规定了系统重要性非银行机构的识别标准和步骤。识别标准为资产规模在500亿美元以上,且至少满足以下五项条件之一:拥有35亿美元衍生品负债;拥有200亿美元贷款及债券;发行300亿美元以上信用违约掉期(Credit Default Swap,CDS);杠杆率(总资产/资本)大于15;1年内短期债务与资产的比率高于10%。识别步骤主要有三个:第一步,以规模因素为主进行识别;第二步,结合定量与定性因素分析判断;第三步,监管者将通知相关机构提供更为详尽的资料辅助判断。

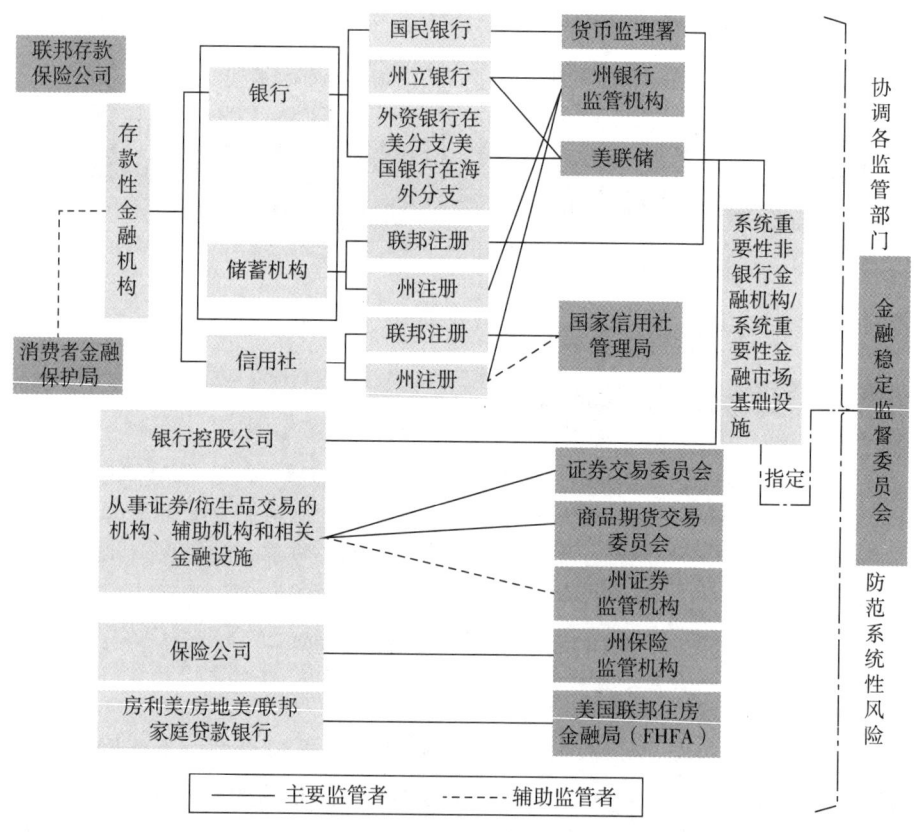

图4-2 美国现有金融监管框架

（2）强化对新型金融机构和金融创新产品的监管统计。美联储新设立了金融稳定政策与研究办公室，负责美联储的金融稳定和影子银行监测工作。此外，当其他监管机构未掌握或无法提供美联储需要的相关金融数据时，美联储有权直接向不在其监管范围内的金融机构采集数据，以满足其履行监管职责需求。

3. 提高系统重要性金融机构审慎监管标准

一是提高风险监管标准。针对系统重要性金融机构，美联储牵头从资本、杠杆率、流动性、风险管理等方面制定严格的监管标准。2015年7月，美联储正式通过美国全球系统重要性银行附加资本新规，从全球活跃性、关联性、可替代性、复杂性和规模大小五个方面开展评估，按照系统重要性程度实施1%~5.5%的附加资本要求，上限比巴塞尔监管框架的2.5%更加严格。

二是从严监管系统重要性金融机构自营交易及影子银行关联性业务。首先，限制银行和控股公司从事自营性交易，明确银行业金融机构自营业务许可范围，主要包括政府及政府设立机构发行的证券、为对冲某些头寸风险进行的交易、向符合条件的小企业投资公司的投资；其次，限制银行拥有或投资私募股权基金和对冲基金，投资总额不得超过银行一级资本的3%，对单一基金的投资要在基金成立1年（经美联储批准可以延长到3年）之内缩减到不超过基金所有者权益3%的水平；最后，为了避免利益冲突，禁止银行做空或做多其销售给客户的金融产品。美联储监管的具有系统重要性的非银行金融机构，其自营交易、对冲基金和私募股权基金投资将受到额外的资本要求和数量限制。

4. 全面扩充微观审慎监管范围

针对原来部分金融新业态和机构处于监管空白区域的情况，美国通过扩充宏观审慎监管范围，基本实现金融监管全覆盖。一是全面强化涉及场外（Over the Counter，OTC）衍生品市场、对冲基金、私募基金、证券市场、资产证券化等领域的监管，将投资银行等其他非银行金融机构纳入美联储监管范围，将货币市场共同基金纳入证券交易委员会的监管范围，形成更为全面的监管视角。二是对所有场外衍生品市场（尤其是规模达4500亿美元的）实施更加严格的监管，要求所有场外衍生品交易按规定保存记录并定期汇报。三是大型金融机构的并购、发放抵押贷款和信用级别确定、衍生工具交易等，必须纳入监管范围。

第三节 美国金融账户统计

一、主要内容

美联储金融统计体系依据国际货币基金组织《货币与金融统计手册》的统计原则和框架确定，通过编制美国金融账户发布相关统计报表。美国金融账户是用于核算整个经济社会各部门资金来源和运用状况的综合财务账户，美联储发布的11类统计数据体系主要依靠其搭建，在美联储数据发布中占据核心地位。

过去，美联储按季度公布《美国资金流量账户报告》，以资金流量矩阵的形式发布货币和金融统计数据，包括所有部门的资金流量表和资产负债表，共包含18个大类的金融工具、30余个经济部门。为更好地与国际标准接轨，从2013年第一季度开始，美联储将其正式更名为《美国金融账户报告》，网站上的"资金流量账户"也逐步过渡为"金融账户"。金融账户统计涵盖的数据范围更广，除资金流量表、资产负债表和宏观经济账户外，还新增了"综合宏观经济核算账户"。

二、编制方法

（一）编制准则

近年来，美联储不断推进金融账户改革以适应国民账户体系（SNA）准则，但仍存在一些差异：一是统计归属不同。美国金融账户将耐用消费品购买归入投资项下，SNA归入非消费项下；美国金融账户将不属于金融行业的非法人小型商业机构归入非金融企业项下，SNA将其归入住户和非营利组织项下。二是计价方法不同。在美国金融账户中，债务证券主要以账面价值计价，SNA以市场价值计价。三是流量统计的概念不同。SNA将流量定义为一定时期内的存量变化，分解成交易量、重估值、其他变化量三个要素分别计价；美国金融账户将流量定义为资产交易，相当于SNA中的交易量表，在大多数情况下，重估值与其他变化量没有分开计价①。

（二）会计计量原则

美国相关机构部门一般遵循美国公认的会计计量原则（U. S. Generally Accepted Accounting Principles，U. S. GAAP），而美联储根据中央银行职能制定并执行特定的会计计量标准《联储银行金融会计手册》（*Financial Accounting Manual for Federal Reserve Banks*，FAM）。2014 年 1 月，美国财务会计准则委员会重新修订 U. S. GAAP，发布《会计标准编码 V4.9》（*Accounting Standards Codification V4.9*）；2017 年初，联储银行根据 V4.9 在监管规则、金融工具和计价方式等方面的变化，修订自身会计核算操作，发布最新 FAM，对资产负债表、抵押和托管、财产和设备、中央银行会计以及报告要求做了详细说明。总体来说，美国金融账户中各指标计量遵循权责发生制（Accrual Basis）、复式记账法（Double Entry Accounting）、公允价值计量（Fair Value）等原则。从细节上看，FAM 与 U. S. GAAP 的主要差别在于：FAM 公开市场账户（System Open Market Account，SOMA）中的政府债券②以摊余成本计量③，不以公允价值计量；FAM 不提供现金流量表，因为美联储的流动性和现金状况不影响其履行财务义务和责任的能力。此外，在 FAM 中，金融资产计量取决于投资分类，如果是持有至到期或持有子公司金融资产，按照摊余成本计价，否则按公允价值计价；与交易证券相关的未实现收益或损失记入利润表，与可供出售证券相关的未实现收益或损失记入广义收入（权益）项下；资产项目中定期资产抵押证券贷款工具（Term Asset-Backed Securities Loan Facility，TALF）等投资组合均按公允价值计价。

（三）数据采集及处理

美国金融账户数据的收集主要依靠共享其他部门数据，只有极少一部分

---

① 重估值和其他变化量能通过某些存量的季度变化来测算。在实际经济运行中，其他变化量很少发生；重估值仅指那些以市场价值计量的类目（如公司证券、互助基金股份等），因此对该类目而言，流量等于存量变化。
② 包括国债、政府支持机构（Government Sponsored Enterprise，GSE）债券和外币计价资产。
③ 美联储认为公允价值与摊销成本之间的差异对银行体系可用储备金数量或储备银行履行财务义务和责任的能力没有直接影响。

信息是专为金融账户收集的。美国金融账户的主要数据来源包括金融监管部门、纳税登记部门、美联储调查系统和财政部等。由于大部分数据不是专门为编制金融账户而统计的，并不一定符合金融账户编制对数据的要求，因此需要美联储对数据进行修正处理。一是数据的形式、细节不一定能完全满足金融账户要求，如某些部门和交易只有年度或更低频率的数据，此时缺失数据只能通过估算或修正来获得。二是时间序列数据维护问题。随着时间的推移，新的金融工具和机构不断涌现，数据指标不断被替换或更新，还有一些数据指标因过时而停止统计。因此，金融账户的编制经常会遇到统计指标变更或数据来源消失等问题，从而造成不同时间点上数据口径不一致。为此，针对新的数据来源或重新定义的指标口径，金融账户需提供相关说明信息，以满足政策分析对数据连续性和可比性的要求。

（四）编制流程

美联储根据上述原则和分类方法，从各信息共享部门获取数据后，对数据进行调整处理，编制成金融账户，再依据金融账户数据生成金融统计数据报表并对外发布（见图4-3）。

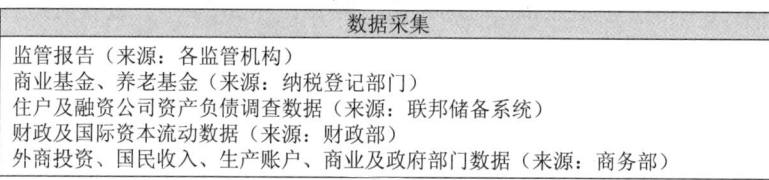

图4-3 美国金融账户编制流程

三、报表体系

金融账户数据表通常分为六个部分：数据概要、分部门资金流量及存量表、分工具资金流量及存量表、资产负债表及净值变动表、补充用表和综合宏观经济账户。

（一）数据概要

数据概要主要包括跨部门的流量、存量、信贷市场借款、国内生产总值、国民收入和储蓄等数据（见表4-3）。

表 4-3　　　　　　　　　　数据概要

标题	表格	页码
资金流转矩阵—流量	—	2
资金流转矩阵—资产负债表	—	4
分部门债务增长	D.1	5
分部门借款	D.2	6
分部门未偿还债务	D.3	7
美国净资本来源	B.1	8
国内生产总值分布	F.2	9
国民收入分布	F.3	10
储蓄和投资	F.4	11
净资本转移	F.5	12
个人储蓄来源统计	F.6	13
私营部门的资产负债	L.6	14

注：表格和页码指美联储公布的金融账户中的表格代码及页码。

（二）分部门资金流量及存量表

在美国金融账户中，经济部门分为三大类——国内非金融部门、国内金融部门和世界其他地区。这一部分主要统计了国内非金融部门、国内金融部门和世界其他地区部门的资金流量和存量数据（见表4-4）。国内非金融部门包括住户和非营利组织、非金融企业和政府部门，国内金融部门包括货币当局、存款机构、保险公司、基金公司、金融控股公司、政府赞助企业和财务公司等。

表 4-4　　　　　　　　　　分部门资金流量及存量

名称	流量		存量	
	表格	页码	表格	页码
国内非金融部门	F.100	15	L.100	77
住户和非营利组织	F.101	16	L.101	78
非金融企业	F.102	17	L.102	79
非金融法人企业	F.103	18	L.103	80
非金融非法人企业	F.104	19	L.104	81
广义政府部门	F.105	20	L.105	82
联邦政府	F.106	21	L.106	83
州和地方政府	F.107	22	L.107	84
国内金融部门	F.108	23	L.108	85
货币当局	F.109	24	L.109	86
私营存款机构	F.110	25	L.110	87
美国特许存款机构	F.111	26	L.111	88
外国银行在美办事处	F.112	27	L.112	89
美国附属地区的银行	F.113	28	L.113	90
信用社	F.114	29	L.114	90
财产保险公司	F.115	29	L.115	91
人寿保险公司	F.116	30	L.116	92
人寿保险公司：普通账户	F.116.g	31	L.116.g	93
人寿保险公司：专用账户	F.116.s	31	L.116.s	93
私营和政府养老基金	F.117	32	L.117	94
私营养老基金	F.118	33	L.118	95
私营养老基金：设定受益计划	F.118.b	34	L.118.b	96
私营养老基金：设定提存计划	F.118.c	34	L.118.c	96
联邦政府雇员退休基金	F.119	35	L.119	97
联邦政府雇员退休基金：设定受益计划	F.119.b	36	L.119.b	98
联邦政府雇员退休基金：设定提存计划	F.119.c	37	L.119.c	98
州和地方政府雇员退休基金	F.120	37	L.120	99

续表

名称	流量		存量	
	表格	页码	表格	页码
州和地方政府雇员退休基金：设定受益计划	F.120.b	38	L.120.b	100
州和地方政府雇员退休基金：设定提存计划	F.120.c	38	L.120.c	100
货币市场共同基金	F.121	39	L.121	101
共同基金	F.122	39	L.122	101
交易基金	F.124	40	L.124	102
封闭式基金	F.123	40	L.123	102
政府赞助企业	F.125	41	L.125	103
政府机构和赞助企业抵押组合	F.126	41	L.126	103
资产支持证券发行者	F.127	42	L.127	104
财务公司	F.128	43	L.128	105
房地产投资信托基金	F.129	44	L.129	106
权益型房地产投资信托基金	F.129.e	45	L.129.e	107
抵押权型房地产投资信托基金	F.129.m	45	L.129.m	107
证券经纪商	F.130	46	L.130	108
控股公司	F.131	47	L.131	109
融资公司	F.132	48	L.132	110
世界其他地区部门	F.133	49	L.133	111

注：表格和页码指美联储公布的金融账户中的表格代码及页码。

（三）分工具资金流量及存量表

美国金融账户将金融工具细分为27大类，并分别对27类金融工具的资金流量、存量数据进行统计。鉴于数据来源于多个部门，计量错误、信息缺失和信息来源格式不统一等都会导致数据偏差，因此，金融账户设置了"部门差异"与"金融工具差异"两类差异统计报表，分别统计"各部门筹集资金价值和支付价值的差额"与"通过金融工具筹集的资金价值和支付价值的差额"（见表4-5）。

表 4-5　　　　　　　　　　　分工具资金流量及存量表

名称	流量		存量	
	表格	页码	表格	页码
美国官方储备资产和特别提款权	F.200	50	L.200	112
特别提款权证和国库通货	F.201	50	L.201	112
美国外国存款	F.202	50	L.202	112
联行往来净值	F.203	51	L.203	113
支票存款和通货	F.204	52	L.204	114
定期储蓄存款	F.205	53	L.205	115
货币市场共同基金债券	F.206	53	L.206	115
联邦基金和证券回购协议	F.207	54	L.207	116
债券	F.208	55	L.208	117
在公开市场出售的短期票据	F.209	56	L.209	118
国库券	F.210	57	L.210	119
政府机构和赞助企业债券	F.211	58	L.211	120
市政证券	F.212	59	L.212	121
公司债和外国债券	F.213	60	L.213	122
贷款	F.214	61	L.214	123
其他未分类存款机构贷款	F.215	62	L.215	124
其他贷款和借款	F.216	63	L.216	125
抵押贷款合计	F.217	64	L.217	126
住房抵押贷款	F.218	65	L.218	127
多户住宅抵押贷款	F.219	65	L.219	127
商业抵押贷款	F.220	66	L.220	128
农场抵押贷款	F.221	66	L.221	128
消费贷款	F.222	67	L.222	129
公司股票	F.223	68	L.223	130
共同基金股份	F.224	68	L.224	130
贸易贷款	F.225	69	L.225	131
人寿保险准备金	F.226	69	L.226	131
养老金	F.227	70	L.227	132
企业应付税款	F.228	70	L.228	132

续表

名称	流量		存量	
	表格	页码	表格	页码
非法人企业所有者权益	F.229	70	L.229	132
直接投资	F.230	71	L.230	133
其他金融债权合计	F.231	72	L.231	134
确认的其他金融债权Ⅰ	F.232	73	L.232	135
确认的其他金融债权Ⅱ	F.233	74	L.233	136
未确认的其他金融债权	F.234	75	L.234	137
部门差异	F.7	76		
金融工具差异	F.8	76		

注：表格和页码指美联储公布的金融账户中的表格代码及页码。

（四）资产负债表及净值变动表

这部分反映住户和非营利组织、非金融法人企业以及非金融非法人企业的资产负债情况及净值变动情况（见表4-6）。

表4-6　　　　　　　　资产负债表及净值变动表

名称	资产负债		净值变动	
	表格	页码	表格	页码
住户和非营利组织	B.101	138	R.101	141
非金融法人企业	B.103	139	R.103	142
非金融非法人企业	B.104	140	R.104	143

注：表格和页码指美联储公布的金融账户中的表格代码及页码。

（五）补充用表

补充用表主要用于统计特定部门额外的明细情况（见表4-7）。

表 4-7　　　　　　　　　　　补充用表

名称	流量		存量	
	表格	页码	表格	页码
住户和非营利组织资产负债表—权益明细表	—	—	B.101.e	144
非营利组织资产负债表—权益明细表	F.101.a	145	L.101.a	146

注：表格和页码指美联储公布的金融账户中的表格代码及页码。

（六）综合宏观经济账户

美联储将来自国民收入和生产账户的产量、收入、储蓄、资本信息与金融账户中的分部门净值变化联系起来，形成分部门的总体资金流量表，并由联邦储备局与经济分析局联合发布（见表 4-8）。

表 4-8　　　　　　　综合宏观经济账户统计内容

名称	表格	页码
HYPERLINK "https：//www.federalreserve.gov/apps/fof/DisplayTable.aspx?t=s.1.a" 经济总量 HYPERLINK "https：//www.federalreserve.gov/apps/fof/DisplayTable.aspx?t=s.1.a" - HYPERLINK "https：//www.federalreserve.gov/apps/fof/DisplayTable.aspx?t=s.1.a" 经常账户	S.1.a	147
经济总量分部门汇总表	S.2.a	148
住户部门和服务于住户的非营利组织	S.3.a	150
非金融非法人企业	S.4.a	153
非金融法人	S.5.a	156
金融部门	S.6.a	159
中央银行	S.61.a	162
私营存款机构	S.62.a	164
保险公司	S.63.a	167
养老基金	S.64.a	170
其他金融部门	S.65.a	173
联邦政府	S.7.a	176
州和地方政府	S.8.a	179
世界其他地区	S.9.a	182

注：表格和页码指美联储公布的金融账户中的表格代码及页码。

四、数据披露

在美国金融账户的数据披露方面,美联储以金融账户为依据,发布了 11 类统计数据(见表 4-9),涵盖了美国经济金融领域的相关数据,全面反映了美国金融体系的整体情况,金融账户报告于季后 10 周内通过互联网和出版方式定期公布季度数据。

表 4-9　　　　　　　　　　美联储数据统计体系

序号	类别	子类别
1	银行资产负债	存款机构总储备和基础货币 农业金融数据手册 美国商业银行资产和负债 外国银行在美分支机构和办事处资产负债情况 商业银行贷款、租赁冲销和违约率 国家贷款风险敞口调查 房屋按揭贷款信息披露法案数据 参保商业银行资产负债、国内外办事处数据 高级财务人员调查数据 高级贷款经理贷款行为意见调查 商业贷款条件调查
2	银行架构	大型商业银行数据 少数人控股存款机构数据 外国银行在美办事处[①]的分布和共享数据
3	商业金融	商业票据 企业中期票据 金融机构 州政府和地方政府新发行证券 美国企业新发行证券 小企业财务调查
4	经销商融资条款	高级信贷官员对经销商融资条款的意见调查

续表

序号	类别	子类别
5	汇率与国际数据	国家贷款风险敞口调查 外汇汇率 国际统计概要 证券持有及交易 美国银行和其他金融机构统计数据 美国非银行统计数据 外国银行在美办事处的分布和共享数据
6	金融账户	美国金融账户数据
7	住户金融	消费信贷 金融机构 住房按揭贷款披露法案 住户债务服务和金融债务比 未清偿抵押贷款债务余额 消费者财务调查
8	工业活动	工业生产和产能利用率
9	利率	选定利率（Selected Interest Rates）
10	货币存量和储备余额	存款机构的总储备和基础货币 储备余额的影响因素 货币存量
11	其他	美联储节假日统计 选定利率—月度（废止） 统计数据出版体系的历史 美联储公报统计补编（废止）

注：分布在波多黎各、美国萨摩亚、关岛、维尔京群岛和其他美国附属岛屿地区的外国银行办事处除外。

参考文献

[1] 陈云贤，张孟友. 美国金融体系考察研究 [M]. 北京：中国金融

出版社，2001.

［2］张浩. 美国金融业统计工作概况［J］. 金融纵横，2007（13）.

［3］杜金富. 国际金融统计制度比较［M］. 北京：中国金融出版社，2009.

［4］刘士余. 美国金融监管改革概论：《多德—弗兰克华尔街改革与消费者保护法案》导读［M］. 北京：中国金融出版社，2011.

［5］饶波，郑联盛，何德旭. 金融监管改革与金融稳定：美国金融危机的反思［J］. 财贸经济，2009（1）.

［6］陈柳钦. 后危机时期美国金融监管改革框架解读［J］. 金融管理与研究，2010（2）.

［7］宋丽智，胡宏兵. 美国《多德—弗兰克法案》解读——兼论对我国金融监管的借鉴与启示［J］. 宏观经济研究，2011（1）.

［8］张文红，李夏炎. 危机后美国金融综合统计的发展与部门协调［J］. 中国货币市场，2014（1）.

［9］FED. "Financial Accounts of the United States"［DB/OL］. https：//www.federalreserve.gov/releases/Z1/.

第五章 欧洲中央银行金融统计

欧洲中央银行（European Central Bank，ECB 或简称欧央行）的金融统计紧紧围绕欧央行职能，不仅关注传统货币金融机构统计，还建立了其他金融性公司统计；既有存量和流量统计，也有价格统计；不仅有分机构类型的专项统计，还有反映机构部门间各类金融资产、负债交易和存量的金融账户统计，各种统计相辅相成，相互配合，在提高货币政策决策前瞻性、科学性和有效性以及维护金融稳定方面发挥了重要作用。

2008 年国际金融危机后，欧央行对金融统计制度进行了全面改革。在制度层面上，欧央行完善法律框架，拓宽统计覆盖范围，增加数据收集渠道，大力推进统计标准化建设。在统计内容上，一方面，强化货币统计、投资基金统计、金融载体公司统计以及保险公司和养老基金统计，完善证券发行和持有统计，开展宏观审慎统计；另一方面，不断拓展统计的深度和广度，利率统计指标项目逐步扩大，金融账户的统计和运用受到高度重视。欧央行金融统计的修订和完善为危机后欧洲金融稳健分析以及宏观审慎监管的实施提供了重要的信息支撑。

第一节 欧洲中央银行金融统计的基本情况

一、中央银行角色

（一）金融统计的历史沿革

20 世纪 70 年代末，随着布雷顿森林体系的解体以及汇率自由浮动机制的建立，欧共体国家为适应关税同盟的需要以稳定成员国之间的货币汇率，建立了欧洲货币体系，为向经济货币联盟过渡奠定了基础。1989 年，《德洛尔报告》将欧洲中央银行体系（European System of Central Banks，ESCB）

的建立提上了议事日程。1990年1月1日，经济货币联盟第一阶段正式启动，随着各成员国之间的货币政策协调日益加强，欧洲中央银行体系的建立显得越发重要。1992年，《欧洲联盟条约》和《欧洲中央银行体系和欧洲中央银行条例》的签订确定了欧央行和欧洲中央银行体系未来的地位。1994年，经济货币联盟进入第二阶段，为了实现各成员国之间货币政策的协调与合作，欧央行的前身——欧洲货币局正式成立。经过4年多的过渡和筹划准备，1998年6月1日，欧央行取代欧洲货币局正式成立，同时也标志着欧洲中央银行体系的正式运行。

从制度框架看，欧洲中央银行体系由欧央行和28个欧盟成员国的中央银行（National Central Banks，NCBs）共同组成，其中，采用欧元的19个欧盟国家称为欧元区，欧元区19个国家的中央银行和欧央行合起来构成欧元体系。

欧央行的决策机构有管理委员会（Governing Council）、执行董事会（Executive Board）、普通委员会（General Council）和监管委员会（Supervisory Board）。管理委员会是欧央行的主要决策机构，它是由执行董事会的6名成员和19个欧元区国家的中央银行行长组成的，负责制定货币政策和保持欧元区货币稳定；执行董事会由行长、副行长和4名董事构成，负责欧央行的日常业务管理；普通委员会由欧央行的行长、副行长和28个成员国（19个欧元区国家和9个非欧元区国家）央行的行长组成，负责保持欧元区国家及非欧元区国家的接触；监管委员会由主席、副主席（从欧央行执行董事会成员中选择）、4个欧央行代表和各国监管代表组成，每月召开两次会议，讨论、计划和执行欧央行的监管任务。

（二）职责分工

从外部分工看，欧盟统计机构主要来自两个体系：一是由欧盟统计局（the Statistical Office of the European Union，Eurostat）和欧盟各国统计机构组成的欧洲统计系统（European Statistical System，ESS），主要侧重实体经济的数据统计，如国内生产总值、价格、劳动力市场等；二是欧央行和欧盟各国央行构成的欧洲中央银行体系，主要侧重货币金融统计、国际收支统计等。

从内部分工看，欧洲中央银行体系的统计工作主要由欧洲中央银行体系统计委员会负责组织和协调。该机构由欧盟28个成员国央行的工作人员组成，下设6个工作小组和2个任务小组，其中，工作小组的设置与统计内容密切相关；任务小组的设置一是为了提高数据的可获得性，二是为了协调货币金融统计和监管报告的要求。欧央行统计局下设五个处，分别是对外统计处（下设国际收支和外部统计、证券和外部统计协调两个子部门）、宏观经济统计处（下设欧元区账户和政府金融统计、财政统计和经济统计三个子部门）、货币金融机构和市场统计处（下设金融市场和银行统计、货币统计两个子部门）、统计信息管理和用户服务处及统计发展和合作处，共有140余名工作人员。

（三）欧央行的角色

欧央行金融统计主要围绕其职能开展。欧央行的主要职能包括：一是货币政策的制定和执行；二是执行外汇交易操作，持有和管理国家外汇储备；三是促进支付体系平稳运行；四是促进与审慎监管和金融体系稳健有关政策的平稳实施。2008年国际金融危机后，欧洲系统性风险委员会（European Systemic Risk Board，ESRB）的金融稳健分析也主要由欧央行提供统计信息支撑。

欧央行统计数据作为一个公共产品，主要扮演三个角色，即政策决策基础、政策解读依据以及政策分析支撑。为实现货币政策目标、维护金融稳定，决策机构在制定相关政策前，需要依据大量数据信息对经济金融形势进行分析和判断；在政策实施过程中，对政策进行解读，并得到公众理解，获取公众对决策机构的信任，需要用数据说话；在政策实施后，利用各种统计数据分析政策效应，也是欧央行金融统计工作中的一个重要方面。总之，欧央行金融统计的主要目的是支撑货币政策和宏观审慎管理政策的制定、履行欧央行的监管职能，以及完成欧元体系和欧洲中央银行体系的其他任务，包括由欧央行对欧洲系统性风险委员会提供统计支持，对其他公共管理组织、金融市场参与者、媒体和社会公众提供数据和相关服务等。

二、统计的范围及内容

（一）统计范围

欧央行的金融统计不同于一般国家的中央银行统计，它关注的是整个欧元区的经济金融发展状况，相应的统计范围也需要覆盖整个欧元区。欧央行在欧盟各国央行的协助下开展统计工作。按照欧央行的要求，各国央行对本国数据进行收集、汇总、校验、加工和整理后，报送给欧央行统计局。欧央行统计局进一步对各国央行报送的数据进行统计校验和合并汇总，并在此基础上编制整个欧元区的数据及口径一致的国别数据。

（二）主要内容

欧央行开展的统计工作主要有以下几个方面。

1. 货币金融统计

欧央行的货币金融统计主要包括货币金融机构（Monetary Financial Institutions，MFIs）统计、非货币金融中介统计、货币统计、利率统计、金融市场统计以及支付体系统计等。

（1）货币金融机构统计。货币金融机构包括银行和吸收存款或发行证券，并提供信贷或进行证券投资的居民金融机构。货币金融机构主要由四类机构构成：一是欧央行及欧元区各国央行，二是欧盟相关法律定义的居民信贷机构，三是货币市场基金（Money Market Funds，MMFs），四是其他货币金融机构，如欧洲农民信用联盟和信用社、以自身账户发放贷款或开展证券投资的金融机构，以及发行电子货币的金融机构。欧央行按月编制货币金融机构资产负债表，相关数据还用于计算货币金融机构必须缴纳的最低准备金。

（2）非货币金融中介统计。为保证货币政策和金融稳定等分析的全面性，欧央行还采集了货币金融机构以外的其他金融性公司的信息，例如非货币市场投资基金（Non-MMF Investment Funds）和金融载体公司（Financial Vehicle Corporations，FVCs）。此外，在保险业监管报告新标准实施后，欧央行还定期发布保险公司和养老基金（Insurance Corporations and Pension Funds，ICPFs）数据。

（3）货币统计。欧央行货币统计的主要指标包括广义货币及其构成、交易对手信息等。欧央行按月发布货币统计数据，考虑到季节性因素的影响，欧央行会对相关数据进行季节性调整，以使其更好地用于趋势分析。

（4）利率统计。欧央行利率统计的内容主要包括收集和编制货币金融机构发放贷款和吸收存款的利率数据，以及由这些数据衍生出的相关借贷成本指标。

（5）金融市场统计。欧央行金融市场统计数据主要包括债券、上市股票数量（包括发行、赎回和未清偿余额）和价格的月度数据，并按日发布欧元区政府债券收益率曲线。此外，欧央行还建立了证券持有统计（Securities Holdings Statistics，SHS），并在采用统一口径编制欧元区代表性金融统计指标方法方面开展了深入、持续的研究。

（6）支付体系统计。欧央行按年发布欧盟支付体系和工具的综合统计数据。单一欧元支付区（Single Euro Payment Area，SEPA）[①] 计划实施后，支付领域的规则发生了较大变化，欧央行支付体系的统计制度也相应改变，区域划分更加细致，并新增了附加指标。

2. 国际收支统计和其他外部统计

欧央行国际收支统计主要反映的是欧元区居民单位和欧元区非居民单位之间的交易情况，包括月度数据和季度数据。相比月度数据，季度数据更为详尽，其中包括按地域细分的统计，是月度数据的有力补充。由于欧央行货币统计与国际收支统计具有一致的基础框架，因此能够将国际交易与欧元区货币总量的变化联系起来，从而实现对货币和国际收支变化的综合分析。

欧央行其他外部统计包括欧元区国际储备、外汇流动性统计（月度数据）以及国际投资头寸（季度数据）。其中，国际投资头寸数据反映的是欧元区对欧元区以外地区的债权债务情况。由于是季度数据，国际投资头寸统计的内容较为细致：一是按地区进行了详细划分，二是将头寸变化细分为来自国际收支交易的影响和其他流量的影响。其中，其他流量统指那些除资产负债价值变动以外的影响因素，如价格重估。值得注意的是，与各国的国际收支/国际投资头寸数据不同，欧元区国际收支/国际投资头寸数据不反映欧元区内各国的差异，只采集对非欧元区居民单位的交易和头寸

[①] SEPA是指一个超国界的区域，在此区域内的公民、企业和其他经济主体能够依据同等条件、权利和义务，发起和接收欧元支付，而不考虑支付交易发起方和接收方是否属于同一个国家。SEPA主要的法律基础是欧盟委员会于2007年11月正式颁行的《支付服务指令》。欧洲支付体系建设特别是SEPA的实施，其意义不亚于欧元的诞生。

数据。此外，在外部统计体系中，欧央行还为欧元区和欧盟成员国编制反映欧元国际地位的相关数据，如欧元有效汇率指数。

3. 欧元区经济金融账户统计

自2007年以来，欧央行和欧盟统计局每季度编制并发布欧元区经济金融账户，这些账户是欧元区国民账户的组成部分，提供了欧元区经济发展情况的概览，统计内容涵盖了欧元区住户、非金融公司、金融性公司和广义政府全部的经济金融交易和资产负债表头寸，以及它们与非欧元区的经济金融关系。其中，对机构单位和金融工具的分类遵循了《2010年欧洲国家和地区账户体系》（European System of National and Regional Accounts 2010，ESA2010）的相关规定。作为全面的宏观经济金融核算框架，欧元区经济金融账户统计具有重要意义：一是为综合分析各机构间经济金融交易、资产负债相互持有等情况提供了依据，二是为测算资产组合变化在多大程度上取决于交易、估值变化及其他变化（如统计分类变化）创造了条件，三是为交叉检验货币金融统计、国际收支统计和政府金融统计的一致性提供了平台。

4. 政府财政统计

为开展货币政策分析，欧央行和欧洲中央银行体系基于ESA2010提供了全面可靠的政府财政数据。欧央行政府财政统计包括季度数据和年度数据两个部分。其中，季度数据主要统计财政的收入与支出，是欧元区部门账户体系的重要组成部分。年度数据包括：（1）评估欧盟聚合度（欧盟成员国使用欧元的意愿）所需数据；（2）与超额赤字程序和《稳定与增长公约》相关的数据；（3）政府债务以及反映政府赤字和政府债务变化之间关系的数据；（4）政府财政收入和支出的年度数据。

5. 常用经济统计

价格、成本、产出、需求和劳动力市场的数据对欧央行制定货币政策和维护金融稳定至关重要。欧央行根据欧元区消费者物价调和指数（Harmonized Index of Consumer Prices，HICP）来定义物价稳定，并定期使用和公布其他一系列常用经济统计数据。常用经济数据统计主要由欧盟统计局负责，欧央行主要为欧元区编制和公布多种衍生经济指标数据，如个人住房和商业用房价格、工业新秩序指数、就业和生产率等，并计算特定指标的季节性调整数据。

6. 统计调查

除常规的金融统计外,欧央行还针对微观主体定期开展统计调查,如欧洲中小企业融资情况调查、住户部门金融和消费调查等。自 2009 年 9 月起,欧央行与欧盟委员会合作,对欧洲中小企业的融资情况开展一年两次的统计调查。调查目的是获得相关企业融资需求、融资结构和融资可得性等方面的信息。调查结果按照企业规模、经济活动种类、欧元区国家和企业成立年限来分类。自 2013 年 4 月起,欧央行与欧盟统计局合作,开展三年一次的欧元区住户部门金融和消费调查。首次调查获取了欧元区住户部门金融资产、负债、消费、存款、收入、就业和未来养老金权利等微观层面的数据。

(三) 主要特征

具体来看,欧央行的金融统计具有以下几个基本特征。

1. 重点关注整个欧元区

欧央行金融统计主要关注的是整个欧元区,在获得欧盟成员国的国别数据后,仍需进一步进行汇总合并。为确保各成员国数据的充分可比以便能够直接汇总,所有欧元区国家基础数据的统计口径和分类标准必须保持一致。欧元区以外的多数欧盟成员国也采用了与欧元区相同的标准,从而使欧央行的数据汇总基本可以覆盖整个欧盟地区。

2. 具有坚实的法律基础

欧央行采集、编制和发布统计信息的法律依据是《欧洲中央银行体系和欧洲中央银行条例》,该条例第 5 款确立了欧央行的金融统计职能和数据收集权力。同时,为提高金融统计数据质量,扩大数据使用范围,更好地服务于数据使用者,欧盟以理事会条例的形式颁布了《欧洲中央银行关于统计信息收集的建议》(NO2533/98 条例),NO2533/98 条例对所有成员国都有约束力,是保证欧央行顺利开展金融统计工作的核心法律框架,为欧央行严格执行和监控统计信息收集工作提供了基本的法律依据和保障。为更好地促进数据在欧洲中央银行体系和其他机构部门之间流动,相关机构先后于 2009 年和 2014 年针对该条例的部分规定进行了修订和完善。除上述两部法律条例外,欧央行还就不同类型的统计工作制定和发布了一系列具体的法规和指引。

3. 遵循成本最小化的原则

在确保统计信息能够满足需求的前提下,欧央行尽量利用现有统计框架下的指标和数据,以减轻货币金融机构和其他信息报告机构的报数负担。

4. 高度重视统计数据质量

坚持高质量标准是欧央行获得公众信任并成为金融统计权威部门的重要保障。欧央行于 2008 年发布了《欧洲中央银行统计质量保证程序》[①],正式提出了统计质量框架(Statistics Quality Framework,SQF)。在欧央行网站发布的《欧洲统计数据公开承诺》中,欧央行承诺其履行统计职能时会在考虑国际公认数据质量标准的基础上,采取良好的治理措施,同时加强与相关部门的合作,共同致力于实现统计工作的最高道德标准。

5. 与相关机构保持密切合作

一是与欧盟统计局密切合作。欧央行与欧盟统计局在各自的法律框架和职权范围内合作生产统计数据。这两个机构在统计工作中的分工始于 2003 年 3 月签署的《经济金融统计数据谅解备忘录》。2013 年 4 月,双方又进一步签署了一项旨在加强两者在共同职责和共同利益领域合作的谅解备忘录。二是与欧洲金融监管当局密切合作。随着与欧洲金融监管当局合作的日益密切,欧央行也逐步开始行使部分监管职能。自 2014 年 11 月 4 日起,欧央行承担起对欧元区国家以及遵从《单一监管机制》(Single Supervisory Mechanism,SSM)国家银行业的监管职责。三是与其他国际统计机构密切合作。欧央行与联合国、国际货币基金组织、国际清算银行等国际组织的统计部门保持着密切联系,如加入国际货币基金组织"数据公布特殊标准"(Special Data Dissemination Standard,SDDS),从国际清算银行获取部分非居民单位交易数据。

三、统计协调与信息共享

欧央行的统计协调与信息共享主要包括四个方面。一是与成员国中央银行的信息共享。欧央行与成员国中央银行实行统计信息共享,在信息传

---

① Quality Assurance Procedures within the ECB Statistical Function,http://www.ecb.int/pub/pdf/other/ecbstatisticsqualityassuranceprocedure200804en.pdf? 2023ac0d6b622c2f6e62e96e267d2d64.

递方面，欧央行采用 GESMES/TS 信息技术①。

二是与欧盟统计局的信息共享。根据达成的谅解备忘录，欧央行与欧盟统计局就各自职责范围内的统计信息进行交换，同样采用 GESMES/TS 信息技术。欧盟统计局发送给欧央行的统计信息也会转发给欧盟成员国中央银行。

三是与国际清算银行的信息共享。欧央行是国际清算银行的数据报告成员，欧央行需要将欧元区的有关数据报送给国际清算银行，欧央行也可以通过国际清算银行的数据银行访问其他国家中央银行的数据。在数据交换方面，同样采用 GESMES/TS 信息技术。

四是与国际货币基金组织的信息共享。通过 GESMES/TS 信息技术，欧央行定期向国际货币基金组织报送符合 SDDS 标准的欧元区数据。

在官方网站上，欧央行每年更新一次统计信息发布时间表，主要包括数据内容、频度及发布时间的信息（见表 5-1）。遇到重要数据发布或新数据发布，欧央行还会举行记者招待会，请有关部门的负责人介绍该指标及相关信息。除此之外，欧央行还通过《月报》《统计手册》《年报》等定期或不定期出版物发布相关的统计信息。

表 5-1　　　　　　　欧央行统计数据发布时间表（部分）

内容	频度	披露时间
货币统计	月（季度）	月（季度）后 19 个工作日内
利率统计——长期利率统计	月	月后 10 个工作日内
——货币金融机构利率统计	月	月后 33 个工作日内
证券发行统计	月	月后 38 个工作日内
国际储备和外汇流动性统计	月	月后 22 个工作日内
月度国际收支统计	月	月后 40 个工作日内
月度消费价格指数（季节调整后）	月	月后 12 个工作日内
欧元区投资基金统计	月（季度）	下一月后 10 个工作日内
保险机构资产负债统计	季度	季度后 50 个工作日内

---

① 需要传输或更新数据时，首先产生一个 GESMES/TS 信息，并把该信息通过专线发送到对方，对方会自动收集这些文件并对数据进行更新，如果传输过程中出现代码错误，数据接收方会自动产生通知，并通知数据发送方。详见 http://www.ecb.int/stas/services/gesmes/html/index.en/html。目前，GESMES/TS 由 SD-MX 来维护，有关细节见 www.sdmx.org。

续表

内容	频度	披露时间
养老金资产负债统计	季度	下一季度后14个工作日内
国际投资头寸统计	季度	下一季度后14个工作日内
金融载体公司统计	季度	季度后40个工作日内

注：根据欧央行公布的统计发布日历时间整理得到，与实际发布时间可能存在差异。

四、危机后的反思及挑战

2008年国际金融危机充分暴露出欧央行金融统计中的一些制度性缺陷，主要体现在以下几个方面。

（一）统计信息存在重大缺口

信息缺口的核心是统计工作未能跟上金融创新的步伐，影子银行体系信息存在较大缺口。危机前，欧央行关于货币政策决策方面的统计相对比较完善，但与金融稳定、影子银行等方面相关的统计相对薄弱。在证券统计方面尤其是证券持有统计信息也存在较大缺口。此外，从宏观审慎角度看，总体数据和单家数据均十分重要。

（二）金融统计指标的设立和分类尚不完善

长期以来，欧央行的金融统计指标一直被认为是监测和预判风险的核心指标，但2008年国际金融危机使这些指标在风险提示与预警功能方面的缺陷暴露无遗。当前，欧洲金融体系发生了重大的结构性变化，正在逐步由银行主导向市场主导发展，而欧央行的金融统计还相对落后，尚缺乏全面反映整个金融体系和市场风险的金融稳健指标体系。

（三）货币政策框架调整对金融统计工作提出新要求

随着金融创新和金融全球化的发展，过去20多年来各国广泛采用的通货膨胀目标制货币政策框架受到挑战，新的货币政策框架要求新的金融统计内容与之相适应。

此外，由于各项金融统计标准和制度之间协调性不足，信息共享基础也显得薄弱。

第二节　欧洲中央银行金融统计的最新进展

2008年国际金融危机以来，欧央行大力改进和完善原有的金融统计框架，取得了积极进展。一是修订和完善相关法律法规，赋予欧央行更广泛的信息采集权，并保障新国际统计准则落地实施。危机后，欧央行以理事会条例的形式对现有统计制度进行了修订，并就保险公司和养老基金统计、证券持有统计、监管信息报告等制定了一系列新的规章和指引。同时，最新版的《2010年欧洲国家和地区账户体系》（ESA2010）从方法标准、定义、分类以及计值原则等方面对欧盟地区的统计工作提出了新要求。二是扩大统计监测范围，填补统计空白。为应对数据缺口问题，从2009年起，欧央行先后三次制定统计工作三年中期工作计划。在中期工作计划中，欧央行将扩大监测范围、填补统计空白列入高级优先的第一项工作；在具体内容上，将金融机构的表外业务、场外交易等纳入金融监测范围。三是积极推进统计标准化。在欧央行中期工作计划中，高级优先的多项工作均与统计标准化有关，如国际清算银行、欧央行和国际货币基金组织联合发布《证券统计手册》，建立非股票证券统计标准，与联合国联合发布《国民核算手册：国民账户中的金融生产、金融流量与存量》，着手推进影子银行的标准化统计等。四是加强信息共享。欧央行将与欧洲金融监管当局及国际上其他相关机构的合作作为一项重要工作，并积极促进金融统计与金融监管的协调配合，同时推进统计数据的再利用，尽量减少报告机构的数据报送负担。从具体内容看，欧央行对金融统计制度的改进主要包括以下方面。

一、货币统计

（一）货币统计主要框架与变化趋势

欧央行货币统计主要包括货币金融机构资产负债统计、货币总量及其交易对手统计。一般而言，从货币金融机构资产负债统计中可以得到欧元区货币总量和交易对手，以及欧元区对其居民单位的贷款数据，用于分析贷款和存款的期末存量、流量及增长率等情况。因此，货币金融机构资产负债统计是欧央行货币统计的基础。货币金融机构资产负债统计的法律框架源于1998年发布的《欧央行关于货币金融机构合并资产负债统计的规定》（ECB/1998/16），货币金融机构报送的数据包括存量数据和流量数据，主要资产负债表项目的数据频率为月度，更细的分类数据则按季度报送。欧央行要求成员国中央银行报告数据的时间为月后第15个工作日和季度后第28个工作日，各国国内报送的时间表则由各国中央银行自行决定。截至2016年末，欧元区的货币金融机构共5933家，其中欧央行及各国中央银行共20家，信贷机构5054家，货币市场基金641家，其他货币金融机构218家。

2008年国际金融危机前，欧央行只采集各国中央银行报送的其国内汇总数据；危机爆发后，欧央行意识到单家金融机构的数据也很重要，被中央银行救助的机构有义务报送数据。具体来看，危机后的变化趋势主要有：一是修订欧盟中私人部门的外汇贷款（2011年9月欧洲系统性风险委员会修正），二是重视国别数据，三是披露跨境货币金融机构的数据（国对国），四是披露货币金融机构的资金结构，五是基于欧元区各货币金融机构统计得到初步资产负债表数据。

（二）货币金融机构资产负债统计的新进展

货币金融机构资产负债表统计通过多种方式支持金融稳定和货币政策分析，近年来，新的数据要求明显提高，该框架于2013年被重新发布为《欧央行关于货币金融机构资产负债统计的规定》（ECB/2013/33），并于2014年进行了修订（ECB/2014/51）。伴随着新的货币金融机构资产负债表统计规定和邮局汇款机构统计规定（ECB/2013/39）的实施，欧央行对货币金融机构的资产负债表统计主要有以下调整和变化：一是考虑到中长期货币增长与通货膨胀之间的关系，对发展情况采用了更全面的月度统计分析方式。二是由于银行是欧元区非金融私人部门（包括非金融企业和住户）最重要的融资来源，货币金融机构资产负债表数据增加了能反映实体经济融资潜在变化的相关信息。三是将银行和其他金融机构收集的资产负债表数据并入欧元区的季度金融账户，以反映各机构部门融资、金融投资和资产负债表的基本情况。四是自2015年7月起，货币金融机构资产负债表的统计增加了新的分类,所有新增分类均出现在欧元区各货币金融机构部门汇总的资产负债表中。五是资产负债表项目按交易对手部门的分类得以细化(见表5-2),涉及的部门包括保险公司、养老基金、非货币市场投资基金、中央银行、其他存款性公司以及其他金融中介机构。相应地,在权益资产项下就能识别非货币投资基金发行的股份(单位)。

表5-2　　　　货币金融机构资产负债表新引入的统计项目

频度	项目	说明	交易对手部门
月度	存款和贷款	按照货币金融机构子部门划分交易对手部门	中央银行 其他存款性公司
		其他存款性公司组内位置的识别	其他存款性公司
	存款、回购协议和贷款	非货币市场投资基金的识别	非货币市场投资基金 其他金融中介机构
		对保险公司和养老基金进行单独区分	保险公司 养老基金
	发放给广义政府和金融载体公司的贷款	按原始到期期限分 1年以内 1~5年 5年以上	广义政府 金融载体公司
	按原始期限持有的政府债券	原始期限不超过1年政府债券的识别	广义政府
	持有的非货币投资基金股份(单位)和权益	对原来的"股票和其他股权"进行单独分类	非货币市场投资基金 货币金融机构 非货币金融机构 非欧元区居民
	因销售和证券化而作出的贷款调整(新方法)	未清偿款项及金融交易	广义政府 非货币市场投资基金 保险公司 养老基金 非金融公司 住户

续表

频度	项目	说明	交易对手部门
季度	存款和贷款	每个欧元区国家在欧元区组内的部门细分	广义政府 非货币市场投资基金 保险公司 养老基金 其他金融中介机构 非金融公司 住户
	持有的债券	识别其他金融机构 识别保险公司	其他金融中介机构 保险公司
	持有的权益	识别其他金融机构 识别保险公司和养老基金	保险公司 养老基金
	金融衍生品权益	如果记录在剩余资产/债务，识别其位置	—
	应计贷款/存款利息	如果记录在剩余资产/债务，识别其位置	

目前，货币金融机构报送的资产负债表项目明细主要包括以下五方面内容：一是交易对手的所在地（国内/其他欧元区国家/非欧元区国家）信息，二是交易对手部门（货币金融机构/政府/其他金融中介机构/保险公司和养老基金/非金融公司/住户）信息，三是金融工具分类（在负债项下/资产项下）信息，四是到期约定（初定的偿还期，比如在发行期或者公告期）信息，五是货币币种（欧元/其他）信息。通过采集以上明细，可以得到欧元区货币总量、交易对手以及欧元区货币金融机构向欧元区各部门发放的贷款等信息，并且可以通过多维度信息对交易对手部门进行确认。

二、其他金融统计

（一）其他金融性公司统计

欧盟除货币金融机构以外的其他金融性公司主要包括非货币市场投资基金、其他金融中介机构（主要是金融载体公司）、保险公司和养老基金等。

国际金融统计发展与比较

1. 投资基金统计

非货币市场投资基金通常简称为投资基金（Investment Funds，IFs），是为了实现资本增值的目标而投资于金融或者非金融资产的集合投资行为；依据投资对象的不同，分为债券基金、股票基金、对冲基金、混合基金、房地产基金、私募股权基金、指数股票型基金等几大类。即使在银行对实体经济的支持力度有所减弱的情况下，投资基金购买实体经济部门发行的股票和债务证券也能为实体经济提供融资，这就使得投资基金不仅与欧元区的货币和经济分析有关，也是评估欧元区金融稳定的一个重要因素。2009年以来，欧元区投资基金增长特别迅速，2016年末欧元区注册的投资基金资产较2009年末翻了一番，其中，约有1/3的增长源于经济交易，其他增长则是近年来资产价格上涨所致。鉴于投资基金扮演的重要角色及其迅速增长的态势，有必要及时掌握该部门的准确数据。

欧央行对投资基金的统计最早可追溯到2003年1月发布的非协调一致的欧元区投资基金数据，收集了1998年第四季度到2009年第二季度的数据。在法律框架下开展的协调一致的投资基金统计始于2008年12月，依据的法律框架是《欧央行关于统计非货币市场投资基金资产和负债的规定》（ECB/2007/8）和《欧央行关于货币、金融机构和市场统计指引》（ECB/2007/9）。由于新的投资基金统计范围和定义与之前的投资基金统计存在较大区别，因此，新旧统计数据不能进行简单的直接对比。依据ECB/2007/8和ECB/2007/9，欧央行对居民投资基金的资产和负债进行统计，主要指标按月报送，更详细的指标按季度报送。统计内容不仅包括存量数据，还包括交易等流量数据，交易数据能够反映报告期内资产或者负债的净变动，以及投资者购买货币基金份额的信息。两个报告期之间存量的变动包括交易量变动、价格变动、非欧元计价的工具引发的汇率变动以及重新分类引起的变动等。季度统计信息中所有项目都有交易数据，而月度统计信息中只有部分项目有交易数据。

近年来，欧央行投资基金统计的新进展包括：一是伴随新《欧央行关于统计非货币市场投资基金资产和负债的规定》（ECB/2013/38）的实施，自2015年起，欧央行开始遵照ESA2010采集投资基金数据；二是对投资基金分类进行细化，特别是将交易所交易基金相关数据纳入投资基金的子分类;三是将此项统计推广至欧盟所有成员国。投资基金最新分类详见表5-3。截至2016年末,欧元区的投资基金机构数量为52330家,其中,混合型投资基金14422家,股票型投资基金11875家,债券型投资基金9093家,房地产投资基金3091家,对冲投资基金1851家,其他11998家;发行募集资金余额为100498亿欧元,总资产达111217亿欧元。

表5-3　　　　　　　　投资基金资产负债表项目新的分类

频率	项目	说明	交易对手部门
月度	交易所交易基金	将交易所交易基金作为投资基金的子项	中央银行 其他存款性公司
月度	发放给广义政府和金融载体公司的贷款	按原始期限划分 1年以内 1~5年 5年以上	广义政府 金融载体公司
月度	投资基金份额或单位	投资基金股份/单位的销售和赎回	经济总体
季度	债券持有	识别交易对手部门	非货币市场投资基金 其他金融中介机构 保险公司 养老基金
季度	股权持有	识别交易对手部门 识别上市股票	货币金融机构 广义政府 非货币市场投资基金 其他金融中介机构 保险公司 养老基金 非金融公司 住户
季度	投资基金份额/单位持有	识别证券借贷 回购协议出售	

2. 金融载体公司统计

金融载体公司(Financial Vehicle Corporations,FVCs)是开展证券化交

易或者公开发行证券、证券化基金、债务型融资工具、金融衍生品等的金融机构。依据证券化交易性质的差异,欧央行将金融载体公司分为传统FVCs、综合FVCs、保险链接FVCs和其他FVCs。欧央行对FVCs的统计始于2010年第一季度,依据的法律框架是《欧央行关于统计从事证券化交易的金融载体公司资产和负债的规定》(ECB/2008/30)和《欧洲中央银行关于货币、金融机构和市场统计的修订指引》(ECB/2008/31),统计对象是欧盟地区从事资产证券化的居民FVCs的资产、负债业务及背景信息,不仅统计存量数据,还统计交易量数据,两个报告期之间存量的变动包括交易变动、价格变动、非欧元计价的工具引发的汇率变动以及重新分类引起的变动等。对FVCs的统计按季度进行,各国央行应在季度后第28个工作日前将有关数据和报表报送给欧央行。

由于FVCs在证券化交易中的重要作用,近年来欧央行不断加强对FVCs的统计,并取得积极进展。一是修订与FVCs统计相关的法律框架,重新发布了《欧央行关于货币金融机构部门资产负债统计的规定》(ECB/2013/33)、《欧央行关于统计从事证券化交易的金融载体公司资产和负债的规定》(ECB/2013/40)和《欧央行关于货币、金融统计的指引》(ECB/2014/15)并持续加以修订,特别是ECB/2013/33加强了从事证券化交易的货币金融机构对证券交易市场和风险传递的反映。二是FVCs统计引入新的统计分类项目(见表5-4),数据收集范围有所扩大,将保险部门的保险或再保险风险转移到FVCs的这类证券化交易纳入统计范围,同时新增保险链接FVCs;采用新的交易对手部门划分,特别是对向FVCs转移的证券化贷款项目的交易对手进行了更细致的划分;对FVCs持有的存款、直接发放给FVCs的贷款或从FVCs获得的贷款进行了期限划分。截至2016年末,欧元区的FVCs数量为3737家,其中,传统FVCs 3101家,综合FVCs 153家,保险链接FVCs 25家,其他FVCs 458家,总资产约18106亿欧元。

表5-4　　　　　FVCs统计新引入的统计分类项目

项目	新的交易对手部门划分
存款债权和贷款债权	——国外部门的银行 ——国外部门的非银行

续表

项目	新的交易对手部门划分
证券化贷款（合计）	——货币金融机构 ——广义政府 ——非货币市场投资基金 ——其他金融中介机构 ——保险公司和养老基金 ——非金融公司 ——住户 ——国外部门
证券化贷款（由欧元区货币金融机构发放）	——货币金融机构 ——非货币市场投资基金 ——其他金融中介机构

项目	新的到期期限划分
存款债权和贷款债权	——1年及以内 ——超过1年（1年以上，下同）
获得的存款和贷款	——1年及以内 ——超过1年

3. 保险公司和养老基金统计

保险公司是指通过直接保险或者再保险，把风险汇集在一起履行金融中介职能的金融性公司和准公司。养老基金是指把社会风险和社会保费聚集在一起履行金融中介职能的金融性公司和准公司，养老基金作为社会保障计划能够在公众退休后为其提供收入并为其死亡和残疾提供保障。针对保险公司和养老基金，欧盟出台的新监管政策主要集中在保证偿付能力、防止其盲目扩张等方面。纳入保险公司和养老基金（Insurance Corporation and Pension Fund，ICPFs）统计的机构为欧元区居民保险公司、养老基金以及在欧元区内隶属于境外（非居民ICPFs）的附属机构和分支机构，而本国在欧元区外（欧元区外的ICPFs）的附属机构和分支机构不属于报告总体。其中，保险公司包含保险（寿险和非寿险）和再保险业务，养老基金仅包含能自主决策且具有独立账目的养老基金机构，其余（如公司的养老基金）则归属为实体单位的一部分；此外，还需要剔除计入社会保障基金的部分。

当前，欧元区的ICPFs统计主要采用各国现有的ICPFs数据，数据主要来源于监管部门的采集系统，对报送机构没有增加新的数据要求，部分补充数据来源于成员国的国家数据库。考虑到货币金融机构统计、证券发行持有统计、国际收支统计、保险公司和养老基金统计的数据都要运用于国民经济核算，欧元区各国的统计都要符合标准，但并不是完全一致。欧元区的ICPFs数据按季度汇总（见表5－5），某些详细的分类按年汇总，数据通常于报告期3个月后发布。目前，季度序列数据可追溯到2008年第一季度，年度序列数据可追溯到2008年，欧央行按年出版国家汇总数据。

表5－5 保险公司和养老基金统计框架

欧元区保险公司和养老基金	合计	分类		欧元区保险公司和养老基金	合计	分类	
		交易对手按地区	交易对手按部门			交易对手按地区	交易对手按部门
总资产	Q			总负债	Q		
现金	Q			贷款	Q	Q	Q
存款	Q	Q	Q	债务证券	Q		
1年以内	Q	Q	Q	挂牌股票	Q		
超过1年	Q	Q	Q	非挂牌股票及其他股权	Q		
贷款	Q	Q	Q	保险技术准备金*	Q	Q	Q
1年以内	Q			寿险准备金中的住户净值*	Q	Q	Q
超过1年	Q			相关单位	A	A	A
债务证券	Q	Q	Q	非相关单位	A	A	A
1年以内	Q			养老基金中的住户净值*	Q	Q	Q
超过1年	Q			规定缴费	A	A	A
挂牌股票	Q	Q	Q	确定收益	A	A	A
非挂牌股票及其他股权	Q			混合计划	A	A	A
投资基金份额	Q	Q	Q	预付保险费*	Q	Q	Q

第五章 欧洲中央银行金融统计

续表

欧元区保险公司和养老基金	合计	分类		欧元区保险公司和养老基金	合计	分类	
		交易对手按地区	交易对手按部门			交易对手按地区	交易对手按部门
货币市场基金份额	Q	Q	Q	其他负债	Q		
预付的保险费用和储备金请求权	Q		Q	净值	Q		
非金融资产	Q						
其他资产	Q						

注：＊为可获得交易量的项目，Q 为季度数，A 为年度数。

ICPFs 的统计内容为欧元区居民保险公司和养老基金的资产及负债业务，包括报告期末所有项目的余额（存量）和保险技术准备金项目的交易量（流量）。两个报告期之间存量的变动包括交易量变动、价格变动、非欧元计价工具引发的汇率变动以及重新分类引起的变动等。保险技术准备金可以分为人寿保险准备金净值、养老保险准备金净值、非人寿保险准备，交易量信息能提供该类保险合同技术准备金的大致净变动额。此外，ICPFs 统计不仅提供整个保险公司和养老基金部门的资产负债信息，也提供其子部门的资产负债信息。

近年来，欧央行与欧洲保险和职业养老金管理局（European Insurance and Occupational Pensions Authority，EIOPA）密切合作，进一步加强和改进了保险公司和养老基金统计，主要体现在：一是加快相关法律的出台与实施。2014 年 11 月 28 日，欧央行通过了《关于保险公司统计报告要求的条例》（ECB/2014/50），自报送 2016 年第一季度数据和 2016 年年度数据起，首次要求保险公司在法律框架下向欧央行和各成员国中央银行报送统计数据。协调一致的数据使欧央行及各国中央银行能够编制新的欧元区保险公司数据，并于 2017 年 1 月实现数据发布。二是与 EIOPA 合作推出"包含欧央行附加信息的非官方数据报告模板"（Unofficial Reporting Templates Including ECB add-ons）。为了使保险公司报数负担最小化，ECB/2014/50 允许各成员国中央银行在欧盟偿付能力Ⅱ框架（Solvency Ⅱ Framework）下，从报送的监管数据中派生出必要的统计信息。尽管大量信息可以从监管要求的报告数据中获得，但仍需要一些额外信息。因此，欧央行与EIOPA共同推出了一个数据报告模板，对这些额外信息进行了加注。此外，基于颗粒状数据模型（Data Point Model，DPM）和可扩展商业报告语言（Extensible Business Reporting Language，XBRL），欧央行额外的信息要求也被融合到EIOPA建立的技术报告框架中。截至2016年末，欧元区保险公司和养老基金的总资产为102120亿欧元，其中，保险公司总资产77660亿欧元，养老基金总资产24460亿欧元。

（二）利率统计

1999年1月，欧央行开始按月发布包含十个品种的利率统计数据，但由于成员国利率统计的标准、体系不一致，利用这些数据开展分析时必须谨慎。2003年1月，欧央行基于《欧央行关于货币金融机构对住户及非金融企业部门存款和贷款利率统计的规定》（Regulation ECB/2001/18）这一法律框架开始统一标准，并按月编制货币金融机构利率统计表。从定义上看，货币金融机构利率统计主要有五个特征：一是统计内容包括存贷款利率及相应的交易量信息，二是由货币金融机构（以银行为主）报送，三是交易对手为欧元区居民单位（住户和非金融公司），四是数据由欧洲中央银行体系从货币金融机构采集，五是以欧元计值。欧央行利率统计数据由各成员国按照欧央行制定的统计报表进行报送。各国中央银行在采集本国利率数据时，一般是通过普查（如芬兰）或者抽样方式从潜在的报送群体中选择自己的报送机构。在普查情况下，每一家居民信贷机构及其他机构均报送货币金融机构的利率数据。通过普查方式收集的变量包括新增业务的利率及相应业务量、未清偿余额的利率。在抽样的情况下，各国中央银行选择部分信贷机构及其他机构进行报送。通过抽样方式估算的变量也包括新增业务的利率及相应业务量、未清偿余额的利率。为了降低样本对于真实值的偏离风险，样本的选择必须具有代表性，即样本要反映与货币金融机构利率统计相关的潜在报送群体的固有特征。即使实际采集数据不能和制度中的定义完全匹配，也可以运用合适的程序和模型来确定最初的样本。

近年来，利率统计的变化主要体现在统计指标日益丰富等方面。2003年1月，法规ECB/2001/18要求信贷机构每月对未清偿余额（存款指标5个、贷款指标9个）与新增业务（存款指标11个、贷款指标20个）共计45个指标进行报送。之后（尤其是2008年国际金融危机后）对利率统计的法规进行了多次修订（ECB/2004/21、ECB/2009/7、ECB/2010/7），要求报送的指标也从45个增加至101个，其中存贷款未清偿余额利率和新增业务中存款利率的报送指标数量不变，但新增业务的贷款利率指标从之前的20个上升至76个，其中对住户部门的贷款指标增加12个，对非金融公司的贷款指标增加44个。

新《货币金融机构利率统计条例》（ECB/2013/34）实施并经修订（ECB/2014/30）后，要求报送117个存贷款利率及相应的交易量信息，其中91个为新增业务指标，26个为未清偿余额指标。除此之外，新的重组贷款交易量和利率现在也开始单独采集。2014年以来，货币金融机构利率统计指标的调整与变化（见表5-6）主要有：一是为更好地分析政策调整对银行利息收入、住户和企业利息支出的影响，对未清偿余额的银行利率统计进行了更新。新指标按照约定偿还期、剩余期限和下一步利率重置期限进行细分，提供了更详细的贷款利率信息。二是将重组贷款从总的新业务贷款中独立出来，单列一项。这不仅可以反映欧元区国家对住户和企业新发放的贷款数量，而且还能反映新发贷款对实体经济发展的支持力度。如2014年12月至2015年9月，欧元区发放给住户用于购房的商业贷款中，实际上约有1/3是现有的重置贷款，只有剩余的2/3才是真实的新发贷款。

表5-6　　　货币金融机构利率统计指标的调整与变化

项目	交易对手部门	按到期日划分
贷款，未清偿余额的利率	住户 企业	贷款原始到期期限： 1年以上 1年以上且剩余期限不超过1年 1年以上、剩余期限不超过1年且在接下来的12个月进行利率重置 2年以上 2年以上且剩余期限不超过2年 2年以上、剩余期限不超过2年且在接下来的24个月进行利率重置

续表

项目	交易对手部门	按目的划分
重置贷款，交易量和利率	住户 企业	企业 出于消费（住户） 出于购置房屋（住户） 出于其他目的（住户）

（三）证券统计

欧央行的证券统计分为证券发行统计和证券持有统计两部分。

1. 证券发行统计

2008 年国际金融危机前，欧央行已经建立起一套较为完善的证券发行统计体系，包括欧元区居民单位发行的债务证券和上市股票，统计内容包括未清偿余额（存量）、交易量（总发行、总赎回和净发行）以及增长率，其中，债券发行统计又可按货币面值（欧元计价和其他货币计价）、到期期限（短期和长期）和部门（8 大类）进行再分类；上市股票（Listed Shares）的存量、流量和增长率统计覆盖了 4 个部门。危机后，欧央行根据最新的统计准则对证券发行统计进行了调整，对部门的划分与 ESA2010 保持一致，并要求各国依据《欧央行货币金融统计指引》（ECB/2014/15，最新修订为 ECB/2014/43）的第十二条款按月报送证券发行数据。证券发行数据通常于月后 6 个星期后发布，最早的时间序列数据可追溯到 1989 年 12 月（流量数据追溯到 1990 年 1 月）。

2. 证券持有统计

证券持有统计（Securities Holding Statistics，SHS）反映的是债务证券和上市股票的持有情况。危机后，全面、准确地掌握证券持有者信息的重要性日益显现，各国中央银行开始意识到及时而细致的证券持有数据的收集和分析有重大实际意义。2010 年后，欧央行致力于证券持有信息统计工作的探索，2012 年发布了《欧央行金融账户统计条例》，其中证券持有部分详细阐述了证券持有统计的具体规定和做法，涉及的数据报送需遵循 ESA2010 中的证券相关统计分类标准。2012 年 10 月，《欧央行关于证券持有统计的规定》（ECB/2012/24）发布；2013 年 7 月，《欧央行证券持有统计指引》

(ECB/2013/7)发布，建立了证券持有统计的法律框架。

不同于表单式填报只能提供证券风险的汇总信息，欧央行证券持有统计模式的重点在于探索高度颗粒化的证券持有统计信息，以利用逐笔化数据填补信息缺口，揭示汇总式数据掩盖的风险传导机制，从而确定市场参与者或特定发行商的风险及其蔓延程度。为消除证券持有的信息不对称，欧洲中央银行体系重新建立了一个汇总证券持有数据的稳定基础统计框架，即在原有的中央证券数据库（Centralized Securities Database, CSDB）基础上，建立了证券持有数据库（Securities Holdings Statistics Database, SHS-DB），逐笔采集欧盟国家证券持有数据。证券持有数据库由德意志银行和欧央行分别操控的数据处理系统和数据分析系统两部分组成。个人持股数据由各报送机构报送至中央银行，按照预先定义好的格式录入数据处理系统，系统对其合理性进行检测后提交给数据分析系统。数据分析系统会以颗粒度级别储存数据，与其他数据进行比对以检测数据质量，并可以根据使用者的需要计算出大量整合数据。

SHSDB本身由证券持有统计部门（SHS Sector）和证券持有统计集团（SHS Group）两个模块组合而成，这两个模块的区别主要在于证券持有方信息的统计颗粒度不同。SHS Sector模块统计单个国家的机构部门所持有证券的汇总信息，包括欧元区投资者和非居民投资者所持有的欧元区证券数据；SHS Group模块则为25家总部在欧元区的最大银行集团统计的单个持有人持有证券的信息。此外，证券持有统计还可以获得以前无法获取的信息，填补长期信息缺口。2014年初，SHS首次采集了2013年末25个欧盟国家的证券持有数据（之后按季度公布），并将数据提供给成员国中央银行。目前，SHS持有的数据量已相当可观。

除证券发行和持有统计的实践外，欧央行还持续加强证券统计准则的编制。2008年国际金融危机以来，欧央行与国际清算银行和国际货币基金组织一起陆续发布了《债务证券的发行统计》（2009）、《债务证券的持有统计》（2010）和《股权型证券的统计》（2012），并于2015年5月整体编辑成册，发布了《证券统计手册》。作为证券业首部公开发行的统计制度标准，《证券统计手册》的发布致力于促进证券市场信息质量的提升，建立起促进信息及时、有效、相关且可比的高效统计框架结构。此外，《证券统计手册》还提供了对债券的持有和发行进行汇总统计的一系列表格。

(四) 金融稳定统计

2008年国际金融危机后,欧盟采取了一系列措施以保持欧洲地区金融市场的稳定,其中一项重要的举措就是对欧洲的金融监管体系进行了改革,在宏观层面上成立了负责宏观审慎监管的欧洲系统性风险委员会,在微观层面上成立了欧洲银行管理局(European Banking Authority, EBA)、欧洲保险和职业养老金管理局(European Insurance and Occupational Pensions Authority, EIOPA)和欧洲证券与市场管理局(European Securities and Markets Authority, ESMA)。三大欧盟金融监管机构(European Supervisory Authorities, ESAs)和欧洲系统性风险委员会共同构成了欧洲金融监管新框架。负责宏观审慎监管的欧洲系统性风险委员会由欧央行、各成员国中央银行、欧盟金融监管机构以及成员国监管当局负责人组成,欧央行行长兼任该委员会主席,欧洲系统性风险委员会秘书处设在欧央行。欧洲系统性风险委员会的主要职责是评估和监测在宏观经济以及金融体系运行中出现的各种威胁金融稳定的风险,并对这些风险进行评估、预警和提供建议。

目前,欧盟的金融稳定统计监测工作主要是由欧洲系统性风险委员会和欧盟金融监管机构在满足欧洲系统性风险委员会履行宏观审慎监管职能的基础上开展的。近年来,为支持欧洲系统性风险委员会的工作,欧央行统计局做了大量基础工作。一方面,欧央行牵头成立了金融统计协调组,在促进欧洲监管部门之间的协调方面发挥了很大作用;另一方面,欧央行统计局着力建立起宏观审慎数据库(the Macroprudential Database, MPDB)。MPDB聚焦于那些能用来解释和预测金融危机的指标,是一个涵盖了多个子类指标体系的指标数据库,这些指标与宏观审慎分析密切相关。MPDB中的指标分为宏观和金融市场变量、债务和信贷变量、住户房地产市场变量、商业房地产变量、银行部门变量、非银行部门变量和关联变量七大类,每一大类还包括许多子类。为保证数据库的适用性,欧央行会不定期地对指标进行更新,但结构大体保持稳定。其中,欧洲系统性风险委员会用来开展风险数量分析的一套指标体系被称为风险仪表板(Risk Dashboard),均直接或间接来源于MPDB数据库,该仪表板包含系统性综合风险、宏观经济风险、信用风险、资金供给与流动性风险、市场风险、盈利和偿付风险、结构性风险七大类风险指标（见表5-7），并结合了IT技术用实时图表的方式支持宏观审慎分析。

表5-7　　欧洲系统性风险委员会风险仪表板主要构成指标

指标	说明
系统性综合风险	
系统压力综合指数	包括总指数及以下子部门指数值：股票市场、货币市场、债券市场、外汇市场与中介部门等
共同违约概率	包括两个大型银行机构共同违约概率及两个主权国家共同违约概率
银行业跨境持股情况	欧盟国家间银行体系跨境持股关系，以及美国等重要对手国对欧盟国家银行体系的跨境持股情况
按部门分类的广义信贷	包括季度新增与存量，除统计合计指标外，还分别计算以下子部门对应指标：欧元系统、货币金融机构、广义政府、非金融公司、住户部门、其他金融机构、保险公司与养老基金、非欧元区居民单位
按部门分类的存款来源	包括季度新增与存量，除统计合计指标外，还分别计算以下子部门对应指标：欧元系统、货币金融机构、广义政府、非金融公司、住户部门、其他金融机构、保险公司与养老基金、非欧元区居民单位
对广义政府的信贷投放	当期、3年平均与预期值
住房贷款/私人部门信贷总量	当期、3年平均与预期值
按部门分类的投资基金债券投资	包括季度新增与存量，除统计合计指标外，还分别计算以下子部门对应指标：欧元系统、货币金融机构、广义政府、非金融公司、住户部门、其他金融机构、保险公司与养老基金、非欧元区居民单位
按部门分类的投资基金股票与基金投资	包括季度新增与存量，除统计合计指标外，还分别计算以下子部门对应指标：欧元系统、货币金融机构、广义政府、非金融公司、住户部门、其他金融机构、保险公司与养老基金、非欧元区居民单位

续表

宏观经济风险	
当前与预期实际 GDP 增长率	当期、3 年平均与预期值
国内信贷/GDP 缺口值	当期与 3 年平均值
经常账户余额/GDP	当期与 3 年平均值
失业率	当期、3 年平均与预期值
合计债务/GDP	包括比值与比值变动率，除统计合计指标外，还分别计算以下子部门对应指标：非金融公司、政府、住户部门
广义政府债务/GDP	当期、3 年平均与预期值
广义政府赤字/GDP	当期、3 年平均与预期值
国债信用违约掉期溢价	对欧盟体系内国家分别计算对应指标
政府未来 1 年债务本息/GDP	除计算合计指标外，还分别计算以下子类对应指标：3 个月及以内到期债务、3~12 个月到期债务
住户部门债务/居民可支持收入	当期与 3 年平均
非金融公司债务/GDP	当期与 3 年平均
信用风险	
住户部门贷款年增长率	当期、上期与 3 年平均
非金融公司贷款年增长率	当期、上期与 3 年平均
住户部门贷款加权利率	当期与上期，采用的是住户部门住房贷款数据
非金融公司贷款加权利率	
住户部门借贷利差	当期、上期与 3 年平均，采用的是住户部门住房贷款数据
非金融公司借贷利差	当期、上期与 3 年平均
对住户部门贷款标准的变动	采用的是住户部门住房贷款数据
对非金融公司贷款标准的变动	对欧元区与欧盟不同国家分别计算对应指标
欧元区公司债期限调整利差	对不同评级公司分别计算对应指标
企业部门预期违约率	分别对金融与非金融部门进行统计
外币贷款	分别按币值（欧元、美元、瑞士法郎、其他）与部门（居民、非金融公司、金融性公司）计算对应指标，并计算年增长率
住宅价格偏离度	基于购租比、价格与收入比、资产定价与贝叶斯估计需求模型估计
名义住宅价格变动率	对欧元区与欧盟不同国家分别计算对应指标

第五章 欧洲中央银行金融统计

续表

指标	说明
资金供给与流动性风险	
银行间利差	3个月银行间同业拆借利率与隔夜指数掉期差
金融市场流动性指数	计算综合指数,并分别计算股票、债券、外汇与货币市场指数
EUR/USD 基准掉期利差	包括3个月期与1年期标的对应指标
中央银行对银行体系的流动性支持	主要为欧洲中央银行体系对银行体系提供的贷款
货币市场与欧元体系经常性融资便利	包括边际借贷便利、存款便利、往来账户(Current Account)、欧洲银行间隔夜拆借利率
银行未偿还债务期限结构	分别统计以下期限债务总量:1年内、1~2年、2~5年、5~10年与10年以上
银行发行的长期债券	统计以下类别债券规模:资产担保债券、次级无担保债券、优先无抵押债券、政府担保债券
存贷比	本期、上期与3年平均
优先级债与次级债的信用违约掉期息差	针对5年期债
市场风险	
全球风险规避指数	通过对五个认可度较高的风险规避指标运用主成分分析合成的指数,与风险规避水平正相关
股票市场市盈率	除股票市场整体市盈率外,还对以下子类别分别计算对应指标:银行、保险与非金融公司
股票市场指数	包括分部门(银行、保险、工业与地产等)指数与指数波动率
短期利率波动率	通过货币互换期权价格序列计算
长期利率波动率	通过货币互换期权价格序列计算
汇率波动率	包括 EUR – USD、EUR – JPY、USD – JPY 三种汇率波动率
盈利和偿付风险	
银行机构盈利指标	包括股本回报率、资产回报率、成本效率比、净利息收入/总经营收入

续表

指标	说明
银行机构偿付能力、流动性与资产负债表结构指标	包括核心资本率、不良贷款率、流动资产/短期负债、资产抵押率
保险公司盈利指标	包括股本回报率、综合赔付率（非人寿保险）、总承保保费（人寿保险）、总承保保费（非人寿保险）
保险公司偿付能力指标	包括非人寿保险公司与人寿保险偿付能力比
保险公司留存比率	净承保保费/总承保保费
结构性风险	
银行部门规模	除计算合计规模外，还分别统计境外控股银行与国内控股银行规模
银行部门杠杆率	本期、上期与3年平均
金融子部门增长率	包括以下金融子部门总资产年度增长率：投资基金和其他金融中介、信贷机构、保险公司与养老基金
投资基金与其他金融中介总资产/信贷机构总资产	投资基金与其他金融中介总资产/信贷机构总资产
投资基金与其他金融中介总资产	包括存量总额与当期新增，并分别计算合计数及货币市场基金、非货币投资基金、汽车金融公司等子类总资产
非货币投资基金的短期资产/短期负债	包括合计指标及以下子类对应指标：股权基金、债券基金、混合基金、房地产基金、对冲基金、其他

第三节 欧洲中央银行金融账户统计

一、主要内容

金融账户统计是欧元区账户统计的重要组成部分。欧元区账户是描述经济金融发展的存量和流量账户，它记录了收入的产生、分配、再分配，以及这些收入在金融和非金融部门资产（负债）中的积累，反映了原材料、收入和货币在国民经济内部、内外部经济体之间的流动及其影响。欧元区账户体系是由一系列相互联系的账户组成的，共分为三类账户：经常账户、积累账户和资产负债表。其中，经常账户记录了货物和服务的生产、收入的产生和分配、收入在消费和储蓄中的分配，可进一步细分为生产账户和收入分配账户；积累账户记录了金融和非金融资产（负债）的变化，以及它们的资金来源，可细分为资本账户、金融账户和资产数量其他变化账户；资产负债表记录了金融和非金融资产（负债）在期初和期末的存量信息，反映了经常账户和积累账户的最终结果。

根据欧元区账户的分类原理，金融账户可以被定义为与金融资产和负债相关的积累账户和资产负债表①，它记录了金融资产和负债的期初和期末余额（资产负债表）和影响这些余额变化的因素（积累账户）（见表5-8），这些因素可以进一步被细分为交易因素（狭义金融账户）、名义的持有收益/损失（重估账户）、其他资产数量变化（其他变化账户）。这些细分的账户能更加准确地区分金融账户变化究竟是由内生因素还是外生因素引起的，从而为中央银行的宏观经济决策提供确切的信息支持。

表5-8　　　　　　　　　金融账户存量和流量关系

期初资产负债存量	
+金融交易（狭义金融账户）	实体经济在本国内部或国内外之间的金融资产和负债交易，不包括价格变化、资产分类、结构变化等因素
+持有收益/损失（重估账户）	资产价格变化带来的资产收益和损失
+其他资产变化（其他变化账户）	包括机构部门或金融工具分类、重组带来的变化，单边债务取消，未补偿的查封资产
=期末资产负债存量	

金融账户主要是根据机构单位和部门、金融工具两个维度来编制的。根据ESA2010的指引，机构部门和金融工具都有统一的分类方法，以便更好地服务于宏观经济分析决策和进行对外发布，欧央行金融账户提供了较为全面的分机构单位和部门、分金融工具统计报表。

（一）机构单位和部门的分类及变化

机构单位和部门是ESA2010中主要的经济单元，它首先以地域为基础

---

① 金融账户有广义和狭义之分，广义的金融账户包含了资产负债信息以及引起资产负债变化的因素，狭义的金融账户仅仅指引起资产负债变化的交易因素，这里是广义的定义。

划分为两类：居民单位部门和非居民单位部门。居民单位部门指在一国经济领土内有经济利益中心的部门单位，反之则为非居民单位部门。所有的机构单位都必须属于唯一一类机构部门，没有一个机构单位是属于两个或以上机构部门的。新的金融账户统计在部门划分方法上最重要的变化就是对金融部门采取了更为宽泛的定义，使之包含的子部门由原来的5个扩展到9个（见表5-9），其中，新增了"专属金融机构和贷款人"这一子部门，主要包括以下情况：一是构成该子部门的金融性公司和准公司既不从事金融中介服务，也不提供金融辅助服务，其大部分金融资产和负债都不在公开市场上交易。具体来说，该子部门包括信托公司、不动产公司、会计代理记账公司或"铜牌"公司等法律实体单位。二是持有一组子公司资产的控股公司，公司的主要目的就是拥有其持有权益的这组子公司，但并不向子公司提供任何服务，也不对其进行行政和经营方面的管理。三是符合机构单位定义，能够为母公司在公开市场上融资以供其使用的特殊目的实体。四是以自有资金或来源于单一出资人的资金，向一定范围内的客户提供排他性金融服务，并承担债务人违约金融风险的机构，此类机构主要由贷款人运用来自单一出资人（如政府单位、非营利性机构）的资金进行贷款活动（如学生贷款、进出口贷款）。五是特殊目的政府基金，通常称为主权财富基金。

表5-9　　　　　　　金融账户金融子部门划分新旧比较

ESA95 金融性公司子部门		ESA2010 金融性公司子部门		欧洲中央银行分类
中央银行	S.121	S.121	中央银行	货币金融机构
其他货币金融机构	S.122	S.122	其他货币金融机构	
		S.123	货币市场基金	
其他金融中介机构	S.123	S.124	非货币市场投资基金	其他金融性公司
		S.125	其他金融中介机构	
金融辅助机构	S.124	S.126	金融辅助机构	
		S.127	专属金融机构和贷款人	
保险公司和养老基金	S.125	S.128	保险公司	保险公司和养老基金
		S.129	养老基金	
非金融公司	S.11	S.11	非金融公司	

(二) 金融工具的分类及其变化

遵循 ESA2010 的要求，欧央行新的金融账户统计增加了一些新的金融工具，提供了一个更为详尽的工具分类，并且对现有工具之间的界限重新进行了定义，特别是为满足金融账户使用者的需求，对商业信用/贸易信贷进行了严格的区分，对股权和其他权益性资产进行了更为详细的划分。新的金融账户将原来的七大类金融工具变为八大类。金融工具的定义和重新划分主要体现在：一是确立了特别提款权的负债，按照 ESA2010 的要求，特别提款权的分配与取消记录为交易，应分别在资产和负债方加以记录；二是缩小了存款定义的范围，只有存款吸收机构（大概等同于信贷机构）和特定情况下的中央政府实体能吸收存款性债务，其他金融中介机构的类似债务应记录为贷款；三是对金融衍生工具单独分类并重新定义，将雇员股票期权记录为金融衍生工具的组成部分；四是对贷款担保进行处理，典型的例子是政府提供的标准化助学贷款担保，应记录为政府部门的金融负债，而贷出方由于能通过担保获得损失保障，贷款应记录为贷出方的金融资产；五是对与养老基金相关的资产和负债做了更为详细的界定。金融工具分类的主要变化见表 5-10。

表 5-10　　　　　金融账户金融资产和负债新旧对比关系

旧工具分类		新工具分类		备注
编码	工具名称	编码	工具名称	
F.1 (F.11 + F.12)	货币黄金与特别提款权	F.11	货币黄金	统计中分列为子项目，确立特别提款权的负债
		F.12	特别提款权	
F.21	通货	F.21	通货	
F.2M (F.22 + F.29)	存款	F.22	可转让存款	统计中分列为子项目
		F.29	其他存款	
F.331	非金融衍生工具短期债券	F.31	短期债务证券	
F.332	非金融衍生工具长期债券	F.32	长期债务证券	
F.41	短期贷款	F.41	短期贷款	

续表

旧工具分类		新工具分类		备注
编码	工具名称	编码	工具名称	
F.42	长期贷款	F.42	长期贷款	
F.511	上市股票	F.511	上市股票	
F.51M (F.512+F.519)	非上市股票与其他股权	F.512	非上市股票	
		F.519	其他股权	
F.52	共同基金份额	F.521	货币市场基金份额（单位）	统计中分列为子项目
		F.529	非货币市场基金份额（单位）	
F.62	保费预付款和未结索赔准备金	F.61	非寿险专门准备金	F.60 = F.61 + F.66
		F.62	寿险和年金权益	
F.611	住户对人寿保险准备金净股权	F.63	养老金权益	与非寿险专门准备金一起记录
		F.64	养老金经理人养老基金债权	
F.612	住户对养老基金净股权	F.65	非养老保险金权益	
		F.66	标准化担保代偿准备金	
F.34	金融衍生工具	F.7	金融衍生工具	雇员股票期权作为并列于金融衍生工具的一个类别
			雇员股票期权	
F.7 (F.7.1+F7.9)	商业信用和预付款	F.81	商业信用和预付款	统计中分列为子项目
	其他应收/应付账款	F.89	其他应收账款/应付账款	

二、编制方法

（一）金融账户编制指引

欧元区账户是欧央行和欧盟统计局按照欧洲账户体系的总体框架联合编

制的,它不是各成员国报送账户数据的简单加总,而是基于各国报送的金融和非金融统计数据,以及欧元区其他总量数据(包括欧元区国际收支与投资统计、货币金融机构资产负债统计等)综合编制而成。欧元区账户分为非金融账户和金融账户两部分。欧洲账户体系要求成员国编制年度金融账户,并对机构单位和部门、金融工具、估值方式,以及其他编制方法进行了原则上的指引。但是,欧洲账户体系只是一个总体的框架指引,并没有详细的实施办法。为此,欧央行在2002年11月颁布了第一个关于金融账户统计的指引——《欧央行季度金融账户统计报告指引》(Guidelines ECB/2002/7),其后历经4次修订。2014年新的欧洲账户体系——ESA2010正式实施后,为进一步提高金融账户统计的可用性以及与ESA2010保持一致,欧央行管理委员会与金融账户最主要的使用者——货币政策委员会紧密合作,发布了全新的《欧央行季度金融账户统计报告指引》(ECB/2013/24,简称《指引2013》),并于2015年进行了修订(ECB/2015/40)。该指引从优化机构部门分类、细化金融资产负债工具、强化证券的交易对手统计、重视重估价的影响、提高编制的时效性等多个方面对季度金融账户统计进行了完善。

(二)金融账户的会计计量原则

一是以市场价格进行估值。根据ESA2010的原则,金融账户流量(交易账户和其他变化账户)和存量(资产负债表)应该按其交易价值进行计价,也就是资产在机构间创造、清算、交易时的价值。所以,ESA2010建议在交易可以通过市场达成的情况下,金融账户按照市场价格进行估值;在市场价格不可得的情况下,参考相关资产的市场价格进行估值;在以上两种方法都不可用的情况下,采取其他合理方法对市场价格进行估计。

二是权责发生制。金融账户交易的会计记录遵循权责发生制原则,即按照权利和义务产生、转移、取消等时点来对会计的收入和费用进行计量。因此,当金融资产交易时就应该在会计上记录金融资产的获取或出售,而不是在相应的支付完成后才进行记录。

三是复式记账法。金融账户的统计同样遵守会计上的复式记账原则,即每笔交易必须记录两次:一次在来源方(负债的变化),另一次在运用方(资产的变化)。来源方和运用方记录的交易价值必须相等。

(三) 金融账户的编制流程及数据来源

金融账户编制不是一个简单的从数据源直接到账户表的过程,它首先要求各国中央银行在本国数据来源中收集数据,然后分部门进行调整平衡,填写编制本国的数据报表并报送至欧央行,由欧央行汇总调整后编制最终的金融账户,最后发布分部门的经济金融账户(欧元区账户)。

1. 数据收集

对各国中央银行金融账户的编制者来讲,主要的数据来自整个欧元区范围内有统一格式、统一标准的数据报表,比如货币金融机构资产负债表、国际收支表等。除此之外,没有哪个国家的数据来源是完全一致的,每个国家都有自己特殊的数据来源。总体来讲,可以大致总结出各国金融账户编制所需的数据来源(见表5-11)。

表5-11　　金融账户编制的数据来源

中文名称	英文名称	简称
广义政府金融账户(季度)	Quarterly Financial Accounts for General Government	QFAGG
货币金融机构资产负债表数据	MFI Balance Sheet Items Statistics	BSI
国际收支和国际投资头寸数据	Balance of Payments and International Investment Position Statistics	BOP
证券发行、赎回和余额数据	Statistics of Securities Issues, Redemptions and Outstanding Amounts	SEC and CSDB
保险公司和养老基金数据	Insurance Corporation and Pension Fund Statistics	ICPF
证券持有数据	Securities Holding Statistics	SHS
投资基金数据	Investment Fund Statistics	IF
非金融公司资产负债表数据	Non-Financial Corporation Balance Sheet	NFC
特殊目的载体数据	SPV Statistics	SPV/FVC
调查数据	Survey Data	SUR
其他金融中介和金融辅助机构数据	Other Financial Intermediary and Financial Auxiliary Statistics	OFIFA

第五章 欧洲中央银行金融统计

续表

中文名称	英文名称	简称
监管数据	Supervisory Data	SUP
贷款集中登记数据库	Central Credit Register Database	CCR
差额计算	Residual Calculation	R
其他来源	Other Sources	Other

2. 编制单个部门的账户表

数据收集后，编制者需要编制出每个部门的分金融工具账户表。一是政府部门。政府部门的账户表数据来自广义政府金融账户，但也有个别国家的中央银行采用其他部门交易对手的信息来编制政府部门信息。如葡萄牙除了采用政府账户外，还采用货币金融机构资产负债表和国际收支表的交易对手信息（政府部门）来编制政府部门的账户表。二是货币金融机构。货币金融机构账户表的数据主要是来自货币金融机构资产负债表，个别国家还采用其他部门的交易对手数据来填报。如奥地利中央银行在编制货币金融机构账户表时，使用银行监管数据来填报住户的存款，因为货币金融机构资产负债表并没有准确反映住户持有存款的水平；还有一些国家的中央银行在填报货币金融机构对政府部门的存款负债时，并不直接使用货币金融机构资产负债表的数据，而是用广义政府金融账户中政府部门对货币金融机构的存款资产进行填报。三是其他金融中介机构。由于不同国家对其他金融机构子部门的分类不同，所以不同国家的其他金融中介机构账户表的数据来源均不相同。一些国家的投资基金和金融载体公司数据覆盖了其他金融中介数据，所以可以直接使用。大部分国家则使用交易对手信息、证券发行和持有数据，以及国际收支表来进行填报。四是保险公司和养老基金。对于有专门保险公司和养老基金数据的国家（如比利时、荷兰、希腊、捷克等），保险公司所有金融工具的信息均来自保险公司和养老基金数据。其他国家主要依靠交易对手信息和证券发行持有信息来填报。五是非金融公司。大多数国家只使用非金融公司资产负债表填报很少的金融工具项，如未上市公司股票、其他股权等，因为这些金融工具并没有其他可靠的数据来源；而比利时、荷兰和斯洛伐克则是用非金融公司资产负债表填报几乎所有的金融工具项。几乎所有国家都使用证券发行数据和贷款交易对手信息来填报非金融公司账户表，尤其是在负债方。六是住户部门。类似住户调查这类直接的住户部门信息不能用于编制金融账户，对于住户的负债方信息（贷款和应付账款），交易对手方信息（如货币金融机构对住户的贷款）可提供所有相关信息。对于住户的资产方信息，通常使用交易对手信息、差额计算①、证券持有数据等进行填报。

3. 编制并报送数据报表

当各部门的账户表都编制平衡后，各国中央银行需汇总编制最终金融账户所需要的数据报表。《指引 2013》要求各国中央银行报送的表格由之前的 5 套增加到现在的 9 套，9 套报表均需报送存量和流量信息，前 5 套表格较之前变化不大，分别是金融资产和负债的分部门统计表、存款部门间流动表、短期贷款部门间流动表和长期贷款部门间流动表，而新增加的后 4 套表格分别为短期债券、长期债券、上市股票和投资基金份额的部门间流动统计表。当数据报表编制完成后，《指引 2013》要求各国中央银行在季后 85 日内（2017 年起，提前到 82 个日历日内）向欧洲中央银行报送本国的数据报表，并将各国中央银行编制本国金融账户数据的时间由季后 110 日提前到季后 100 日（2017 年起，提前到季后 97 日）。此外，各国中央银行还要针对当季金融运行情况撰写并发布季度金融形势分析报告。

4. 汇总编制欧元区账户

欧元区账户是基于各国报送的数据报表汇总编制的，但它并不是各国数据报表的简单汇总。第一，各成员国之间的交易在本国数据报表中反映在其他地区，而在欧元区账户表中则被合并；第二，欧央行把自身的账户信息编制进了欧元区账户表中；第三，各国数据在汇总时候还需进行最后的调整平衡。

最终的欧元区账户②会定期发布在欧央行的网站上。发布的账户包括经济金融整体发展情况表以及分机构的账户表。欧洲中央银行季度金融账户编制具体流程见图 5 – 1。

---

① 如非金融公司和政府部门的贷款负债总量减去这两个部门对其他部门的贷款负债总量，余额就是住户的贷款资产。

② 金融账户是作为欧元区账户的一部分而不是单独发布的。

第五章 欧洲中央银行金融统计

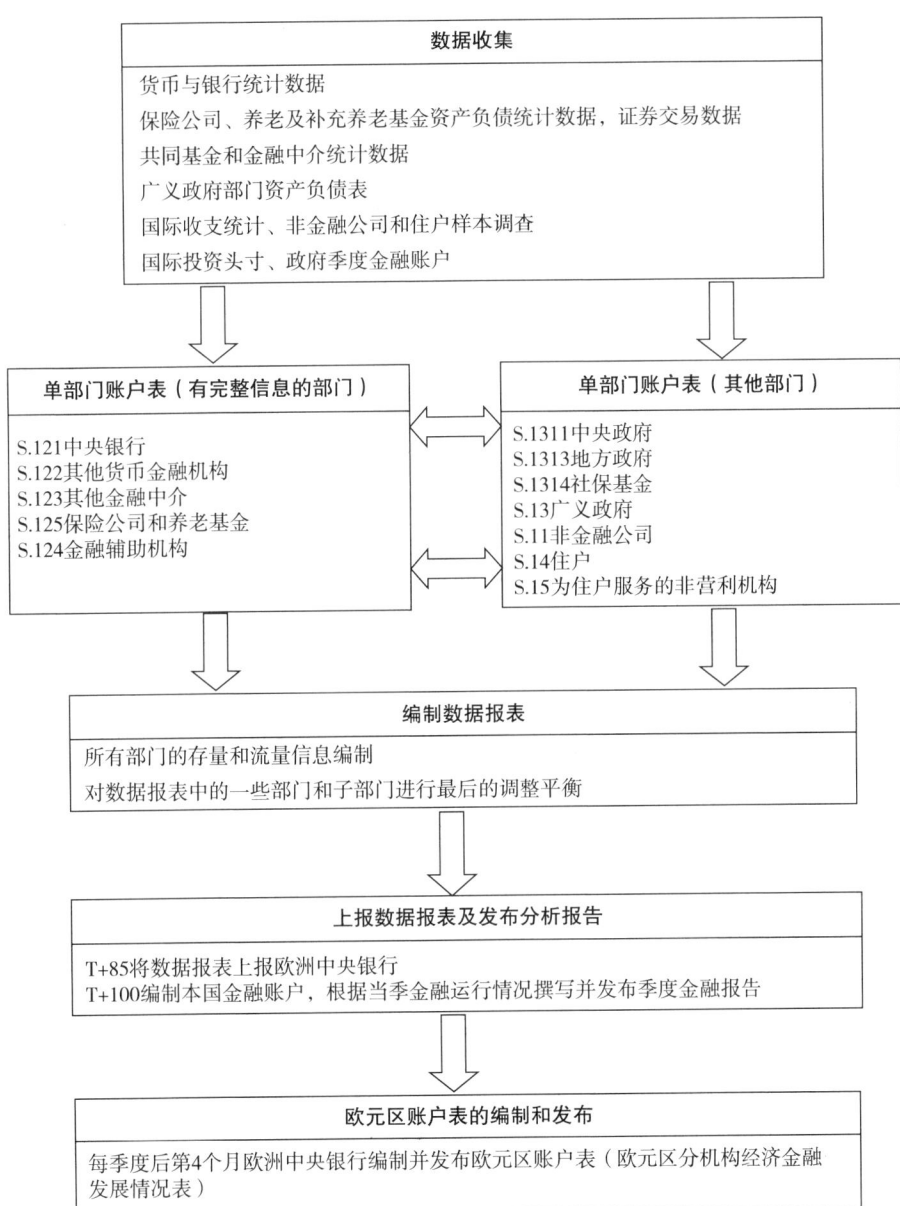

图 5-1 欧洲中央银行季度金融账户编制流程（依据 ECB/2013/24）

三、数据应用

(一) 货币政策分析

金融账户的统计和编制主要是为货币政策分析服务的,因为货币政策通过各种途径传导到金融机构、住户和非金融企业,使这些部门作出相应的调整,从而改变宏观经济环境,最终达到货币政策效果。因此,对各部门运行状况进行全方位的监测显得尤为重要。根据每个季度公布的欧元区账户数据,欧央行在公报中会用专栏分析每个经济部门,尤其是住户和非金融公司的发展状况。对不同部门和不同经济状况,分析的角度也会不一样,但一般会重点分析非金融资产的收入、储蓄和投资及净资产状况。此外,还设有专门的章节对社会关注度较高的金融交易进行动态分析。

(二) 金融稳定分析

在 2009 年 G20 财政部长和央行行长峰会(主题是"金融危机和信息缺口")上,国际货币基金组织和金融稳定理事会提交的报告多次强调综合的分机构账户在金融稳定分析中的重要作用。报告指出:"分机构信息,包括交易对手信息的重要性在此次金融危机中被显现出来。持续的金融危机让各国开始反思如何捕捉非金融部门和金融部门之间的联系,以及非金融部门的脆弱性,比如住户和非金融公司的可支配收入、储蓄和债务等财务状况如何影响借款者的违约率。分机构金融账户和资产负债表的不断丰富,将有助于对系统性风险和脆弱性以及实体部门和金融部门相互关系的分析,如将生产、支出等经济数据与金融资产流量数据联系起来,将使我们更加清晰地理解信贷市场的不稳定是否或如何约束实体部门生产和支出。"欧央行的金融稳定分析主要包括两个方面。

1. 金融稳定评估

欧央行两年一度的金融稳定评估主要依靠监管和宏观审慎数据来分析货币金融机构和其他金融性公司的发展状况,而其中关于住户、非金融公司和广义政府经济和金融发展状况的信息来自欧元区账户统计数据。

2. 早期预警体系——计分板(Scoreboard)

欧盟经济财政部长会议于 2011 年通过了"计分板"早期预警体系,以阻止和降低宏观经济金融风险。计分板由六类宏观经济金融指标构成，每一个指标都有相应的最低（高）门槛或者叫预警点（Alert Levels）。其中有四类指标：净国际投资头寸/GDP、私人部门债务/GDP、私人部门信贷流入/GDP、广义政府债务/GDP，组成这些宏观指标的金融指标均来自欧元区账户。

（三）投资分析

作为欧元区最为全面的宏观金融数据，欧央行金融账户不仅为宏观经济决策和宏观金融稳定提供了信息支持，而且为各层次的投资主体进行金融和实体投资提供了参考。对金融投资者来说，金融账户能够较为全面地展示资金在不同金融工具之间的流量及存量信息，使其能够较为准确地把握资金动向，从而建立金融投资模型，模拟金融运行情况，以更加科学的方式进行投资；对于信贷机构的从业人员来讲，金融账户提供了较为全面的分机构的资金流量和存量信息，能够为信贷政策的导向起到辅助分析作用。一般来讲，投资决策者们往往会将整个欧元区（各国）经济和金融账户进行整体分析，这样才能对整个市场的热点和动向有一个更为清晰的把握。

（四）Whom-to-Whom 统计分析

根据金融账户数据可进行 Whom-to-Whom 统计分析，即"从谁发行到谁持有"，指对金融资产的来源与运用进行分析，是全面反映一个机构部门与其他机构部门的金融资产交易或者资产/负债持有情况的一种分析方式。以贷款为例，贷款的发行部门通常为货币金融机构和保险机构，其持有部门为非金融公司、金融性公司、广义政府、住户以及非营利机构和国外部门。通过对贷款发行、持有和交易数据的汇总，可以得到 Whom-to-Whom 表，以反映各个部门从其他部门得到的资金来源和资金运用。

运用欧元区账户、欧元区货币与金融统计、保险公司和养老基金统计、证券持有和发行统计、投资基金资产负债统计和金融载体公司统计等，可以得到整体经济部门金融资产的 Whom – to – Whom 数据，绘制风险敞口图①，在量上反映部门间以及与国外的资产负债联系和风险敞口大小。需要说明的是，由于 Whom – to – Whom 数据采集较为复杂，难度也较大，目前欧元区 Whom – to – Whom 统计分析只能追溯一部分金融资产间的部门联系，还无法得到一个完整的账户来体现一个部门持有的每个部门的全部金融资产和负债。

参考文献

[1] 阮健弘. 完善金融业综合统计体系 [J]. 中国金融，2017 (2).

[2] 叶文辉. 金融危机后国际金融业综合统计改革及对我国的借鉴 [J]. 国际金融，2016 (6).

[3] 罗雪飞，彭志明，易清华. 国际金融业综合统计主要发展及启示 [J]. 金融发展评论，2016 (7).

[4] 杜金富. 国际金融统计制度比较 [M]. 北京：中国金融出版社，2009.

[5] 张文红. 建立金融业综合统计，夯实宏观调控和审慎监管基础 [N]. 金融时报，2012 – 09 – 12.

[6] http://www.ecb.europa.eu/stats/html/index.en.html.

---

① 从风险敞口图可以得出以下结论：第一，所有部门是互相联系的，尽管双边联系程度各有不同。第二，已知交易对手方部门的负债复杂程度不同。第三，货币金融机构具有金融中心作用，对非金融部门更是体现了这一作用；同时，货币金融机构具有境外敞口，尽管非金融部门独立于货币金融机构部门，但它也通过货币金融机构的国外敞口受国外影响；而且货币金融机构内部相互联系，一个银行部门的压力会快速传导到整个银行体系，并向外传导到非金融部门。

第六章　英国金融统计

英国金融统计的发展与金融监管活动密切联系。自 20 世纪 80 年代起，英国金融监管经历了分业监管、统一监管和双峰监管三个阶段，金融统计的分工体系和统计框架随着金融监管体系的变化而不断调整。2008 年国际金融危机后，英国将英格兰银行[①]（Bank of England）作为金融监管体系的核心，加强了对金融机构的监管。金融统计方面，统计对象从银行业扩展到信用社、保险业等机构；统计内容从传统货币和银行资产负债统计扩展到宏观审慎监管统计，并与国际准则接轨，发布金融稳定报告；统计范围拓展到利率汇率统计、市场统计等各个方面；同时，加强了金融数据公开，增加了金融数据的透明度。

第一节　英国金融统计的基本情况

一、中央银行角色

（一）金融统计的历史沿革

英国金融监管体系改革经历了三个主要阶段。为适应监管体系的变革，英国从事金融统计的机构与统计职责划分在各时期也发生了相应变化。

1. 金融分业监管时期

1986 年《金融服务法》确立了英国金融分业监管格局，明确了英国金融监管由政府机构监管和行业自律监管两部分组成。该时期英国金融监管机构包括英格兰银行、证券与投资管理局、私人投资监管局、投资监管局、证券与期货管理局、房屋协会委员会、互助保险委员会和互助保险协会注

---

① 英格兰银行是英国的中央银行。

册局等，分别对银行业、保险业、证券投资业、住房抵押贷款互助会等行业和机构进行监管，并开展相关领域的监管统计。相关的统计法规包括1979年《信用协会法》、1982年《保险公司法》、1986年《金融服务法》、1986年《房屋协会法》、1987年《银行法》和1992年《互助保险协会法》。

2. 金融服务管理局统一监管时期

为减少政府更迭对货币政策与金融市场稳定目标的影响，并服务于金融机构混业经营及向境外拓展业务的大趋势，英国金融监管趋向统一。1997年10月，证券与投资管理局正式更名为金融服务管理局（Financial Service Authority，FSA），并逐步完成了与其他金融监管部门的权力交接。1998年6月，英格兰银行将银行监管责任转移至金融服务管理局，英格兰银行则依据1998年《英格兰银行法》的规定独立负责货币政策制定；2000年5月，金融服务管理局代替伦敦证券交易所负责英国上市公司的监管工作；2000年6月，英国出台《金融服务与市场法》，将英国其他金融机构的监管职能并入金融服务管理局；2001年12月，《金融服务与市场法》正式实施后，金融服务管理局成为当时英国唯一的金融监管机构，享有作为单一监管者的全部权力。

3. 以英格兰银行为核心的双峰监管时期

2009年，英国出台新《银行法》，明确规定了英格兰银行作为中央银行在金融稳定中的法定职责和核心地位。2012年，英国出台新《金融服务法案》，撤销了金融服务管理局，改由英格兰银行及其下辖的审慎监管局以及独立机构金融行为监管局（Financial Conduct Authority，FCA）实施金融审慎监管。英格兰银行负责制定实施货币政策和宏观审慎监管政策，并主导金融业综合统计体系的建设。2016年《英格兰银行和金融服务法案》进一步明确了英格兰银行在金融监管中的核心地位，确保英格兰银行能够更好地执行货币政策和维护金融稳定。该法案的主要内容包括：增强审慎监管局的独立性；允许国家审计署对英格兰银行进行审计；协调财政部和英格兰银行，加强破产救助机制和危机管理安排，保护纳税人利益，要求高管人员对其管理的金融机构破产负责；降低货币政策委员会的会议频率，增加英格兰银行政策操作的透明性。

(二) 职责分工

在现有监管体系下，英格兰银行独立实施货币政策，总揽宏观审慎和金融监管职能。金融政策委员会（Financial Policy Committee，FPC）通过法律享有维护金融稳定及相关统计协调的权力。其成员包括英格兰银行行长、四位部门负责人、金融行为监管局负责人、英格兰银行高级专家以及独立外部专家。其主要职责为宏观审慎管理，同时对承担微观审慎管理职责的审慎监管局和金融行为监管局负有监督和指导权（见图6-1）。

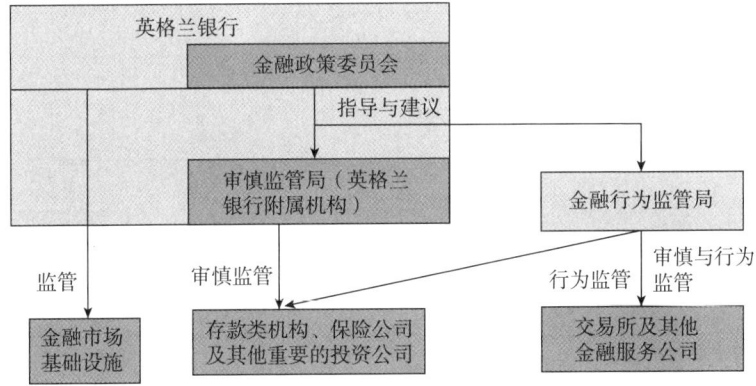

图6-1 英国金融监管新框架

英格兰银行审慎监管局和金融行为监管局对金融机构实施双峰监管。两个部门的具体职责分工为：审慎监管局主要负责每年设定一个事前干预框架，对银行、建筑协会、信用社、保险机构和主要投资公司进行监管，提高被监管机构经营的安全性，并在此基础上促进金融市场的有效竞争；金融行为监管局主要负责维护金融消费者的合法权利，确保金融市场的完整和统一，促进金融机构间的竞争，保证公平交易等。

(三) 中央银行角色

1998年《英格兰银行法》、2009年《银行法》、2012年《金融服务法案》等法规均赋予了英格兰银行为制定货币政策和维护金融稳定而采集金融体系数据的权力。例如，1998年《英格兰银行法》第二部分"货币政策"第17节"获取信息权力"规定，英格兰银行出于履行货币政策职能的需要，可以要求包括存款机构、住房信贷机构、债券发行公司、债券承销机构、金融控股公司等在内的金融机构按照指定的方式和时间报送数据信息。

英格兰银行的金融统计工作主要由统计及监管数据司承担。统计及监管数据司原为货币及金融统计司，根据2012年《金融服务法案》的相关规定，为体现该部门在金融监管数据统计工作方面的职能扩展，2013年更名为统计及监管数据司（以下简称"统计司"）。该部门主要负责货币和金融信息的统计工作，同时帮助审慎监管局收集相关监管数据，并通过数据信息交换与金融行为监管局加强协同合作，其全新的组织架构如图6－2所示。

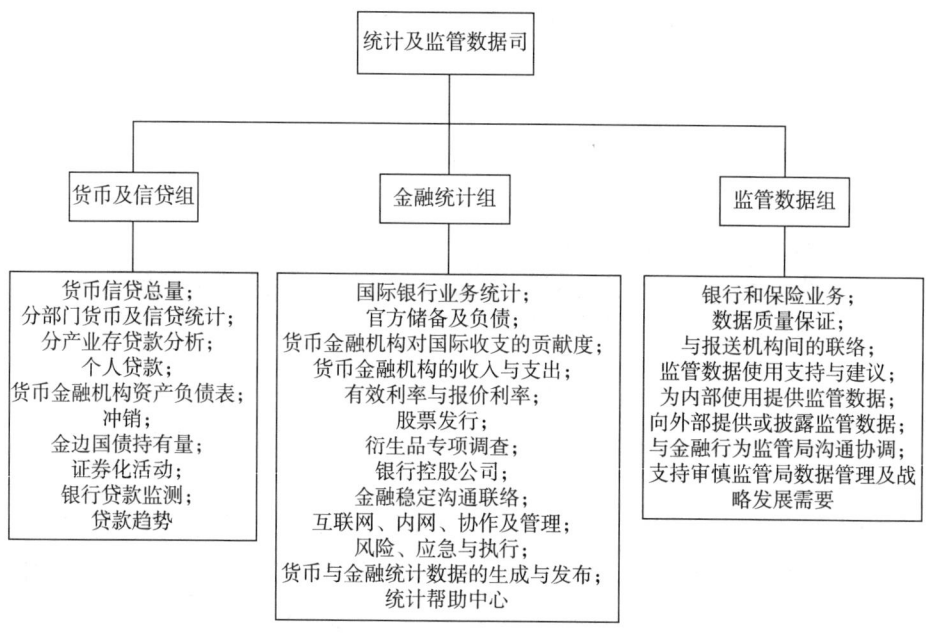

图6－2 英格兰银行统计及监管数据司组织架构

二、统计的范围及内容

（一）统计范围

英国金融统计对象涵盖整个金融业机构，包括银行、住房抵押贷款互助会、其他货币信贷机构、保险公司、信托公司、投资公司、证券交易商、金融辅助机构、保险互助协会、信用合作社等。

英国金融统计中,市场统计范围包括货币市场、股票市场、债券市场、外汇市场等。其中,货币市场又包括银行间同业拆借市场、金边债券回购与借贷市场、存单市场和票据市场。

(二) 主要内容

英国金融统计除了包含传统的货币统计和金融统计外,还包括向英格兰银行金融稳定局和审慎监管局提供金融稳定数据和监管统计数据。

一是货币统计数据。英国货币统计包括从英国皇家铸币局采集的流通于英格兰银行之外的硬币数据,以及从货币金融机构采集的资产负债表与分产业分部门存贷款情况表。这部分统计数据用于编制货币概览、银行概览和汇总货币金融机构资产负债表等。

二是金融统计数据。英国金融统计常规采集的数据包括资本发行、利率、国际银行业务、银行营业利润、银行对金融账户和经常账户的贡献、官方储备、金融衍生产品等。这部分统计数据用于编制英国国家账户中的金融账户,由英格兰银行定期发布。

三是金融稳定数据。英国是最早进行金融稳定统计的国家。2008年国际金融危机后,英国的金融稳定统计向国际货币基金组织的金融稳定指标靠拢,主要由39个金融稳定指标构成,其中包括12个核心指标,如银行的资本充足率、盈利状况和流动性状况等。这部分统计数据主要用于编制每季度发布的金融稳定评估报告。

四是监管统计数据。监管统计数据主要是向英格兰银行审慎监管局提供,采集对象包括银行、住房抵押贷款互助会、投资公司、信用合作社、互助保险协会、保险公司等。

三、统计协调与信息共享

2007年《统计与注册服务法案》第46条明确了英国统计委员会与英格兰银行间的信息交流机制,为英格兰银行与英国统计部门间的数据共享提供了法律保障。英格兰银行通过统一金融统计标准,形成了"一个平台、一套制度、一个标准"的金融统计数据采集体系,为后续建立内部及外部协调机制奠定了坚实基础。在数据采集完成后,通过"一个机制"完成数据共享,避免不同机构对数据的重复采集。

"一个平台"是指对满足上报条件的货币金融机构的信息采集仅通过电子报送平台(Online Statistical Collection Application,OSCA)完成。

"一套制度"是指英格兰银行发布的《统计实务准则》,既适用于英格兰银行内部对统计数据的综合管理,也适用于数据的提供者和使用者。

"一个标准"是指英格兰银行的统计数据标准与国家统计局(Office for National Statistics,ONS)保持一致,最终汇总后的统计结果可直接被统计局运用于国民账户体系。

"一个机制"是指根据制度规定和签署的合作文件,英格兰银行统计司采集的数据需报送至英格兰银行内部相关职能部门,或提供至其他政府部门与机构。如果英格兰银行内部部门有数据使用的需求,须首先与统计司协调沟通,确认是否已存在所需数据,避免向报数机构进行二次采集。该机制具体表现为以下几个方面。

(一) 英格兰银行内部的协调机制

为提高协调效率,金融政策委员会实行董事会成员的交叉任职。交叉任职为监管机构间的信息交互和密切合作提供了有力保障,其中部分信息共享在金融政策委员会的内部会议上完成。这种协调机制不仅有利于沟通解决当前经济金融所面临的关键问题及难点,也为未来的规则制定与落实奠定了坚实基础。

此外,为了在监管机构之间构建信息交流机制与信息通道,除了2012年《金融服务法案》中的相关规定外,英格兰银行(包括审慎监管局)与金融行为监管局还签署了法定的《谅解备忘录》,详细规定了日常合作内容,以及在更具战略性长期理念上的协调互助,进而避免重复统计或者相互影响。

(二) 与国家统计局的协调机制

为加强与国家统计局的数据交流与共享,英格兰银行与国家统计局签订了《英格兰银行与国家统计局间为宏观经济统计目的提供数据的稳定协议》，明确双方需提供的数据范围、指标口径及提供时间，建立了一套完整、高效的数据共享流程。该协议每年进行审核，自签订之日起三年内有效，三年后需修订完善。根据该项协议，英格兰银行负责向统计局提供货币与金融统计数据，用于编制国民账户及其他宏观经济统计报表；统计局向英格兰银行提供政府融资与公共债务、国际收支、国民账户、总产出、订单与存货、劳动力市场与价格等相关信息。

四、危机后的反思及挑战

（一）面临的挑战

2008年国际金融危机后，新的金融监管体制及相关金融稳定机制对现代金融统计提出了更高的数据要求，英国金融统计面临新的挑战。

首先，对金融工具及金融产品的识别不足。金融稳定委员会顾问、英格兰银行执行董事尼格尔·詹金森指出，一个能够支撑宏观审慎分析和政策实施的优秀微观金融统计体系，至少应包含三个标准化的模块：第一，金融机构识别，即利用标准化的数字编码在复杂的金融网络中识别真正参与金融交易的法人机构；第二，金融工具（合约）识别，即对全部金融工具进行分类和标准化定义，明确每类金融工具的本质及其风险和收益等特性；第三，金融产品识别，即对金融市场上交易的金融产品进行数字化编码。目前，英格兰银行只能实现金融机构识别，金融工具及金融产品的定义还比较模糊，部分合约及产品根据国际金融会计要求，在危机发生后才从表外转入表内，持有金融产品的统计也仅限于货币金融机构内部。

其次，对金融机构间风险传递的监管不足。传统宏观审慎监管关注风险在时间轴的动态变化，其金融统计数据侧重于反映金融体系的顺周期性问题，对流动性、期限错配和杠杆率等指标相对重视。2008年国际金融危机发生后，监管当局开始认识到特定时期金融风险在各金融机构之间的分布状况和关联性风险敞口，对于风险预警、危机控制都极其重要。目前，为获取风险在金融机构间传递的相关信息，英格兰银行已在金融衍生品统计中进行尝试，通过金融衍生品专项调查，可采集到机构层面的交易数据，并能获取交易对手、合约类型等信息。

最后，需重新审视非金融部门的风险。在金融交易中，非金融企业和住户的行为较难监测，但这些部门往往是引发金融风险的根源。关注这些部门的脆弱性及其导致风险的可能性，需要将非金融部门纳入金融交易对手统计，并加强金融部门与非金融部门统计的协调性与一致性。具体工作涉及多个方面，如提高外部数据与资金流量表数据的质量，了解跨境资金的来源与去向，加强对结构分布与其他指标的尾部风险分析，加强对房地产市场的监测并理解这类资产的金融属性等。

（二）危机后的反思与变化

危机后，为加强宏观调控和维护金融稳定，英格兰银行重新梳理整合了金融统计部门的组织架构，并对相关统计框架进行改革，英国的金融统计呈现出一些新特征。

一是"少而精"，即英国金融统计体系目标明确、组织精简。2014年3月，英格兰银行基于"整体立行、单一目标"（One Bank，One Mission）原则，明确提出了构建综合性金融数据收集与分享架构（One Bank Data Architecture）的战略目标。同时，任命享誉欧洲的资深数据专家汉尼·切欧里（Hany Choueiri）担任首席数据官（CDO），负责牵头统筹英格兰银行的统计工作，并与统计司、高级分析小组、数据实验室、研究中心等相关部门合作，对现有统计数据进行研究与整合，探索新的数据分析方法，为宏观审慎决策提供支持。

二是"快而实"，即技术更新快，数据战略高效务实。2010年以来，英格兰银行开始探索统一微观金融数据标准的可行性，以便用机器取代人工进行数据汇总与分析。英格兰银行还积极探索大数据技术在宏观调控中的应用，如通过挖掘社交媒体获取网络求职检索数量、网购物品价格等数据，以用于分析英国的宏观经济景气波动。此外，英格兰银行的数据战略高效务实，在积极响应美国提出的构建全球金融数据标准倡议并积极参与标准制定的同时，高度重视自身数据资源整合和实际应用效果，2015年开展的多项数据整合试验均已初见成效。

三是"活而巧"，即及时更新统计标准与报表体系，巧妙平衡数据使用收益与数据收集成本之间的关系。为确保数据质量，英格兰银行针对数据采集对象定期更新统计标准；同时，每五年对现有报表体系进行重新审核和修订，针对新增或有重大变化的部分进行严格评估，以确保数据收集的有效性和收集方法的低成本。为进一步平衡数据使用需求与数据统计成本间的关系，英格兰银行建立了一套成本—效益框架，专门用于对现有或未来拟新增的统计数据指标进行成本效益评估。值得一提的是，在此框架下，被评估为高成本、低效益的指标意味着相应数据可能不再被需要，但未必一定要停止相关数据的采集，有时通过采用替代方案也可能带来其他潜在效益。

第二节 英国金融统计的最新进展

一、货币统计

英格兰银行的货币金融机构统计报表体系包括资产负债表等30多套报表。英格兰银行主要根据货币金融机构的资产负债表规模，对其提出相应的上报标准与要求（包括上报内容及频率）。符合上报条件的机构须严格执行报数义务，报送机构范围包括金融机构自身及其在英国境内的全部分支机构。近年来，随着金融统计工作的推进和完善，英国的货币统计工作也取得了一定的进展。

（一）扩大金融机构覆盖面

2008年国际金融危机爆发后，英格兰银行着力提升与欧盟及国际组织间数据口径的可比性，弥补现有统计数据缺口，提升数据采集覆盖率。截至2016年底，英国货币与金融统计数据均来源于货币金融机构（Monetary and Financial Institutions，MFIs），月度货币金融统计报告已覆盖98%的货币金融机构数据，季度统计报告范围已接近全覆盖，满足欧央行设定的最低95%的统计覆盖范围要求。

（二）改革数据发布查询机制

英格兰银行按季度预先公布《统计数据对外发布日历》。根据时间安排，所有对外发布的统计数据、指标释义及相关解读文件将第一时间公布于英格兰银行官网的数据共享平台（Statistical Interactive Database，IADB）。该平台公布的数据范围不仅涵盖了定期发布的货币与金融统计数据，还包括部分调查（如民众对通货膨胀预期的调查）及其他数据内容（如英国收益率曲线数据、英国国际储备数据及贷款趋势分析数据等）。

（三）更新货币统计报表内容

英格兰银行定期向社会公布的货币统计数据主要包括货币与贷款、货币金融机构的资产负债表、公共部门债券及货币市场操作。近年来，英格兰银行对这部分数据的统计内容做了相应更新，主要变化如下：

1. 货币与贷款统计（包括从狭义货币到广义货币的多层次货币供应量统计，以及在此标准下的贷款统计）

2006年货币市场改革后，英格兰银行更新了货币统计的内容。例如，将狭义货币统计扩展到包含英格兰银行储备货币余额及储备资产余额统计；为保证与欧盟其他地区数据的可比性，并符合欧央行的数据报送要求，新增M_3层级货币统计。

2. 货币金融机构的资产负债表统计

该项统计的主要变化与国际会计准则的变化相关。例如，为与国际统计报送标准相一致，2009年住房抵押贷款协会不再单独发布其资产负债表，而是作为一类金融机构，按照业务实质，并入货币金融机构的资产负债表；自2010年1月起，所有货币金融机构不再单独报送已进行资产证券化的债券，此类信息在资产负债表中报送；自2015年起，证券交易行为与贷款转移行为的数据统计标准统一。

3. 存贷款专项统计（不仅包含存贷款的行业分析，还包括表外业务、货币金融机构外部承诺、索赔等或有事项的统计）

该项统计的变化主要包括两个方面：一是2008年建筑协会被纳入索赔统计范围；二是2014年英国货币金融机构在世界范围内的分支机构及下属机构的相关事项被纳入统计范围，该项调整有利于提供一份英国货币金融机构跨境业务的地图，有助于更清晰地认识英国货币金融机构面临的外部风险。

4. 公共部门债券及货币市场操作统计（主要包括英格兰银行货币政策

第六章 英国金融统计

相关操作内容)

随着 2006 年货币市场改革的推进,英格兰银行货币市场操作相关统计也进行了相应变更。例如,根据货币政策的操作频率设定该项下统计报表的发布频率,其中英镑回购和股票出借统计的发布频率为每年 2 月、5 月、8 月和 11 月。

二、其他金融统计

除上述统计外,英格兰银行还进行其他金融性公司统计、利率及汇率统计、证券统计、影子银行统计和金融市场统计等,这些统计不仅能更全面、及时地反映英国金融市场变化,为金融政策委员会及其下属机构(审慎监管局)和独立机构(金融行为监管局)提供系统性、多层面的统计信息,还能够揭示金融运行中的重要风险信息。同时,英格兰银行还可借此加强与国际清算银行的合作,包括三年一度的外汇交易及衍生品市场研究,以及半年一次的场外衍生品调查等。

(一)其他金融性公司统计

金融监管架构改革后,在传统的货币与金融统计基础上,英格兰银行开始关注其他金融性公司部门,增加其他金融性公司监管数据报表体系,弥补了传统货币与金融统计在满足政策分析、审慎监管及金融稳定分析等方面的不足。除要求部分机构开始依照货币金融机构报送常规报表外,英格兰银行还根据不同机构的业务特点,有针对性地设定表单内容,强调对影子银行体系的统计与分析,增强数据可比性,提高统计信息对金融与实体经济关系的反映能力。新框架中的金融工具、金融部门定义与国际标准相一致。在数据发布方面,之前的监管数据只供英格兰银行监管使用,并不对社会公布,按照 2016 年《英格兰银行和金融服务法案》对信息公开的要求,英格兰银行开始公开银行部门、信用合作社和保险机构的汇总数据,也公布了向欧央行提供的部分数据。其他金融性公司报表内容如下:

1. CRD 公司报表

CRD 公司包括银行、住房抵押贷款互助会和投资公司。之所以称为 CRD 公司,是因为它们必须满足资本要求指引(Capital Requirements Directive，CRD）的条件。2017年，英格兰银行进一步统一了CRD公司报表的报送模板和报送要求，并规范了相关术语。

CRD公司报送的资产负债表，资产方分为交易账户和非交易账户，分别填报相关数据；负债方则填报交易账户和非交易账户的合计数据。此外，除报送货币与金融统计要求的相关主报表外，CRD公司还需报送附报指标（见表6-1），以详细说明衍生产品的交易情况。

表6-1 CRD公司附报

项目	合约名义本金	报告日价值	
		资产	负债
衍生产品	A	B	C
货币兑换			
利率合约			
信贷衍生工具			
权益和指数工具			
期货			
其他			
总和			
净值核算			
其他项目			
等同于贷款的授信业务			
与交易相关的或有项目			
与贸易相关的或有项目			
有追索权的资产销售			
买入远期资产			
远期有期存款			
未实收的部分资本和证券			
票据发行便利和循环包销便利			
背书票据			
其他承诺			
客户款项			
客户数量			

2. 信用合作社报表

除报送资产负债表外，从事抵押贷款的信用合作社还需要报送抵押贷款管理报告（Mortgage Lending and Administrations Return，MLAR）。2017年，英格兰银行重新发布了报表定义。信用合作社资产负债表内容如表6-2所示。

表6-2　　　　　　　　　信用合作社资产负债报表

项目	余额		余额
总资产		总负债和权益	
固定资产		负债总额	
投资		存款	
成员间贷款		拨款	
坏账拨备		其他债务	
现金		总资本	
其他资产		股票余额	

3. 保险公司报表

保险公司报送的资产负债表并不是传统概念下的资产负债表，英格兰银行编制的《保险公司审慎监管手册》（the Interim Prudential Sourcebook for Insurers）规定，保险公司应报送的资产负债表①包括19张报表，2016年7月更新了相关定义，2016年10月发布了新的填报指引，其对应的报送对象如表6-3所示。

表6-3　　　　　　　　　保险公司报表列表

表格	报送机构
表1：偿付能力报表——一般保险业务	除瑞士一般保险公司和欧洲经济区存款保险公司外的从事一般保险业务的公司
表2：偿付能力报表——长期保险业务	除欧洲经济区存款保险公司外的长期保险公司
表3：资本资源构成	除瑞士一般保险公司和欧洲经济区存款保险公司外的所有保险公司

---

① The Interim Prudential Sourcebook for Insurers, Chapter 9: Financial Reporting, Page 8 of 57.

续表

表格	报送机构
表10：资产净值表	外地保险公司（不包含在英国从事再保险业务的欧洲经济区外的保险公司、总部在英国以外的欧洲经济区国家且在欧洲经济区从事再保险业务的公司）、欧洲经济区存款保险公司、瑞士一般保险公司
表11、表12：一般保险业务资本要求计算——保费金额和留存金额/赔款金额及结果	从事一般保险业务的公司，不含瑞士一般保险公司和欧洲经济区存款保险公司（除非另有规定）；长期保险公司
表13：资产分析	长期保险公司（长期保险资产），所有保险公司（总资产），外地保险公司（不包含在英国从事再保险业务的欧洲经济区外的保险公司、总部在英国以外的欧洲经济区国家且在欧洲经济区从事再保险业务的公司），在英国从事长期保险业务和一般保险业务的分支机构，在欧洲经济区从事长期保险业务和一般保险业务的英国存款保险公司分支机构
表14：长期保险业务负债及收益	长期保险公司（长期保险负债及收益）
表15：负债（除长期保险业务外）	所有保险公司（不含不以盈利为目的的从事长期保险业务的保险公司）
表17：衍生工具合约	报送表13的部分保险公司
表18、表19：分红保险资本金构成/市值资产负债表	从事长期保险业务的寿险公司

4. 互助保险协会报表

根据是否需要遵守欧盟寿险（非寿险）指引，互助保险协会被分为两类：指引型（directive）和非指引型（non-directive）。其中，满足英格兰银行《互助保险协会审慎监管手册》（*the Interim Prudential Sourcebook for Friendly Societies*）六种分类中一种的即为非指引型，反之则为指引型。通常情况下，指引型互助保险协会的规模大于非指引型。

指引型互助保险协会需要报送的监管报表与保险公司相同（详见保险公司部分）。非指引型互助保险协会除报送年度报表外，还需要报送评估报告。其中，不同的非指引型互助保险协会报送的评估报告有所不同，这主要取决于它们是否在《1992互助保险协会法》规定之内。具体来看，根据报送频度及内容不同，评估报告共分为四类（见表6-4）。

表6-4　　　　非指引型互助保险协会评估报告报送表

报告名称	报送机构	报送内容
FSC1	《1992互助保险协会法》规定内的非指引型互助保险协会	长期业务（long-term business）年度评估报告
FSC2	《1992互助保险协会法》规定外的非指引型互助保险协会	三年期评估报告、年度会计报表
FSC3	《1992互助保险协会法》规定内的非指引型互助保险协会	一般业务（general business）三年期评估报告
FSC4	非指引型互助保险协会	三年期报告的中间年度报告
	《1992互助保险协会法》规定内的非指引型互助保险协会	FSC2三年报告的中间年度报告
		一般业务三年期报告的中间年度报告

另外，根据《互助保险协会审慎监管手册》的规定，上述报告中的资产负债表还应包括以下表格，见表6-5。

表6-5　　　非指引型互助保险协会报送的资产负债表中包含的表格

报告名称	资产负债表内容
FSC1	表9、表13、表14、表15、表17
FSC2	表9
FSC3	表9、表13、表14、表15、表17

表9至表17的统计内容如表6-6所示。

表6-6　　　非指引型互助保险协会报送表格的统计内容

名称	统计内容
表9	偿付能力报表，统计内容涉及一般保险交易和长期保险交易的可用资产总额、最低保证金等
表13	认可资产净值分析，统计内容涉及固定资产、金融机构投资、金融资产投资等
表14	长期保险业务负债及收益，统计内容涉及盈余公积、风险准备、债权人及负债等
表15	负债（除长期保险交易外），统计内容涉及债权人、应急费用、递延收入等
表17	衍生工具合约，统计内容涉及期货合约、差价合约和期权的资产、负债

（二）利率统计

英格兰银行的利率统计主要分为两大类型：一类是以英镑银行间市场利率为代表的批发利率；另一类是面向英国家庭的零售利率，包括存款、抵押贷款、消费信贷、信用卡利率等。在这两大门类下，英格兰银行又进一步细分了利率类型。

1. 有效利率

有效利率即由各层级利率计算得出的各经济部门加权平均利率水平。该数据自 1992 年起开始统计。2004 年，有效利率统计口径有所调整，扩充了样本，细化了分类并改进了计算方法，导致 2004 年前后的有效利率数据不具可比性，因此，该项数据仅从 2004 年 1 月开始公布。之后，为适应国内经济金融形势的变化，英格兰银行对有效利率统计进行了多次修改完善。2010 年将建筑协会的相关利率纳入统计；自 2010 年 1 月起，要求一些货币金融机构报送贷款证券化后的利率水平；2011 年，简化对公共部门的利率统计，同时细化对住户部门的利率统计；2012 年，进一步细分部分分类子项；2016 年，修改计息余额、浮动利率的定义，对住户部门和公司部门中的细项划分进行重新归类。

2. 批发市场利率

批发市场利率主要包括官方银行利率、英国银行平均基准利率、英镑银行间市场平均利率（中位数）、英国政府债券抵押回购利率（一般抵押）、境外货币存款利率（3月期）、欧洲货币贷款利率（3月期）、贴现利率等。

3. 收益率曲线

为更好地反映利率市场总体变化，英格兰银行的宏观经济部门每日编制包括英国政府零息债券名义收益率、隐含名义远期利率在内的多条收益率曲线，主要分为三种类型：一是基于英国政府债券的收益率曲线，包含名义及实际收益率曲线、英国通货膨胀率期限结构；二是基于伦敦同业拆借利率（London Interbank Offered Rate，LIBOR），以及以 LIBOR 为基础的金融衍生工具的收益率曲线；三是基于英镑隔夜指数互换利率的收益率曲线。

（三）汇率统计

英格兰银行负责统计英镑对美元、欧元、日元等币种的即期汇率、远期汇率,并计算英镑的有效汇率指数。

1. 即期汇率

外汇市场即期交易汇率是在英格兰银行的外汇交易部门每个工作日下午4点观察并记录伦敦银行间市场交易数据的基础上,计算并发布的月度平均数据,该项统计数据不是官方汇率。

2. 远期利率

此项统计只包含英镑对美元的汇率及相关数据,如美元远期升水/贴水、英镑对美元远期汇率等。其中,3个月远期汇率由即期汇率加上英镑远期升水或者减去远期贴水得出。部分数据来源于英格兰银行外汇交易部门每天下午观察记录所得到的伦敦银行间市场交易数据。

3. 有效汇率指数

英国的有效汇率指数主要分为两类,一类是英镑有效汇率指数。其中,2006年5月31日前,该指数以1990年的汇率值为基准,设定1990年的有效汇率指数为100,并在此基础上完成后续估计;2006年6月1日后,设定2005年的有效汇率指数为100。另一类是欧元区有效汇率指数,该指数是由12种欧元区货币的加权汇率与非欧元区货币的加权汇率的比值计算得出,反映了欧元区作为一个整体与世界其他国家的交易模式。

(四)金融衍生产品统计

金融衍生产品统计主要反映参与金融市场交易的英国银行所持有的金融衍生产品的市场价值,统计内容是银行持有金融衍生产品的头寸,相关数据按交易对手、风险和产品进行细分填报。其中,按交易对手分为英国银行和建筑协会、英国公共部门、其他金融性公司、其他英国居民、国外银行、其他非居民六类;按风险和产品分为利率衍生品、汇率衍生品、商品和股权、信用衍生品,其中利率和汇率衍生品进一步细分为掉期、期权、期货和远期。

金融衍生产品统计从1998年第二季度开始,每季度定期发布。2007年第四季度后,英格兰银行扩大了该项数据的统计范围。例如,信用违约产品起初被认为只能转移信用违约风险、不能转移整个市场风险而未被纳入统计,但在2007年第四季度后,英格兰银行根据市场交易活动的新特点以及国际统计标准的变动要求，将其纳入统计。

（五）金融市场统计

1. 英镑银行间市场统计

报送机构分为两类：一类是英国货币金融机构，包括英国本地银行和建筑协会；另一类是重要投资公司，具体名录由审慎监管局指定。报表分为年度报表和日报表。所有银行、建筑协会和主要投资公司均需提供年度有担保和无担保英镑货币市场活动的汇总统计表。年度数据有助于英格兰银行全面清晰地了解英镑货币市场活动的分布情况。除年度报表外，英镑货币市场上交易最活跃的公司还需要报送日报。日报内容包括借款类型、交易规模、利率等，采用担保交易的还需提供回购类型、抵押类型、折扣等信息。日报提供的数据为单家机构的数据，不包含加总的集团数据。从覆盖范围看，英镑货币市场上约90%的交易活动已被纳入该项统计。

2. 资本发行统计

资本发行统计的主要内容包括英国本土一级市场上发行的债券、商业票据和股票等数据，反映了英国金融市场上的筹融资活动情况。这部分数据按照金融工具类型、经济部门和行业分类，从2003年1月开始以月度或季度为周期进行发布。

第三节　英国金融账户统计

一、主要内容

金融账户统计是英国国民账户[①]下的一个子账户，是英国金融统计的主要内容，记录着英国各经济部门间及这些部门与世界其他地方之间的金融交易情况，通过金融资产和负债流动所产生的净贷款/净借款，展现了金融机构发挥的中间媒介作用，以及将金融资产从储蓄者手中转移到投资者手中的不同路径。

---

① 英国国民账户分为三类：经常账户、积累账户和资产负债表，其中积累账户又分为资本账户和金融账户。

第六章　英国金融统计

金融账户按照不同部门和不同金融交易类型反映金融资产和负债的变化。部门分为五大类，分别是非金融性公司、金融性公司、广义政府、住户以及为住户服务的非营利机构和国外部门。金融交易类型则通过金融工具进行区分。按照流动性和法律属性，金融工具分为七大类，分别是货币黄金和特别提款权、通货和存款、非股票证券、贷款、股票和其他股权、保险技术准备金和其他应收/应付账款。

二、编制方法

英国金融账户主要由英格兰银行编制，完成后由英国国家统计局在每季度的《金融统计》和每年的《英国国民账户》（蓝皮书）上公布。金融账户上，每一个部门对每一种金融工具的交易可以分解为金融资产的净购额和金融负债的净购额。账户上方记录由交易引起的各类金融资产的净变化，下方记录由交易引起的各类负债的净变化。上下两部分对金融工具的分类及排序完全一致（除货币黄金和特别提款权不出现在负债部分）。在编制金融账户时，原则上，金融交易都必须按照非合并原则记录显示各机构单位之间、部门内部之间以及部门和部门之间的所有交易。同时，根据符号规定，资产的获得和负债的发生都记为正数，即金融资产净购额部分的金融交易为正值，表明该部门在增加其资产；类似地，金融负债净购额部分的金融交易表现为正值，就意味着该部门在增加其负债。金融账户中的净借款/净贷款等于金融资产的净获得减去金融负债的净发生。

金融账户的数据来源较多，除国家统计局、英格兰银行、财政部等官方统计机构外，还有部分行业协会、地方团体以及《金融时报》、BBC等媒体。这主要是为了减少报送机构的报数负担，同时促进公共团体挖掘自身数据资源，从而为宏观经济管理提供服务。

三、报表体系

英国的金融账户报表体系将五大类部门的金融资产及负债按照七大类金融工具进行划分统计，共11张报表（包含5张子部门报表和1张总计报表），每张报表分为上和下两部分（见表6-7）。

表 6–7　　英国金融账户

项目	英国经济总量	非金融性公司	金融性公司	其中：			广义政府	其中：		住户以及为住户服务的非营利机构	国外部门
				货币金融机构	其他金融中介及附属机构	保险公司和养老基金		中央政府	地方政府		
金融资产净购额											
货币黄金和特别提款权											
通货和存款											
通货											
可转让存款											
在英国货币金融机构存款											
国外货币金融机构存款											
其他存款											
通货和存款总额											
债务证券											
短期：											
货币市场工具											
中央政府发行											
地方政府发行											
货币金融机构发行											
其他英国住户发行											
国外发行											
长期：											
中央政府发行											
地方政府发行											
货币金融机构发行											
其他英国住户发行											
国外发行											
金融衍生产品											
非股票证券总额											

第六章 英国金融统计

续表

项目	英国经济总量	非金融性公司	金融性公司	货币金融机构	其中：其他金融中介及附属机构	保险公司和养老基金	广义政府	其中：中央政府	其中：地方政府	住户以及为住户服务的非营利机构	国外部门
贷款											
短期贷款											
英国货币金融机构											
国外货币金融机构											
长期贷款											
直接投资											
个人住房贷款											
融资租赁											
其他长期贷款											
国外其他长期贷款											
贷款总额											
股权和投资基金											
股票及其他股权											
上市公司股票											
非上市公司股票											
其他股权（包括对所有权的直接投资）											
国外股票及其他股权											
共同基金											
英国共同基金											
国外共同基金											
股权和投资基金总额											

国际金融统计发展与比较

续表

项目	英国经济总量	非金融性公司	金融性公司	其中：			广义政府	其中：		住户以及为住户服务的非营利机构	国外部门
				货币金融机构	其他金融中介及附属机构	保险公司和养老基金		中央政府	地方政府		
保险技术准备金 居民对人寿保险准备金和养老基金的净权益 对保险费预付款和未结索赔准备金 保险技术准备金总额											
其他应收账款											
金融资产总净购额											
金融负债净购额（子项与上同）											
通货和存款											
债务证券											
贷款											
股权和投资基金											
保险技术准备金											
其他应付账款											
金融负债总净购额											
贷款/借款净额											
金融资产总净购额											
减去金融负债总净购额											
从金融账户获得的贷款净额（+）/借款净额											
金融账户与非金融账户间的统计误差											
从资本账户获得的贷款净额（+）/借款净额											

注：根据英国国家统计局发布的《2017年英国经济账户表》（*UK Economic Accounts* 2017 *tables*）编制。

第六章 英国金融统计

表6-7中各部门的统计范围分别如下：(1) 非金融性公司是指那些主要从事商品生产和非金融性服务的独立法人机构。在英国，主要包括公开有限公司（上市公司）、私人有限公司（非上市公司）和一些合伙企业。(2) 金融性公司是指主要从事金融活动的公司，包括货币金融机构、其他金融中介及附属机构、保险公司和养老基金。(3) 广义政府包括中央政府和地方政府。(4) 住户是指作为产品消费者和收入持有者的所有英国居民。它既包括个体，如囚犯和传统的住户；也包括非法人企业（准公司除外）；还包括为住户服务的非营利机构，如慈善团体和大学。(5) 国外部门包括那些不在英国的机构。这里主要是记载非英国机构和英国机构之间的交易。

各金融工具的统计内容及具体方法分别如下：(1) 货币黄金和特别提款权。其中，金融机构的资产增加值或减少值等于当期购买减去出售的黄金净额，而国际货币基金组织对特别提款权的分配和取消等不记入该科目。(2) 通货和存款。英国货币当局当期净发行额记为金融机构的负债变化，国外货币净流入额记为国外部门的负债变化。各部门当期存款的净增加额记入各部门金融账户的资产方和金融机构的负债方。(3) 债务证券。各部门当期购买减去处置所得到的债券净额记入该部门的资产变化，各部门当期发行减去兑付所得到的债券净额记入该部门的负债变化。(4) 贷款。英国各金融机构当期对企业、政府、居民及国外部门发放的贷款与原有贷款当期清偿款间的差额记入金融机构的资产变化和各借入部门的负债变化。(5) 股权和投资基金。对法人企业而言，当期新发行股票及其他股权净增加值记入企业部门的负债变化和股票购买者及产权所有者所属部门的资产变化。(6) 保险技术准备金。按当期交易引起的净变化记入金融账户居民部门的资产方和金融机构的负债方。(7) 其他应收/应付账款。金融账户中应收单位所属部门的资产变化和应付单位所属部门的负债变化等于当期发生与结算间的净额。

四、数据应用

首先，加强与英国统计局的合作，共同提升国民经济统计质量。英格兰银行不仅向国家统计局提供协议所规定的数据，还就所提供数据向统计局提出相关建议，帮助其更好地理解数据并运用于国民经济统计工作。同时，为提升数据质量，更好地满足数据使用需求，双方承诺积极应对并努力完善现有数据体系。英国统计局与英格兰银行共同建立关于货币与金融统计的合作项目，用于研究、应对各项法规政策的变化，提升数据需求标准，完善与发展现有统计数据体系。该合作项目组成员均来自双方资深人士，并按季度召开交流会议，每年定期对外发布研究成果。

其次，积极参与学术交流，充分挖掘金融账户统计信息。英格兰银行以自身设立的数据创新与研发中心为平台，组建和培育专门的数据人才队伍；同时，通过召开主题研讨会、资助项目研究、吸引访问学者等多种方式，与各国监管当局、学术界以及业界开展沟通交流，广泛采纳各方意见与最新研究成果。此外，在突破技术瓶颈方面，英格兰银行广泛寻求外部智囊支援，于2014年制定和发布了长期研究目标，并计划向公众开放部分内部数据库，旨在吸引全球的数据专家挖掘传统数据价值，从技术路线中寻求技术创新的灵感，利用外部智囊弥补自身技术短板。

参考文献

［1］国际货币基金组织．货币与金融统计手册，2000．

［2］杜金富．国际金融统计制度比较［M］．北京：中国金融出版社，2009．

［3］王达，项卫星．静悄悄的金融统计革命：意义、进展及中国的参与［J］．国际经济评论，2015（4）．

［4］www.bankofengland.co.uk.

［5］www.ons.gov.uk.

第七章 澳大利亚金融统计

澳大利亚作为发达的市场经济国家，虽然经济总量较小，但金融统计比较完备，是其国家统计体系的一个相对独立的组成部分。澳大利亚金融统计工作由澳大利亚储备银行（Reserve Bank of Australia，RBA）[①]、澳大利亚统计局（Australian Bureau of Statistics，ABS）等机构负责。这些机构既独立履行职责，又相互配合，实现了对所有金融产品的统一监管和信息披露，共同促进了澳大利亚经济金融市场的规范运作和稳定发展。

澳大利亚金融统计以澳大利亚统计局发布的金融账户统计为代表，始于澳大利亚储备银行编制的资金流量账户统计，并在国家统计框架原则下逐步发展和完善。2008年国际金融危机后，澳大利亚加强了货币政策信息披露的及时性，丰富了金融统计的范围和内容，着力完善了金融市场统计体系，进一步促进了金融统计的及时性、全面性和审慎性发展。

第一节 澳大利亚金融统计的基本情况

一、中央银行角色

澳大利亚储备银行作为中央银行，负责制定实施货币政策，维护金融体系稳定，监管支付清算体系。澳大利亚金融审慎监管局（Australian Prudential Regulatory Authority，APRA）主要负责对银行、保险机构、注册养老金机构、信贷机构等实体金融机构进行审慎监管。澳大利亚证券和投资委员会（Australian Securities and Investment Commission，ASIC）作为市场行为和信息披露的监管机构，负责监管银行、证券和保险等金融机构的商业行

---

① 澳大利亚储备银行是澳大利亚的中央银行。

为。澳大利亚统计局是澳大利亚的官方统计机构，负责提供澳大利亚经济、社会、人口和环境等方面的数据，同时负责发布金融账户公报。澳大利亚储备银行、澳大利亚金融审慎监管局、澳大利亚证券和投资委员会这三家金融监管机构在其监管范围内履行相关统计职能，并向澳大利亚统计局共享金融统计数据和信息，各部门充分实现信息共享，在此基础上完成金融账户的编制（见图7-1）。

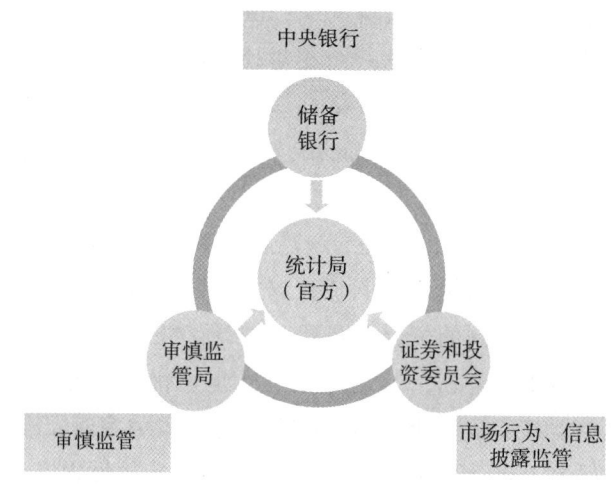

图7-1 澳大利亚金融账户统计主要机构及职责分工

二、统计的范围及内容

澳大利亚储备银行、澳大利亚金融审慎监管局以及澳大利亚证券和投资委员会在金融统计方面实施分工协作，根据其监管范围确定统计范围和内容。

（一）澳大利亚储备银行

澳大利亚储备银行的主要职责是制定货币政策，同时还负责生产一系列金融数据，其统计范围和基本内容主要包括八个部分：一是澳大利亚储备银行数据。如中央银行的资产负债表、公开市场操作、外汇交易和官方储备资产等。二是金融资产和负债数据，包括：（1）金融机构的资产；

(2）授权存款性机构①（Authorized Depository Institutions，ADIs）和注册金融性公司（Registered Financial Companies，RFCs）的数据，具体包括银行表外业务、银行和注册金融性公司的回购协议以及证券借贷、货币市场公司的特定资产和负债、金融性公司的特定资产和负债等；（3）国际银行数据，包括位于澳大利亚境内的国际银行机构的资产和负债、总风险敞口等；（4）其他金融机构的数据，包括人寿保险、养老基金、公共单位信托基金、现金管理型信托、管理基金、证券化工具等；（5）澳大利亚居民金融机构持有的以人民币计价的存款和贷款数据。三是货币和信贷数据。四是家庭和企业金融数据。五是股票市场数据，包括澳大利亚股票市场统计和国家股票价格指数统计。六是利率、汇率、通胀和通胀预期数据。七是国际贸易和外部金融数据。八是支付系统数据。

（二）澳大利亚金融审慎监管局

澳大利亚金融审慎监管局负责监管银行、信用合作社、房屋信贷互助协会、一般保险和再保险公司、人寿保险、私人健康保险、互助保险协会和大多数养老基金，针对其监管的所有金融服务业进行统计，并出版一系列统计数据刊物。其统计范围和基本内容包括以下几种：

1. 授权存款机构

统计内容包括：（1）银行月度数据，提供每家银行的资产负债数据、不同经济部门的存贷款数据和证券化活动信息等；（2）季度业绩数据，提供银行（分为主要银行、其他国内银行、外国银行分支机构）、信用合作社、房屋信贷互助协会和互助授权存款机构的汇总数据，包括财务业绩、财务状况、资本充足率、资产质量、流动性②和关键财务业绩比率等指标；（3）季度房地产贷款数据，提供银行、信用合作社和房屋信贷互助协会的汇总数据，包括商业地产风险敞口、住宅房地产风险敞口和新增住宅贷款。

2. 一般保险公司

统计内容包括：（1）一般保险公司年度数据，提供单个保险集团的年

---

① 授权存款机构包括澳大利亚银行、外资银行、房屋信贷互助协会、信用合作社以及其他一些提供存款服务的有限公司。

② 仅限信用合作社和房屋信贷互助协会。

度财务业绩、财务状况、资本充足率和关键财务比率等；（2）一般保险公司季度数据，提供单个保险公司的季度财务业绩、财务状况、资本充足率和主要财务比率指标等；（3）中介数据，提供澳大利亚金融审慎监管局授权的一般保险公司和未授权的外国保险公司的信息；（4）季度业绩数据，提供保险业汇总的财务业绩、财务状况、资本充足率和主要财务比率指标，同时提供商业保险和政府保险的保费和理赔费用、营业收入和支出明细以及偿付能力信息等；（5）一般保险理赔数据，按行业类别提供商业保险的理赔数据。

3. 人寿保险公司和互助保险协会

统计内容包括：（1）互助保险协会年度公报，提供互助保险协会的年度汇总信息，以及每个机构的损益、资产负债表和资本信息等详细信息；（2）人寿保险半年报，提供人寿保险行业的汇总信息，同时提供每个机构的损益、资产负债表和资本信息等；（3）人寿保险季度业绩数据，提供人寿保险行业汇总的财务业绩、财务状况、偿债能力、资本充足率和管理资本，以及单个产品群组的详细业绩信息等；（4）人寿保险公司数据，提供单个保险公司的财务业绩、财务状况、资本金和偿付能力数据等；（5）人寿保险补充数据，提供汇总的利润数据、资产支持政策性债务和政策性债务等。

4. 养老基金

统计内容包括：（1）养老金年度数据，提供澳大利亚金融审慎监管局监管的养老基金的结构信息、财务业绩和财务状况、发放条件、费用和成员信息以及养老金受托人的详细结构信息等；（2）默认组合账户（Mysuper账户）[①] 年度统计，提供默认组合养老金产品的结构信息、财务业绩、费用和成员信息等；（3）年度公告，主要是向决策者、监管者、受托人和相关团体提供数据；（4）默认组合账户季度数据，提供特定养老金默认组合数据[②]；（5）季度业绩数据，提供养老金行业汇总的财务业绩、财务状况、资

---

① Mysuper 账户是澳大利亚政府于 2013 年 7 月 1 日推出的养老金产品，对于未自行选择年金产品的个人，年金将自动进入 Mysuper 账户。它包含了系列保险，如人寿保险、永久性残疾险等。

② 按照澳大利亚 1993 年《超级年金监管法》第 348 条和澳大利亚金融审慎监管局的相关规定，澳大利亚金融审慎监管局有公开养老金季度数据的义务。

产配置和关键比率等。

5. 私人医疗保险

统计内容包括：（1）私人医疗保险季度统计，提供整个行业的参保人数、使用情况、收益及财务统计数据；（2）参保人数和覆盖范围统计，提供被保险人住院治疗和一般治疗的人数及占比；（3）医疗差额统计（Medical Gap，保险承担费用后病人自行支付的差额），提供住院医疗服务方面的数据，按州提供无差额和有差额的医疗服务比例以及各州的平均医疗差额；（4）医疗服务统计，提供主要医疗团体在国家和地区基础上提供医疗服务的收益和支付差额；（5）私人医疗保险参保人数和收益统计，提供政策信息、医疗服务收益、医疗服务数量、按年龄和性别支付的收益及收益差距；（6）年度运营报告，包括私人健康保险公司上一财年的业务活动和财务活动的详细资料；（7）年度调查，每年按照年龄、性别、居住地提供参加医疗保险人数的简要情况；（8）年度风险平衡报告，提供每家保险公司年度净风险平衡结果。

（三）澳大利亚证券和投资委员会

澳大利亚证券和投资委员会负责监管在投资、养老金、保险、存款和信贷领域进行交易和提供咨询的澳大利亚公司、金融市场、金融服务机构以及专业人员。在消费信贷监管方面，授权并规范参与消费信贷活动的个人和企业（包括银行、信用合作社、财务公司、抵押贷款经纪人）行为。在市场监管方面，评估被授权的金融市场操作是否有效，是否遵守法律规定，是否公平、有序、透明地运作[①]。在金融服务监管方面，监管金融服务业务，包括养老基金、管理基金、股票和公司证券、衍生产品和保险。此外，澳大利亚证券和投资委员会还负责统计公司注册和破产数据、股票市场数据[②]，以及市场特征、市场集中度和市场效率方面的数据。

此外，澳大利亚统计局作为官方统计机构之一，主要负责提供澳大利亚的经济、社会、人口和环境等方面的数据，并负责协调各部门统计工作，与其他官方机构合作收集、整理、分析和分配统计数据，同时也负责发布

---

① 2010年8月1日起，该委员会负责监管在澳大利亚上市交易的股票、衍生品和期货市场。
② 股票市场数据来自澳大利亚股票市场的指令和交易。

金融账户公报。

三、统计协调与信息共享

澳大利亚统计局采取集中制网状管理模式，形成纵和横双向管理链条。纵向链条即澳大利亚统计制度采用从上至下的集中制，办公室设在首都堪培拉，部分统计局业务则分散于各个州，在8个州、领地及首都特区设有地区办公室。横向链条即在澳大利亚重要经济部门（如澳大利亚储备银行等）设有统计中心，这些中心由统计局全权负责。为了保证管理的统一，无论是地方的统计局，还是相关部门的统计中心，均由统计局全面负责人力资源管理。这种高度统一、垂直一体的网状统计体制，使统计工作能高效有序地进行，既较好地排除了外界对统计工作的干扰，又保证了统计数据的质量。

澳大利亚储备银行、澳大利亚金融审慎监管局、澳大利亚证券和投资委员会为了加强金融监管机构间的沟通和协调，共同组建了金融监管理事会（Council of Financial Supervisor，CFS）（非正式机构）。澳大利亚金融监管理事会的成员单位两两之间签署了谅解备忘录，旨在促进成员之间及时、充分地进行监管协调与合作，完成信息的交流与共享。目前，该理事会已开发了服务于三方的统计报告体系，由澳大利亚金融审慎监管局具体运作，另外两家机构根据需要使用相应的数据和信息。

第二节 澳大利亚金融统计的最新进展

危机后，澳大利亚开始审视原有的货币与金融统计制度，不断修订完善原有框架，对统计内容进行调整，主要体现在以下方面。

一、货币统计

（一）加强货币政策信息披露的及时性

近几年，澳大利亚储备银行不断提高政策决策的透明度，加强货币政策信息披露的及时性，包括定期发布货币政策的分析与解释、政策背景的审慎会议内容及经济全览的分析与报告。此外,货币政策的公布时间由会议结束的第二天上午9:30改为会议结束当天下午2:30,以进一步加强信息披露的及时性。

(二) 及时对货币统计内容进行修订与调整

1. 丰富货币总量统计内容

一是在货币总量中新增非金融机构签发的票据,此前只包含银行票据;二是在货币总量中新增非金融机构的欧元借款,此前仅包含银行等金融机构的欧元借款;三是将此前划归于国内其他单位贷款的中央政府金融租赁重新归类于中央政府贷款,且不再包含登记金融机构持有的联邦政府债券。

2. 修订资产负债表统计

一是细化了资产负债表统计框架。2012年12月,澳大利亚储备银行对《银行和登记金融机构国际银行业务统计表》(B11)、《澳大利亚境内运营的银行和登记金融性公司的国际资产负债表》(B12)、《澳大利亚境内银行和登记金融性公司全球业务的国际风险暴露统计表》(B13)进行细化(见表7-1)。另外,2013年5月取消了对《澳大利亚储备银行资产减值合并表》(B05)等4张资产负债统计表数据的统计,改由澳大利亚金融审慎监管局负责。

表7-1　2012年澳大利亚储备银行细化资产负债统计表情况

原资产负债表	细化后的资产负债表
《银行和登记金融机构国际银行业务统计表》(B11)	《澳大利亚境内银行和登记金融机构资产负债表》(B11.1)、《国际风险曝光——即时与最终风险统计表》(B11.2)
《澳大利亚境内运营的银行和登记金融性公司的国际资产负债表》(B12)	《境内运营银行和登记金融性公司的国际资产表》(B12.1)、《境内运营银行和登记金融性公司的国际资产表——按国家划分》(B12.1.1)、《境内运营银行和登记金融性公司的国际负债表》(B12.2)、《境内运营银行和登记金融性公司的国际负债表——按国家划分》(B12.2.1)

续表

原资产负债表	细化后的资产负债表
《澳大利亚境内银行和登记金融性公司全球业务的国际风险暴露统计表》（B13）	《国际风险暴露——即时风险统计表》（B13.1）、《国际风险暴露——全球即时风险统计表——按国家划分》（B13.1.1）、《国际风险暴露——境外即时风险统计表——按国家划分》（B13.1.2）、《国际风险暴露——最终风险统计表》（B13.2）、《国际风险暴露——境外最终风险统计表——按国家划分》（B13.2.1）

资料来源：澳大利亚储备银行官方网站。

二是修订资产负债表统计内容及范围，可分为以下几点：（1）对《澳大利亚储备银行资产负债表》中的澳大利亚政府证券进行重分类，将此前的"其他"类数据归并于"政府债券"类数据里；（2）新增境内管理基金机构、其他境内基金机构与境外基金机构作为管理基金的统计数据来源；（3）为提高统计数据的准确性，改用未支付住房与其他个人贷款的平均利率来统计家庭金融比率①；（4）澳大利亚政府年度预算新增当前财务年度最新预算的电子表，此前只有纸质版；（5）新增有关国际风险暴露的统计表，新增四个地区与国家的数据，包括开曼群岛、印度、印度尼西亚与中国台湾，且统计内容新增金融工具、货币、行业与到期日；（6）新增统计表《银行与登记金融机构的回购协议与股票质押贷款》（B3），综合了所有的借贷业务，取消债券与政府对应机构的分类统计；（7）新增统计表《境内金融机构人民币存贷款业务情况统计表》（B20），对澳大利亚境内金融机构所开展的人民币存款与贷款业务情况按季度进行统计与公布。

（三）细化并规范贷款分类统计

金融统计是澳大利亚宏观经济统计体系的重要内容，而金融账户统计又是金融统计的核心部分。近几年，其主要变化是将《银行贷款分类统计表》（D7）细化并重新编号（见表7-2）。此外，2011年，澳大利亚储备

---

① 此前用澳大利亚统计局未公布的数据计算。

银行将《按部门分类银行贷款统计》中的非金融机构借款改为商业借款，此项统计的银行贷款包含澳大利亚储备银行统计的商业信贷、银行资产负债表的逾期商业贷款、签发票据与部分银行债务证券。2016年9月，《未清偿债务证券统计表》（D4）新增房地产类非金融机构数据。2017年3月，《商业贷款统计表》（D8）新增企业逾期贷款加权平均利率统计，但该指标不包含企业内部贷款利率与外币贷款利率。

表7-2　　　　　　　　　银行贷款分类统计细化情况

细化前	细化后
《银行贷款分类统计》（D7）	《固定利率贷款统计》（D7.1）
	《未付票据统计（按利率水平和信贷规模划分）》（D7.2）
	《未偿信贷统计（按利率水平和信贷规模划分）》（D7.3）
	《新型信贷统计（按利率水平和信贷规模划分）》（D7.4）

资料来源：澳大利亚储备银行官方网站。

二、其他金融统计

近年来，澳大利亚着力完善金融市场统计体系，不断对货币市场、股票市场、债券市场、外汇市场的统计内容等进行修订和调整。

（一）货币市场统计

1. 公开市场操作统计

2013年11月12日，《公开市场操作统计表》（A3）重新修订，新增对交易所结算信息账户余额的统计、对远期市场操作的统计、对未偿还回购债券金额和交易余额的统计等内容。

2. 利率和收益率统计

2011年1月4日，《利率和收益率统计日报》（F1）新增对现金利率目标指数的统计，并对原统计指标进行重新编号整理，于2011年1月4日正式使用新的统计指标编号。

2013年5月21日，表F1取消原对交易所在当地时间每日下午4：30公布的国债收益率的统计。

2013年7月12日，表F1新增国内银行间隔夜无担保市场的平均交易量和加权平均利率的统计。2016年5月10日,澳大利亚储备银行开始发布F1表中现金市场交易数据。

2009年3月,《国债资本市场收益率统计日报》(F2)新增了对1月、3月、6月国债利率的统计,并对相关指标进行重新编号整理。

2013年12月19日,新表《澳大利亚企业债券价差和收益综合统计表》(F3)替代原有的《资本市场收益率和期限统计表(非政府工具)》,新表对澳大利亚企业信贷市场做了更详细和全面的统计,并于2015年10月2日对F3的统计方法进行修正,于每月的第三个工作日对F3数据进行公布;2017年6月5日,再次对F3的统计方法进行修正,并对2014年9月以来的数据进行追溯调整。

2009年6月,《零售存款和投资利率统计表》(F4)取消了对现金管理基金的零售存款和投资利率统计。2012年5月2日,由于部分较大规模的建房互助协会和信用合作社更名为银行,因此取消了对建房互助协会和信用合作社的零售存款和投资利率统计,并新增了对授权存款机构所有交易账户的统计。

2015年8月,《贷款利率统计表》(F5)新增对住房贷款的一般贷款利率、贴现贷款利率、3年固定期限利率的统计。2016年3月,表F5中企业贷款利率的统计指标新增信贷余额加权平均利率,但该指标不包含企业内部贷款利率与外币贷款利率。

2014年6月,原《国内银行手续费收入统计表》的表号F6调整为C9。

(二) 股票市场统计

中国金融市场的重要性日益突出,为更好地反映中国金融市场的运行情况,2013年5月2日《国际股票价格指数统计》(F8)取消对新加坡海峡时报指数的统计,增加对中国上证指数的统计。

(三) 债券市场统计

2010年3月23日,澳大利亚储备银行停止对《国库券投标统计》(E4)、《国债投标统计》(E5)、《国债投标变化统计》(E6)、《指数国债统计》(E7)四张表的统计,改由澳大利亚财政管理办公室负责。

第七章　澳大利亚金融统计

2013年10月15日，澳大利亚储备银行对其债券市场的统计做了较大的调整，由于数据质量问题和部分数据可替代统计，原有的《联邦政府债券统计》《非官方持有可流通联邦政府债券统计》《不同所有者持有联邦政府债券统计》《联邦政府债券发行统计》《政府和公众当局净贷款统计》《联邦政府债券周转率统计》停止使用。

2016年，取消对七国集团（G7）实际国内生产总值指标的统计。

2013年5月21日，澳大利亚储备银行取消原对交易所在当地时间每日下午4：30公布的国债中间价的统计，其数据由Yieldbroker公司提供。

2016年初，将2015年之前的到期债券及其收益率统计数据从澳大利亚储备银行官方网站的"首页"栏移动到"历史数据"栏中，并将F16更名为《澳大利亚政府债券中期利率统计表》（Indicative Mid Rates of Australian Government Securities）。

2014年6月2日，将《零息债券利率统计表》中1992—2008年的统计数据从澳大利亚储备银行官方网站的"首页"栏移动到"历史数据"栏中，表号为F17。

2016年12月1日起，《实时汇率表》（F15）新增贸易加权指数，该项指标的数据来源为2015—2016财年的商品与服务贸易统计数据。

（四）外汇市场统计

2010年4月6日对《汇率统计表》的统计指标进行重新编号。为了与统计表F11兼容，对《美元汇率及黄金价格》的汇率数据进行调整，由参照纽约市场每月最后一个交易日公布的汇率改为参照悉尼市场每月最后一天下午4：00公布的汇率进行统计。

2011年12月15日，新增对每日外汇交易市场交易情况干预事务的统计，取消对"交易市场"与"政府和其他交易对手"的统计，并将表名由《澳大利亚储备银行每日净外汇交易》改为《澳大利亚储备银行每日外汇市场干预事务统计》。

2013年1月31日，《外汇周转统计（兑澳大利亚元）》《外汇周转统计（兑各种货币）》不再按月发布，改为按季度发布，只公布1月、4月、7月和10月的平均每日外汇交易量（见表7-3）。

表7-3　　　　澳大利亚金融市场统计的最新进展

时间	表号	变化内容
货币市场统计		
2013-11-12	A3	新增了对交易所结算信息账户余额的统计，新增对远期市场操作的统计，新增了对未偿还回购债券和交易余额的统计
2011-01-04	F1	新增对现金利率目标指数的统计，并对原统计指标进行重新编号整理，于2011年1月4日正式使用新的统计指标编号
2013-05-21	F1	2013年5月21日，表F1取消原对交易所所在当地时间每日下午4:30公布的国债收益率的统计
2013-07-12	F1	新增国内银行间隔夜无担保市场的平均交易量和加权平均利率的统计
2016-05-10	F1	澳大利亚储备银行将F1表中的现金市场交易数据进行发布
2009-03	F2	新增了对1月、3月、6月国债利率的统计
2013-12-19	F3	新表《澳大利亚企业债券价差和收益综合统计表》替代原有的《资本市场收益率和期限统计表（非政府工具）》，新表对澳大利亚企业信贷市场做了更详细和全面的统计
2015-10-02	F3	对其统计方法进行修正，并于每月的第三个工作日对F3数据进行公布
2017-06-05	F3	再次对F3的统计方法进行修正，并对2014年9月以来的数据进行追溯调整
2009-06	F4	取消了对现金管理基金的零售存款和投资利率统计
2012-05-02	F4	由于部分较大规模的建房互助协会和信用合作社更名为银行，因此取消了对建房互助协会和信用合作社的零售存款和投资利率统计，并新增了对授权存款机构所有交易账户的统计
2015-08	F5	新增对住房贷款的一般贷款利率、贴现贷款利率、3年固定期限利率的统计
2016-03	F5	企业贷款利率的统计指标新增信贷余额加权平均利率，但该指标不包含企业内部贷款利率与外币贷款利率
2014-06-02	F6	将原《国内银行手续费收入统计表》的表号F6调整为C9
股票市场统计		
2013-05-02	F8	取消对新加坡海峡时报指数的统计，增加对中国上证指数的统计
债券市场统计		
2010-03-23	E4/E5/E6/E7	澳大利亚储备银行停止对《国库券投标统计》（E4）、《国债投标统计》（E5）、《国债投标变化统计》（E6）、《指数国债统计》（E7）的统计，改由澳大利亚财政管理办公室继续进行统计

第七章 澳大利亚金融统计

续表

时间	表号	变化内容
2013-10-15	E3/E8/E9/E10/E11/E12	《联邦政府债券统计》（E3）、《非官方持有可流通联邦政府债券统计》（E8）、《不同所有者持有联邦政府债券统计》（E9）、《联邦政府债券发行统计》（E10）、《政府和公众当局净贷款统计》（E11）、《联邦政府债券周转率统计》（E12）停止使用
2016	F15	取消对七国集团（G7）实际国内生产总值指标的统计
2016-12-01	F15	新增贸易加权指数，该项指标的数据来源为2015—2016财务年的商品与服务贸易统计数据
2013-05-21	F16	取消原对交易所在当地时间每日下午4：30公布的国债中间价的统计，其数据由Yieldbroker公司提供
2016年初	F16	将2015年之前的到期债券及其收益率统计数据从澳大利亚储备银行官方网站的"首页"栏移动到"历史数据"栏中，并更名为《澳大利亚政府债券的中期利率统计表》
2014-06-02	F17	将1992—2008年的统计数据从澳大利亚储备银行官方网站的"首页"栏移动到"历史数据"栏中，并新增该表表号为F17
外汇市场统计		
2010-04-06	F12	对《美元汇率及黄金价格》的汇率数据进行调整，由参照纽约市场每月最后一个交易日公布的汇率改为参照悉尼市场每月最后一天16：00公布的汇率进行统计
2011-12-15	A5	新增澳大利亚储备银行对每日外汇交易市场交易情况干预事务的统计，取消"交易市场"和"政府和其他交易对手"的统计，并将表名由《澳大利亚储备银行每日净外汇交易》改为《澳大利亚储备银行每日外汇市场干预事务统计》
2013-01-31	F9/F10	《外汇周转统计（兑澳大利亚元）》《外汇周转统计（兑各种货币）》将不再每月发布，改为按季度发布，只公布1月、4月、7月和10月的日均外汇交易量

资料来源：澳大利亚储备银行官方网站。

第三节 澳大利亚金融账户统计

一、主要内容

澳大利亚金融账户统计的前身是澳大利亚储备银行编制的1953—1954年和1988—1989年年度资金流量账户统计，经过不断的完善和修订，现在主要包括金融资产与负债情况、资金流量情况和金融市场情况三个部分，覆盖了经济体中不同子部门和金融工具所在市场的金融概览，以及部门之间的金融交易量统计，于每季度末后3个月内公布。

二、编制方法

（一）编制标准

澳大利亚对国民经济部门的划分是编制金融账户、各部门金融资产负债表的基础。自1998年第二季度起，澳大利亚金融账户统计标准参照1993年版《国民账户体系》（SNA1993）进行编制。修订后的版本于2012年7月首次出版，最近一次更新发布于2016年3月22日，此版本参照2008年版《国民账户体系》（SNA2008）进行编制。此外，相关概念和要素还参照了国际货币基金组织《国际收支和国际投资头寸手册》（BPM6）、《政府财政统计手册》（GFSM）和2006年《澳大利亚和新西兰标准工业分类》（*Australia New Zealand Standard Industry Classification*，ANZSIC2006）。

根据SNA2008，澳大利亚制定了《2008年经济部门分类标准》（SESCA2008），包括非金融性公司、金融性公司、广义政府、住户和境外五大部门（见表7-4）。

第七章 澳大利亚金融统计

表7-4　　　　　　　澳大利亚国民经济部门分类明细

一级分类	二级分类	三级分类	四级分类	备注
非金融性公司	非金融性公司	非金融投资基金	私人非金融投资基金	在SNA2008中,非货币市场投资基金未被列入金融部门而进入非金融部门的部分;是由信托或其他公司发起的集体投资计划,该计划主要投资于非金融资产
		其他非金融性公司	其他私人非金融性公司、国家公共非金融性公司、州及地方政府非金融性公司	
金融性公司	金融中介机构	澳大利亚储备银行	澳大利亚储备银行	
		存款性公司	银行、其他存款性公司	银行包括商业银行(万能银行)、储蓄银行、转账银行、农村信用银行、专营银行等。其他存款性公司指银行外的所有授权存款或存款替代品的机构,包括信用合作社、财务公司、货币市场经销商、专项服务公司等
		保险公司和养老基金	养老基金、人寿保险公司、非人寿保险公司	
		金融投资基金	货币市场基金、非货币市场投资基金	非货币市场投资基金指投资于非货币市场金融资产的集体投资计划,包括房地产或基础设施投资基金、上市及非上市股权信托(国内和国际)、上市及非上市抵押贷款信托(单位信托)、上市基础设施信托、上市投资公司、非现金共同基金等
		证券公司及其他金融中介机构	证券公司、其他金融中介机构	其他金融中介主要是政府成立的住户融资计划及宗教组织设立的发展基金等

续表

一级分类	二级分类	三级分类	四级分类	备注
金融性公司	金融辅助机构	金融辅助机构	金融辅助机构	金融辅助机构指提供金融辅助服务的机构，包括商品期货经纪商、衍生品经纪商、证券交易所、保险代理等
	专属金融机构和贷款人	专属金融机构和贷款人	中央借贷局、放债机构和其他专属金融机构	中央借贷局由州和地方政府设立，主要通过发行债券为公共企业和事业单位提供融资服务。放债机构的资产和负债在非公开市场交易，并为客户提供金融服务。专属金融机构是指附属于其他公司的拥有金融资产的法人实体，因特殊目的而设立
广义政府	广义政府	广义政府	联邦政府、州及地方政府	
住户	住户	住户	住户	包括住户和由住户持有的非公司组织企业，以及非营利机构
境外	境外	境外	境外	

资料来源：澳大利亚统计局官方网站。

（二）数据来源

澳大利亚金融账户统计主要以资产负债表为数据基础，信息来自监管机构统计数据、统计调查和其他机构。监管机构统计数据主要来自澳大利亚金融审慎监管局[①]。统计调查数据来自澳大利亚统计局按季度开展的财务信息调查（Survey of Financial Information，SFI）和国际投资调查（Survey of International Investment，SII）。其中，财务信息调查主要提供澳大利亚金融审慎监管局统计范围以外的其他数据，还可提供金融市场细分领域信息，如管理基金和证券市场。其他补充性的数据来源包括从澳大利亚证券交易所（Australian Securities Exchange，ASX）获取的分部门和子部门发行股票

[①] 按照《澳大利亚金融部门数据采集法（2001）》，采集注册金融性公司财务数据的职能于2003年4月由澳大利亚储备银行（RBA）转移到澳大利亚金融审慎监管局。

的市值信息、从政府财政统计获取的联邦政府信息以及从私人金融市场分析师获得的债券价格指数等。

金融账户编制的数据源分为部门或子部门资产负债表数据源（见表7-5）和金融工具数据源（见表7-6）两大类。

表7-5　　　　澳大利亚部门或子部门资产负债表数据源

部门或子部门	资产负债表数据源
非金融投资基金	主要来自财务信息调查，交易对手和市值信息来自澳大利亚证券交易所、银行、国际投资调查
其他私人非金融性公司	主要来自财务信息调查，交易对手和市值信息来自澳大利亚证券交易所、银行、国际投资调查
国家公共非金融性公司	主要来自财务信息调查，交易对手信息来自银行、国际投资调查
州及地方政府公共非金融性公司	主要来自财务信息调查，交易对手信息来自州及地区住房管理局年报、中央借贷局
中央银行	主要来自财务信息调查，交易对手信息来自国际投资调查
银行	主要来自澳大利亚金融审慎监管局发布的月度财务状况报告中数据来源为银行的部分，交易对手信息来自国际投资调查
其他存款性公司	主要来自澳大利亚金融审慎监管局月度财务状况报告中数据来源为其他存款性公司的部分[①]，交易对手信息来自国际投资调查
养老基金	（1）来自澳大利亚金融审慎监管局的季度财务状况报告；（2）来自澳大利亚税务办公室（Australian Tax Office，ATO）根据自律管理型养老基金提交的年度数据估算的季度数据；（3）来自财务信息调查——投资经理，提供关于养老基金的信息
人寿保险公司	主要来自财务信息调查，总资产信息来自澳大利亚金融审慎监管局季度财务状况报告
非人寿保险公司	（1）私人一般保险公司数据来自澳大利亚金融审慎监管局季度财务状况报告；（2）政府和其他实体性公共保险公司信息来自财务信息调查；（3）其他信息来自私人医疗保险管理委员会（Private Health Insurance Administrative Council，PHIAC）年报，季度数据由年度数据推算

续表

部门或子部门	资产负债表数据源
货币市场投资基金	财务信息调查
非货币市场投资基金	主要来自财务信息调查，交易对手和市值信息来自澳大利亚证券交易所、国际投资调查
中央借贷局	主要来自财务信息调查，交易对手信息来自银行、国际投资调查
证券公司	主要来自财务信息调查，交易对手信息来自国际投资调查
其他金融性公司	其他金融性公司包括其他金融中介机构、金融辅助机构、放债机构及其他专属金融机构。金融辅助机构数据来自财务信息调查——投资经理，公共性质的机构数据来自财务信息调查——政府及其他实体，交易对手和市值信息来自澳大利亚证券交易所、银行、其他存款性公司、证券公司、悉尼期货交易所（Sydney Futures Exchange, SFE）、国际投资调查
联邦政府	（1）财务信息调查——政府及其他实体，政府财政统计报告中的联邦政府账；（2）澳大利亚财政管理办公室；（3）交易对手信息来自澳大利亚储备银行、银行、其他存款性公司、国际投资调查
州及地方政府	主要来自财务信息调查，交易对手信息来自中央借贷局、联邦政府、银行、其他存款性公司
住户部门	主要来自财务信息调查，交易对手信息来自澳大利亚储备银行、银行、其他存款性公司、证券公司、联邦政府以及国际投资调查
境外部门	主要来自国际投资调查，交易对手信息来自养老基金、人寿保险公司、非货币市场投资基金

①总资产超过5000万美元的公司按月向澳大利亚金融审慎监管局提交数据，资产较小的按季度提交。

资料来源：澳大利亚统计局官方网站。

表7-6　　　　　　　　　　澳大利亚金融工具数据源

金融工具	数据源	备注
货币黄金和特别提款权	基于澳大利亚统计局的估算，反映在国际投资调查中	

第七章 澳大利亚金融统计

续表

金融工具	数据源	备注
通货	(1) 纸币发行量数据来自财务信息调查；(2) 纸币持有量（不包括其他私人非金融性公司和住户）数据来自财务信息调查和澳大利亚金融审慎监管局发布的财务状况报告；(3) 剩余纸币持有量数据由澳大利亚统计局纸币发行量减去纸币持有量（不包括其他私人非金融性公司和住户），再平分到其他私人非金融性公司和住户；(4) 硬币发行量数据来自财政部的联邦政府资产负债表；(5) 被境外部门持有的通货数据主要来自国际投资调查	在澳大利亚，通货仅指国内货币，国外货币流通很少
可转让存款及其他存款	(1) 接受存款总量数据及交易对手资产持有人信息来自财务信息调查；(2) 银行及其他存款性公司接受存款数据来自澳大利亚金融审慎监管局发布的财务状况报告；(3) 境外部门数据主要来自国际投资调查	可转让存款包括如下种类的存款：没有违约金或限制，按面值即期兑现的存款；以支票、汇票、直接转账单、直接借贷或其他直接支付方式等直接进行支付的存款
短期债务证券	(1) 银行承兑汇票数据来自澳大利亚金融审慎监管局的月度银行票据承兑和背书表；(2) 交易对手持有汇票数据来自财务信息调查、澳大利亚金融审慎监管局的财务状况报告以及国际投资调查；(3) 单名票据数据来自澳大利亚金融审慎监管局的债务证券发行统计表以及财务信息调查；(4) 补充数据来自澳大利亚统计局和澳大利亚财政管理办公室；(5) 交易对手持有单名票据数据来自财务信息调查的资产负债表、澳大利亚金融审慎监管局的财务状况报告和债务证券持有表以及国际投资调查；(6) 境外部门发行单名票据数据主要来自国际投资调查	指原始期限为1年或小于1年的债务性证券，包括汇票（Exchange Bill）和单名票据（One Name Paper）两类。银行承兑汇票在澳大利亚被称为汇票。单名票据由单一发行人承担债务责任，包括承兑票据、国库券、银行发行的存款可转让凭证等

续表

金融工具	数据源	备注
长期债务证券	(1) 国内发行债券数据来自澳大利亚金融审慎监管局、银行、注册金融性公司的债务证券发行表以及财务信息调查的资产负债表；(2) 交易对手持有债券数据来自财务信息调查的资产负债表、澳大利亚金融审慎监管局的财务状况报告、澳大利亚金融审慎监管局的债务证券持有统计表、澳大利亚统计局的回购协议方案以及国际投资调查；(3) 境外部门发行债券及其交易对手持有债券数据主要来自国际投资调查；(4) 补充数据来自澳大利亚统计局和澳大利亚财政管理办公室	长期债务证券是指原始期限大于1年的债务性证券，包括：(1) 联邦政府国债；(2) 中央借贷局及其国有企业发行的记名债券，也称为"半政府"债券；(3) 公司债券、存款可转让凭证、无抵押票据，可统称为公司债或中期票据；(4) 包括抵押贷款支持债券在内的资产担保债券；(5) 由授权存款机构发行的担保债券；(6) 袋鼠债券，即在澳大利亚市场上发行的外国债券；(7) 转换前的可转股债券
金融衍生产品	(1) 金融衍生工具市场头寸和交易数据来自国际投资调查，该调查提供了每个居民部门与其他国家之间的金融衍生工具资产和负债交易情况，具体包括期初头寸、期末头寸、转让收付、估值及其他变化（市场价格、汇率和其他变化）、非居民债权人或债务人的国家和剩余期限；(2) 国内经济部门金融衍生工具头寸来自财务信息调查的资产负债表和澳大利亚金融审慎监管局的财务状况报告	金融衍生产品是指与某种特定金融工具或特定指标或特定商品挂钩的金融工具，包括互换、远期合约、期货合约和期权
贷款与拆放	(1) 银行和其他存款性公司发放的贷款及其交易对手数据来自澳大利亚金融审慎监管局的财务状况报告；(2) 证券公司和中央借贷局发放的贷款及其交易对手数据源于财务信息调查；(3) 其他金融机构和联邦政府发放的贷款和拆放及其交易对手数据来自财务信息调查的资产负债表、澳大利亚金融审慎监管局的财务状况报告和财政部的联邦政府资产负债表；(4) 境外部门发放贷款及其交易对手数据主要源于国际投资调查	拆放是指与非存款机构发生交易的客户账户余额，如州与地方企业在中央借贷局发生交易的账户余额、公共部门养老金在国库发生的账户余额

第七章　澳大利亚金融统计

续表

金融工具	数据源	备注
股票和其他股权	(1) 部门及子部门发行的上市股票和其他股权数据来自澳大利亚证券交易所的市值文件；(2) 上市交易对手持有的股票数据来自财务信息调查的资产负债表、澳大利亚金融审慎监管局的财务状况报告与股票持有表；(3) 上市股票和其他股权交易数据来自澳大利亚证券交易所；(4) 非上市股票和其他股权数据来自财务信息调查、澳大利亚金融审慎监管局的财务状况报告、国际投资调查；(5) 交易对手持有未上市股票数据来自财务信息调查的资产负债表	分为上市和非上市
保险技术准备金	(1) 净权益储备金数据主要来自澳大利亚金融审慎监管局的财务状况报告；(2) 未备养老金索赔数据主要来自财政部的联邦政府账和澳大利亚金融审慎监管局的财务状况报告；(3) 州及地方政府交易对手信息主要来自政府财务统计；(4) 预付保费和未结索赔准备金数据来自澳大利亚金融审慎监管局的财务状况报告以及私人医疗保险管理委员会	包括净权益储备金、未备养老金索赔款、预付保费和未结索赔准备金。净权益储备是指持有人对寿险业务和养老基金索赔净权益。未备养老金索赔款指政府部门对公共部门员工退休福利的债务
其他应收/应付账款	联邦政府的应收/应付账款数据及交易对手信息主要来自财政部的联邦政府账。国内所有其他部门应收/应付账款数据主要来自澳大利亚金融审慎监管局的财务状况报告、财务信息调查、自主管理养老基金每季度上报澳大利亚税务办公室的数据。境外部门应收/应付账款数据来自国际投资调查	除归为贷款的贸易融资外的贸易信贷

资料来源：澳大利亚统计局官方网站。

(三) 主要方法

1. 先行确定存量数据

存量表基于多种渠道采集资产负债表信息和选择最佳的估计值。由于不同数据源采用的统计方法不同，所以同一个项目的统计数据会根据数据源的不同而不同，因此会面临最佳数据的选择问题。例如，国有非金融性公司的借款在国库及中央借贷局计为资产，但在国有非金融性公司计为负债。由于统计局并未调查所有的国有非金融性公司，因此负债合计数与资产合计数并不相等。在这种情况下，国库及中央借贷局需要估计这些借款涉及的资产和负债双方数据，选择最佳估计值。

2. 计算或直接获取流量数据

存量数据确定后，金融交易量可通过资产负债表项目期末值减去期初值进行计算，并在可能的情况下，通过其他信息排除非交易流量数据，重估其变化值。如持有收益损失和核销，在某些情况下，直接获得的交易量数据可以替代通过资产负债表求差计算的流量数据。

3. 存量与流量的计算关系

存量和流量存在以下计算关系：期初资产负债值＋资本或金融账户＋重估账户＋其他变化账户＝期末资产负债值。资本或金融账户记录交易流量；重估账户记录一切与持有收益①有关的变化；其他变化账户记录所有其他资产价值的变化②，如巨灾损失和无偿没收等。

三、报表体系

澳大利亚金融账户统计报表体系主要以金融账户统计内容作为分类依据，主要包括以下内容。

（一）金融资产与负债情况

1. 信贷市场情况表

信贷市场情况表主要包括信贷市场头寸表和信贷需求净交易量表（见表7-7），反映不同类别的国内非金融部门通过不同金融工具融入及融出资金的存量和流量时间序列。信贷需求净交易量统计相当于我国的社会融资规模统计，但在金融工具划分上有所不同，即按照资金融入方和融出方进行了细分。

---

① 持有收益是指由于价格水平及结构随时间变化而产生的收益或负债。
② 指由于质量变化（而不是价格变化）引起的变化。

第七章 澳大利亚金融统计

表7-7　　　　　　　　　季度信贷需求净交易量表　　　　　单位：百万美元

	2014年	2015年第一季度	……	2017年第三季度
国内非金融部门融入资金总量				
第m个国内非金融部门负债				
第n个金融工具（被持有）				
第i个国民经济子部门				
……				

资料来源：澳大利亚统计局官方网站。

澳大利亚的信贷市场统计把国民经济部门共划分为19个子部门，包括私人非金融投资基金、其他私人非金融性公司、国家公共非金融性公司、州及地方政府公共非金融性公司、中央银行、银行、其他存款性公司①、养老基金、人寿保险公司、非人寿保险公司、货币市场投资基金、非货币市场投资基金、中央借贷局、证券公司、其他金融性公司、联邦政府、州和地方政府、住户部门、境外部门。其中，私人非金融投资基金、其他私人非金融性公司、国家公共非金融性公司、州及地方政府公共非金融性公司、联邦政府、州和地方政府、住户部门为国内非金融部门（见表7-8）。

表7-8　　　　　　　　　国民经济子部门划分

国内非金融部门	国内金融部门	国外
私人非金融投资基金 其他私人非金融性公司 国家公共非金融性公司 州及地方政府公共非金融性公司 联邦政府 州和地方政府 住户部门	中央银行、银行 其他存款性公司、养老基金 人寿保险公司、非人寿保险公司 货币市场投资基金、非货币市场投资基金 中央借贷局、证券公司 其他金融性公司	境外部门

资料来源：澳大利亚统计局官方网站。

---

① 银行、其他存款性公司同属于金融性公司—金融中介机构—存款性公司。银行包括商业银行（万能银行）、储蓄银行、转账银行、农村信用银行、专营银行等。其他存款性公司指除银行外的所有授权存款或存款替代品的机构，包括信用合作社、财务公司、货币市场经销商、专项服务公司等。

2. 金融资产负债表

金融资产负债表反映国民经济子部门持有金融资产和承担金融负债的存量和流量时间序列，以及各金融资产提供方的存量和流量时间序列，按国民经济子部门划分共计 19 张表。分部门的狭义金融资产负债表（存量表）和狭义金融账户（流量表）在同一表格中反映，不同部门持有的金融资产和承担的负债有所不同。以其他私人非金融性公司为例（见表7-9），其持有的金融资产包括通货、存款、其他应收账款等，持有的金融负债包括汇票、单名票据①、债券、金融衍生工具、贷款、预付保费和未结索赔准备金、其他应付账款等。

表7-9 其他私人非金融性公司金融资产负债表

	2014 年第一季度		……	2017 年第三季度	
	期间净交易量	期末余额		期间净交易量	期末余额
财务状况变化（资产与负债差值）					
总金融资产					
通货					
中央银行					
联邦政府					
境外					
存款					
中央银行					
其他存款性公司					
境外					
第 n 种金融资产					
第 m 个金融部门					
……					
总金融负债					
汇票					
澳大利亚境内发行的单名票据					

---

① 澳大利亚金融工具数据源—短期债务证券。

第七章　澳大利亚金融统计

续表

	2014 年第一季度		……	2017 年第三季度	
	期间净交易量	期末余额		期间净交易量	期末余额
离岸发行的单名票据					
澳大利亚境内发行的债券					
离岸发行的债券					
金融衍生工具					
短期贷款及拆放					
长期贷款及拆放					
上市股票及其他股权					
非上市股票及其他股权					
其他应付账款					

资料来源：澳大利亚统计局官方网站。

（二）资金流量情况

资金流量情况统计主要以金融账户流量表为主（见表 7-10）。金融账户流量表既反映了国民经济五大部门季度的金融资产和负债的流量情况，也反映了各种金融工具的交易量。

表 7-10　　　　　　　　金融账户流量表

	非金融性公司	金融性公司	广义政府	住户	境外	总量
财务状况净变量						
金融资产净发生额						
货币黄金与特别提款权						
通货与存款						
短期非股票证券						
长期非股票证券						
金融衍生工具						
贷款						
股票及其他股权						

续表

	非金融性公司	金融性公司	广义政府	住户	境外	总量
保险技术准备金						
其他应收账款						
金融负债净发生额						
货币黄金与特别提款权						
通货与存款						
短期非股票证券						
长期非股票证券						
金融衍生工具						
贷款						
股票及其他股权						
保险技术准备金						
其他应收账款						

资料来源：澳大利亚统计局官方网站。

（三）金融市场情况

金融市场情况表不仅反映了不同金融市场中金融工具的流量和存量时间序列，还从金融工具的发行方和持有方两个方面进行反映。金融市场包括通货市场、可转让存单市场、其他存款市场、汇票市场、票据市场、债券市场、金融衍生工具和雇员股票期权市场、短期贷款及拆放市场、长期贷款及拆放市场、上市股票和其他股权市场、非上市股票和其他股权市场等11个市场，共计11张统计表。以短期贷款及拆放市场为例（见表7-11），其反映了每个季度短期贷款及拆放总量，包括私人非金融投资基金、其他私人非金融性公司等借款方。

第七章　澳大利亚金融统计

表7-11　　　　　　　　短期贷款及拆放市场情况表

	2014年第一季度		……	2017年第三季度	
	期间净交易量	期末余额		期间净交易量	期末余额
短期贷款及拆放总量					
私人非金融投资基金					
银行					
其他私人非金融性公司					
银行					
证券公司					
境外					
第n个借款方					
第m个贷款方					
……					

资料来源：澳大利亚统计局官方网站。

参考文献

[1] 杜金富. 国际金融统计制度比较 [M]. 北京：中国金融出版社，2009.

[2] 重庆营业管理部调查统计处金融业综合统计研究小组. 澳大利亚金融账户统计对我国的启示 [J]. 金融业综合统计研究成果交流，2014 (13).

[3] 联合国，欧盟委员会，等. 2008年国民账户体系 [M]. 北京：中国统计出版社，2012.

[4] Australian Bureau of Statistics, Financial Accounts, Australian National Accounts, 2014, 3 (27).

[5] Australian Bureau of Statistics, Australian System of National Accounts, Australian System of National Accounts, 2013.

第八章 德国金融统计

德国作为欧洲经济的领头羊，有着良好的金融统计传统和统计基础。欧央行及欧央行体系建立以后，更加明确了德意志联邦银行（Deutsche Bundesbank）①在国内开展金融统计的绝对权威，这为德国金融统计奠定了良好的制度基础。德意志联邦银行通过与德国联邦统计局、德国联邦金融监管局分工协作，形成了一套完整的数据发布和共享体系。2008年国际金融危机之后，德意志联邦银行对金融统计框架作出一系列调整，积极推动金融统计数据的全面化和精细化发展。一是深耕传统金融统计领域，强化信贷数据的采集与分析；二是统计范围不断扩大，特别是完善了证券持有和金融载体公司等方面的统计框架；三是统计方法不断更新，在传统的金融统计基础上更加强调逐笔和颗粒化的数据采集方式。此外，德意志联邦银行不断完善金融账户的编制，为监测资金往来和结构特征、制定有效的调控政策提供了重要依据。

第一节 德国金融统计的基本情况

一、中央银行角色

德意志联邦银行成立于1957年6月26日，机构设置分为三级，包括位于法兰克福的总行，分别位于柏林、杜塞尔多夫、法兰克福、汉堡、汉诺威、莱比锡、美茵茨、慕尼黑、斯图加特的9个联邦州立银行（分行），以及遍布全国的47个支行。德意志联邦银行的最高权力机构是联邦银行董事会，由8个执行董事分工负责管理14个部门。其中，统计司下设4个处，

---

① 德意志联邦银行是德国的中央银行。

分别是银行与外部股票统计处、国际收支统计处、综合经济统计处和统计数据处理及数学方法处。

根据《马斯特里赫特条约》，1998年欧央行正式成立，德意志联邦银行从此成为欧央行体系的组成部分。1998年12月31日，德意志联邦银行根据欧央行制定的会计制度和金融统计标准，对会计和统计报表中的相关科目进行了调整。

以2002年德国联邦金融监管局设立为分水岭，德国金融监管体制经历了从分业监管到混业监管的转变，但德意志联邦银行始终保持对金融机构及金融数据的统计权威，在统计及发布国内金融部门和对外部门的数据中发挥着核心作用。根据1998年11月23日通过的欧盟（EC）第2533号法令和2001年11月22日通过的欧盟（EC）第2433号法令，德意志联邦银行作为欧洲中央银行体系的重要组成部分，具有收集德国金融业统计数据的权力，金融机构必须按月向德意志联邦银行及其分支机构报送各类统计报表。德意志联邦银行除了向金融机构收集统计信息以外，还负责对这些信息作出分析判断，提供针对财务报表、月度资产负债表和大额贷款等的分析报告。

值得一提的是，德国的各项统计工作都有明确的法律依据。德国依法设立统计机构，并规定了各统计部门的分工与职责，以及企业、金融机构与住户的报送内容和报送部门。德意志联邦银行统计所依据的法律，除了欧盟第2533号和第2433号法令之外，还包括《德意志联邦银行法》《银行法》《联邦统计法》和《联邦数据保护法》等。如《德意志联邦银行法》中明确规定"为了履行职责，德意志联邦银行有权在银行及所有信贷机构的货币体系领域中收集统计数据"。

二、统计的范围及内容

德意志联邦银行定期公布的数据包括实体部门、财政部门、人口、金融部门，以及国际收支和其他外部数据等。由于德意志联邦银行还承担着部分金融监管职能，因此德意志联邦银行的统计也包括出于金融监管目的的统计。其中，金融部门、国际收支和其他外部数据统计是重点。德意志联邦银行的数据发布内容主要有六大板块，即宏观账户体系、货币和资本

国际金融统计发展与比较

市场、银行与其他金融机构、企业与住户、公共财政、国际收支和其他外部数据,核心指标包括信贷数据、证券持有与发行、利率、国际收支、汇率等金融指标,同时还包括产出、物价、需求及劳动力市场等经济数据(见表8-1)。

表8-1 德意志联邦银行统计数据发布情况

项 目		内 容	频度	发布载体①
一、宏观账户体系	1. 国民账户	以定量方式描述德国一定时间内的经济形势,包括国内生产总值、投入产出表、金融账户、就业率、劳动力市场统计等。除原始数据外,还包括季度调整后的数据	国民账户按季度公布,具体经济指标按月公布	《宏观时间序列数据库》《统计副刊4》
	2. 金融账户	反映金融资产或负债的流向,并考察金融资产的形式(如贷款、股票)及可获得性,是国民账户的重要补充	季度	《宏观时间序列数据库》《特别统计刊物4》
	3. 资产负债表	整合所有的(包括生产性或非生产性)非金融资产(如房地产、机器设备等),分别描述各个部门及总体经济的资产状况	季度	《部门和宏观资产负债表》
二、货币和资本市场	4. 证券发行	包括债券、股票、衍生品等的发行数据。债券发行主要统计各类债券每月销售、赎回、余额、利率及剩余期限等方面的数据。股票发行提供国内发行者股票销售、资本变化等方面的数据。股票交易与衍生品统计提供德国股票交易与欧洲期货产品的交易信息	月	《宏观时间序列数据库》《统计副刊2》《月度报告》

---

① 这些发布平台均可在德意志联邦银行官方网站(www.bundesbank.de)上找到。其中,出版物(Publications)项下分别有两个专栏,即《统计副刊》(Statistical Supplements,共5个部分,分别以"统计副刊1~5"命名),以及《特别统计刊物》(Special Statistical Publications,共12个部分,分别以"特别统计刊物1~12"命名)。

第八章 德国金融统计

续表

	项目	内容	频度	发布载体
二、货币和资本市场	5. 证券持有	证券持有的微观数据,包括德国境内金融机构自身及国内外客户的证券持有情况	月	《证券持有统计时间序列表》
	6. 利率与收益			
	中央银行利率	包括欧央行利率,欧央行1948—1998年的贴现利率、1999年以后的基准利率以及1985—1998年的回购利率		《宏观时间序列数据库》《月度报告》
	货币市场利率	自1998年12月30日起,欧元同业拆借利率(EURIBOR)代替法兰克福同业拆借利率(FIBOR)。自2012年6月1日起,不再收集法兰克福银行的货币市场利率	日;月	《宏观时间序列数据库》《月度报告》
	债券收益率	债券收益率通过单只债券实际年利率的加权计算得到,原则上只有根据规则发行且期限在4年(含)以上的单只债券才被用于计算总的债券收益率	日	《宏观时间序列数据库》《统计副刊2》
	联邦证券的价格与收益率	长期联邦债券、5年制联邦债券与中期联邦债券均可在德国资本市场上进行交易,交易价格及收益率随交易日更新	日	《宏观时间序列数据库》《联邦证券》
	利率期限结构	债券市场的利率期限结构体现出利率与无风险债券期限之间的关系,利率期限结构一般根据附息债券收益率的估计值进行计算	日	《宏观时间序列数据库》《统计副刊2》
	折现率	有关规则与细节由《准备金折现管理条例》(可在德国联邦司法部网站上找到)规定	月	《宏观时间序列数据库》

续表

项目		内容	频度	发布载体
二、货币和资本市场	存贷款利率	货币金融机构的存贷款利率，包括根据非金融企业与住户借款余额计算的加权平均利率	月	《宏观时间序列数据库》
	7. 场外衍生品	德国半年度场外衍生品数据是国际清算银行支持下的全球报告的一部分。该项统计的目的是在世界范围内获取全面且具有国际一致性的场外衍生品市场的规模与结构信息。统计范围包括股权和商品衍生品等的名义数量与市场价格，以及与衍生品相关的信用敞口等信息	半年	《宏观时间序列数据库》
	8. 支付数据统计	包括德国居民的支付行为与金融结构方面的数据，是监管支付和清算系统的重要数据来源		《支付和交易、清算和结算统计》
三、银行与其他金融机构	9. 银行			
	资产负债表	主要是货币金融机构的资产负债表。出于审慎监管的目的，德意志联邦银行也收集信贷机构和投资公司的资产负债数据。该项统计是编制德国货币金融机构合并报表和欧元区货币总量的重要信息来源	月	《宏观时间序列数据库》《统计副刊1》《特别统计刊物1~2》
	借贷数据统计	依据企业和住户提供详细的贷款分类数据	月	《宏观时间序列数据库》
	利润表统计	自1968年起，德意志联邦银行每年公布全部银行的利润表数据，并于每年9月在《德国信贷机构发展状况》中发布相关数据分析报告。自2008年第一季度起，全机构的年度数据与11个主要银行的季度数据均发布于其官方网站的《数据表》中	全部机构按年发布，重要的11家机构按季度发布	《月度报告》《数据表》

第八章　德国金融统计

续表

项　目		内　容	频度	发布载体
三、银行与其他金融机构	地区银行数据	按州划分的地区银行统计数据。按地区划分的地区是指银行的所在地而非客户的所在地	季度	《统计副刊1》《特别统计刊物3》
	10. 保险公司和养老基金	自2014年11月28日起，欧央行开始实行新的保险公司统计报告条例（ECB/2014/50），要求各国央行尽量从欧盟偿付能力Ⅱ（Solvency Ⅱ）框架规定的监管报告中获取数据；对于一些仍需补充的数据，欧央行与欧洲保险和职业养老基金管理局合作发布保险数据的补充报表	季度	《宏观时间序列数据库》
	11. 投资公司	包括投资基金和特殊基金的全面信息，具体涉及基金的资产与数量、余额与销售量、发行与回购价格、基金流入与流出等数据	月	《宏观时间序列数据库》《统计副刊2》
	12. 金融载体公司	依据《欧洲中央银行关于统计从事证券交易的金融载体公司资产和负债的规定》（ECB/2013/40），自2010年第一季度起，在每季度末调查德国所有金融载体公司的资产与负债情况	季度	《数据表》
四、企业与住户		包括产出、订单量、税收、劳动力成本、房地产价格、物价等方面的经济数据	月	《宏观时间序列数据库》《特别统计刊物5~6》
五、公共财政		联邦财政部估算当年的政府赤字和债务水平，最终由德国提交欧盟委员会	半年	《宏观时间序列数据库》

续表

项 目	内 容	频度	发布载体
六、国际收支和其他外部数据	主要包括国际收支、外债水平、国际投资头寸、各类机构的境外投资头寸、直接投资、跨境企业行为、汇率以及德国价格竞争力指数等方面的数据		《宏观时间序列数据库》《特别统计刊物10》《统计副刊5》

三、统计协调与信息共享

除金融数据外，德意志联邦银行还会发布一些宏观经济数据，这涉及与德国联邦统计局（Federal Statistical Office of Germany）的分工与协作。同时，在对金融机构的监管方面，德意志联邦银行需与德国联邦金融监管局进行合作和数据共享。

（一）德意志联邦银行与德国联邦统计局的分工与协作

德国国民账户统计包含了实体部门、财政部门、人口数据、金融部门，以及国际收支和其他外部数据等。其中，前三项主要由德国联邦统计局负责收集和统计，后两项主要通过德意志联邦银行获得。总体来说，德意志联邦银行与德国联邦统计局之间是友好的分工协作关系。为加强合作，双方签订了《关于合作的谅解备忘录》（见附录），为减少重复统计、提高数据利用率打下了良好基础。

（二）德意志联邦银行与德国联邦金融监管局的合作与数据共享

1962—2002年，德国对金融业实行分业监管。在这一期间，德意志联邦银行、联邦银行监管局、联邦证券监管局和联邦保险监管局共同承担主要的金融监管职能（审计部门和银行同业协会等私人监管部门起辅助作用）。2002年5月1日，根据《金融监管一体化法案》，德国联邦金融监管局（Federal Financial Supervisory Authority，BaFin）宣告成立，取代原来的联邦银行监管局、联邦证券监管局和联邦保险监管局，对德国境内银行业、证券业和保险业等所有金融机构实行统一监管，并与德意志联邦银行密切合作。同时，德意志联邦银行承担了部分金融监管职能，如德国《银行法》规定"为降低监管成本，提高监管效率，监管当局在各地不得设立任何形式的分支机构，各地金融监管职能由中央银行的分支机构代为承担"。同时，德意志联邦银行利用自身分支行优势，负责每天向德国联邦金融监管局报送各地区银行汇总数据，为其更好地行使监管职能提供依据。

在数据共享方面，德国《银行法》规定"金融监管机构与德意志联邦银行要允许对方为了执行该法律所赋予的职责而登录各自的数据库"，但前提是要遵守《联邦数据保护法》。如当德国联邦金融监管局在德意志联邦银行数据库的检索次数达到一定限度时，德意志联邦银行就会记录时间、细节等操作情况，以便确认数据检索者的身份。德国联邦金融监管机构和德意志联邦银行还可以根据需要编制联合数据报表。

四、危机后的反思及挑战

2008年国际金融危机以来，主要发达经济体对传统金融统计框架进行了全面分析和深刻反思，德国金融统计也面临着新的挑战。首先，德国金融体系结构的变化要求有新的金融统计框架与之相适应。德国金融体系在传统上以银行业金融机构为主导，但随着金融业的创新和发展，新业务、新工具不断涌现，银行业金融机构的占比呈下降趋势。金融业结构的新特点要求金融统计框架必须及时调整和跟进。其次，金融统计部门在数据收集和信息披露方面的任务更加艰巨。各种新的金融业务和交叉性金融产品的出现，加剧了金融风险的隐蔽性，加重了其危害程度。如何对金融业务进行穿透式监管、如何及时发现并提前预警潜在的金融风险，这些都是金融统计部门需要解决的问题。因此，危机后，德意志联邦银行的金融统计在范围上进一步扩展，在统计内容上更加精细化和微观化，以达到既能为微观审慎管理提供必要的前瞻性信息，又能满足宏观审慎管理的系统性信息需求的目的。

第二节 德国金融统计的最新进展

2008年国际金融危机后，为应对数据缺口问题，2008年7月，欧央行制订了 2009—2012 年统计工作中期计划。2013 年，在上一统计工作中期计划到期后，欧央行又制订了 2013—2016 年统计工作中期计划，并在 2016 年工作计划中持续推进金融统计工作。德意志联邦银行作为欧央行体系的重要一员，在德国范围内积极推进金融统计工作中期计划，并在相关领域进行持续研究。在货币统计方面，深耕传统的信贷统计领域，与欧央行合作建设信贷分析数据库（Analytical Credit Dataset，Ana Credit）。在其他金融统计方面，从两个方面进行拓展：一是在统计范围上不断扩充，特别是突出和强化了对金融载体公司（Financial Vehicle Corporations，FVCs）的统计；二是在方法上持续更新，如将"从谁到谁"（Whom – to – Whom）的统计基础和颗粒化的数据采集方式运用到证券持有统计（Securities Holdings Statistics，SHS）中。

一、货币统计

近期金融部门和金融市场的发展情况显示，若要更高效地推行货币政策、保持金融稳定，需要更精细、更颗粒化、更高频度以及更标准化的信贷和风险数据支撑。因此，2014 年 4 月 8 日，欧央行公布了一项决议，即《欧洲中央银行关于欧洲央行体系开展采集颗粒化信贷数据准备工作的决议》（*Decision of the European Central Bank on the Organization of Preparatory Measures for the Collection of Granular Credit Data by the European System of Central Banks*）（ECB/2014/6，后修订为 ECB/2016/14），计划于 2018 年初建立涵盖欧元区所有成员国（以及有意愿加入的其他国家）的新中央信贷登记系统（Central Credit Registers，CCR），以便促进欧元区信贷统计的标准化，从而监测欧元区信贷产品类别、属性、金额等情况。其中，欧洲各国中央银行的首要任务是推行信贷分析数据库（Ana Credit）建设。这项计划要求信贷机构提供丰富的逐笔信贷数据（Loan – by – Loan），包括期限、利率、抵押方式等细节信息（见表 8 – 2）。该项统计分阶段逐步扩大范围，2016 年仅统计金额超过 5 万欧元的贷款，2018 年则要将超过 2.5 万欧元的贷款全部纳入统计范围。

表 8-2　信贷分析数据库中企业及私营个体的报数要求

类别	企业报数要求	私营个体报数要求
机构	信贷机构	—
信贷类型	透支	透支
	融资租赁	融资租赁
	按揭	按揭
	分期贷款	分期贷款
	信用卡债务	信用卡债务
	商业票据	其他贷款
	其他贷款	—
门槛值	2016 年：>50000 欧元	同前
	2018 年：>25000 欧元	
范围	2016 年：仅国内机构发放	同前
	2018 年：加入外资机构境内分支机构发放	
信贷合同细节	期限	期限
	授信额度、实际使用额度	类型
	抵押方式	抵押方式
	违约率、违约损失率	违约率、违约损失率
	是否不良	是否不良
	风险加权资产	风险加权资产
	年利率	年利率
	财团贷款	—
	次级债务	—
借款人	居民法人	居民自然人
	非居民个人企业家	—

二、其他金融统计

（一）金融载体公司统计

自 2010 年第一季度（统计 2009 年末的数据）起，德意志联邦银行开始根据《欧洲中央银行关于统计从事证券化交易的金融载体公司资产和负债的规定》(ECB/2008/30,后修订为 ECB/2013/40)统计德国境内相关金融载体公司的资产、负债业务及背景信息。新统计的主要目的是更详细地了解欧元区其他金融中介(Other Financial Intermediaries,OFIs)的发展情况,以及货币金融机构(Monetary Financial Institutions,MFIs)与其他金融中介向非金融部门的借贷行为,从而强化了货币金融机构对证券交易市场和风险传递的反映。在该项统计中,根据证券化的类型,FVCs 被分为以下几类:(1)从事传统证券化(Traditional Securitization)业务的 FVCs;(2)从事合成证券化(Synthetic Securitization)业务的 FVCs;(3)从事保险证券化(Insurance-Linked Securitization)业务的 FVCs;(4)其他的 FVCs。德国的 FVCs 统计主要涉及前两种类型(见表 8-3)。

表 8-3　　　　2017 年德国主要 FVCs 的资产和负债统计　　　　单位:十亿欧元

Ⅰ. 从事传统证券化 FVCs 的资产和负债统计

资产	合计	存款与债权	证券化的债务	债券持有	其他证券化资产	权益和投资基金	其他资产
余额							
2017Q1	48.89	1.78	45.99	0.00	0.00	0.00	1.12
2017Q2	48.23	1.53	45.71	0.00	0.00	0.00	1.00
2017Q3	46.87	1.35	44.66	0.00	0.00	0.00	0.87
2017Q4	50.52	2.85	46.77	0.00	0.00	0.00	0.91
新增额							
2017Q1	-0.94	0.26	-1.20	0.00	0.00	0.00	0.00
2017Q2	-0.66	-0.25	-0.28	0.00	0.00	0.00	-0.13
2017Q3	-1.36	-0.18	-1.06	0.00	0.00	0.00	-0.13
2017Q4	3.65	1.50	2.11	0.00	0.00	0.00	0.04

负债	合计	债务与存款	债券发行	资本与准备金	其他负债
余额					
2017Q1	48.89	2.37	46.27	0.00	0.25
2017Q2	48.23	2.25	45.72	0.00	0.26
2017Q3	46.87	2.12	44.57	0.00	0.19
2017Q4	50.52	3.43	46.88	0.00	0.21

续表

负债	合计	债务与存款	债券发行	资本与准备金	其他负债
新增额					
2017Q1	-0.94	-0.05	-0.93	0.00	0.04
2017Q2	-0.66	-0.12	-0.55	0.00	0.00
2017Q3	-1.36	-0.14	-1.16	0.00	-0.07
2017Q4	3.65	1.31	2.31	0.00	0.02

Ⅱ. 从事合成证券化 FVCs 的资产和负债统计

资产	合计	存款与债权	证券化的债务	债券持有	其他证券化资产	权益和投资基金	其他资产
余额							
2017Q1	2.40	0.02	0.00	2.38	0.00	0.00	0.00
2017Q2	2.40	0.02	0.00	2.37	0.00	0.00	0.00
2017Q3	2.39	0.02	0.00	2.37	0.00	0.00	0.00
2017Q4	2.57	0.02	0.00	2.55	0.00	0.00	0.00
新增额							
2017Q1	-0.04	-0.04	0.00	0.00	0.00	0.00	0.00
2017Q2	-0.01	0.00	0.00	-0.01	0.00	0.00	0.00
2017Q3	0.00	0.00	0.00	0.00	0.00	0.00	0.00
2017Q4	0.17	0.00	0.00	0.17	0.00	0.00	0.00

负债	合计	债务与存款	债券发行	资本与准备金	其他负债
余额					
2017Q1	2.40	0.00	2.40	0.00	0.00
2017Q2	2.40	0.00	2.39	0.00	0.00
2017Q3	2.39	0.00	2.39	0.00	0.00
2017Q4	2.57	0.00	2.56	0.00	0.00
新增额					
2017Q1	-0.04	0.00	-0.04	0.00	0.00
2017Q2	-0.01	0.00	-0.01	0.00	0.00
2017Q3	0.00	0.00	0.00	0.00	0.00
2017Q4	0.17	0.00	0.17	0.00	0.00

(二) 证券持有统计

近年来，德意志联邦银行开始启动证券持有统计（SHS）。SHS 是德国证券统计的重要模块，能够提供"证券持有由谁到谁的结构数据"。该项统计通过采集高度颗粒化的证券持有信息，利用逐笔（Security – by – Security）数据填补信息缺口。自 2014 年初起，证券持有统计方法开始运行，并建立起专门的证券持有数据库（Securities Holdings Statistics Database，SHSDB），与中央证券数据库（Centralized Securities Database，CSDB）形成链接（见表 8 – 4）。数据库系统由两部分组成，一是德意志联邦银行控制的数据处理系统，二是欧央行控制的数据分析系统。各报数机构按照统一的属性分类标准报送每只债券的元数据，由德意志联邦银行在数据处理系统中进行合理性校验，并在校验通过后提交给数据分析系统。数据分析系统会以颗粒度级别储存数据，并通过与其他具有参考性的统计数据进行比对，进一步校验数据的准确性。

表 8 – 4　　　　证券持有数据库与中央证券数据库的链接

中央证券数据库 (Centralized Securities Database，CSDB) 谁发行了什么		证券持有数据库 (Securities Holdings Statistics Database，SHSDB) 谁持有了什么	
例子： A 发行人	发行证券 B	被 C 持有	金额是×欧元
发行人统计内容：	发行工具统计内容：	持有人统计内容：	持有情况统计内容：
发行人代码 (Issuer Identifier)	证券编号 ISIN (Instr. Identifier)	集团名称 (Group name)	持有金额 (Holding amount)
发行人名称 (Issuer name)	工具类型 (Instrument type)	集团国别 (Group country)	额度类别 (Amount type)
发行人部门 (Issuer sector)	余额 (Amount outstanding)	实体名称 (Entity name)	价值类型 (Valuation type)
发行人地区 (Issuer country)	价格 (Price)	实体国别 (Entity country)	合并标志 (Consolidation flag)
……	……	……	……

SHSDB 包括两个数据模块，即证券持有统计部门（SHS Sector）和证券持有统计集团（SHS Group）。SHS Sector 模块统计单个国家的机构部门所持有证券的汇总信息，SHS Group 模块则为 25 家总部在欧元区的最大银行集团统计的单个持有人持有证券的信息。SHS 从单个证券的层面收集证券持有颗粒数据，数据报送机构不需要进行数据汇总，只需报送一套包含国际证券识别码（International Securities Identification Number，ISIN）的逐笔记录、持有人以及证券价值的基础信息。以 ISIN 作为匹配要素，证券持有统计中基于单只证券的颗粒化数据可以与其他数据库相链接。当证券持有统计数据与中央证券数据库进行链接之后，证券持有统计数据将会根据 ISIN 获取大量的其他属性信息，并且可以在发行人和持有人中自由组合，进而产生多种分类和汇总数据。

目前，证券持有统计数据集成系统已形成科学的数据处理流程。一是数据收集科学有效。系统以一种通用的数据结构格式接收原始数据，并从颗粒度和汇总两个层面对其合理性进行检查，以确保数据的一致性。二是数据估值统一。证券持有统计涵盖了持仓、交易、其他现金流和投资收益等数据。由于持仓的市场估值采用了不同货币计量单位，为方便分析，系统会将数据统一折算为欧元计价。三是数据质量评估完善。系统将整合的证券持有数据与其他参考统计数据（包括证券持有的汇总数据，如货币金融机构的资产负债表数据）进行比对，进一步监测数据和评估数据质量，如发现数据不一致，将重新进行整体性的调整。

第三节　德国金融账户统计

德国金融账户是德国国民账户下的子账户，用来统计国民经济各部门因金融交易引起的金融资产和负债的增减变化，提供金融资产和负债的存量和流量信息，并由此反映金融体系的运行情况和结构特征，以及金融资金的来源和运用渠道。金融账户可以为德意志联邦银行分析货币政策传导机制、监测金融体系稳定性等提供依据，还可以为公众的日常投资决策提供参考。

德国金融账户最早发布于1955年,之后随着基础统计的深入发展,金融账户的内容也不断扩充。德国金融账户主要基于季度数据进行编制(相关源数据可见德意志联邦银行官方网站公布的《宏观时间序列数据库》),金融账户年度数据发表在德意志联邦银行官方网站公布的《特别统计刊物4》上。

一、主要内容

德国金融账户是依据德国金融体系(见图8-1),从部门和金融工具两个维度来编制的。因此,金融账户首先进行了部门划分和金融工具分类。在总体框架上,这些划分和分类基本遵循欧洲账户体系(ESA2010)的相关规定。

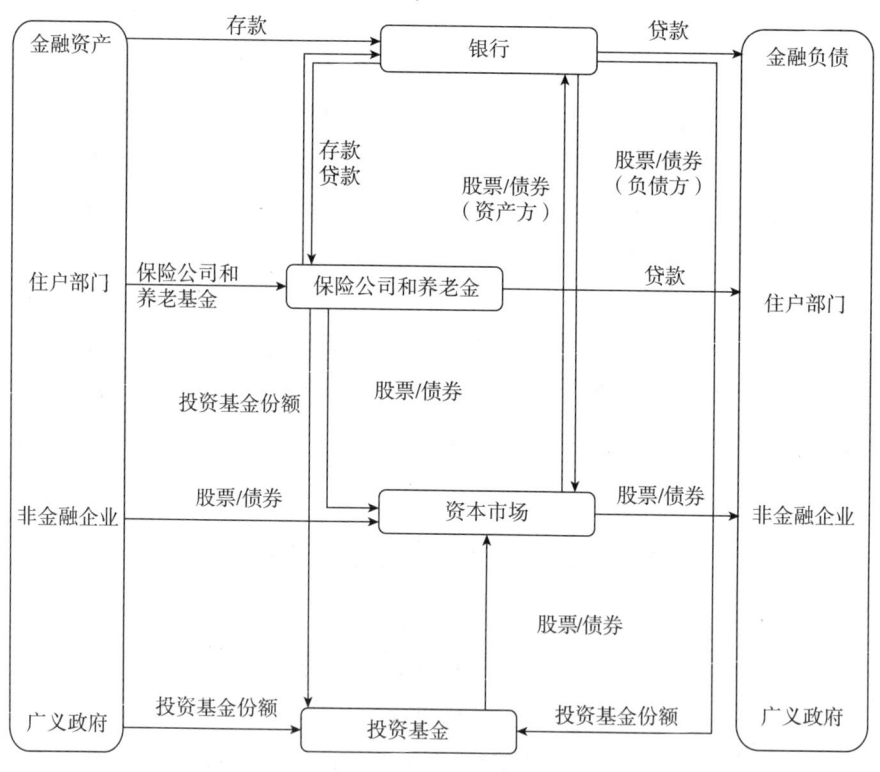

图8-1 德国金融体系

德国金融账户划分了三大部门。一是国内非金融部门,该部门包含三

第八章 德国金融统计

个子项：(1) 非金融性公司，即主要从事商品生产和非金融性服务的公司和准公司，如有限公司、合伙企业等。(2) 广义政府，包括联邦、州、市镇三级政府以及社保基金。(3) 住户及为其服务的非营利机构。其中，住户指一切消费实物和金融商品、服务的个人和群体。除传统住户外，还包括非法人企业（不含准公司）、非营利机构（包括政党、工会和教堂）等。二是国内金融部门，该部门也包含三个子项：(1) 货币金融机构，其中包括中央银行、商业银行、货币市场基金。(2) 其他金融机构，指那些不参与货币创造、不提供保险服务的金融机构，如证券商、投资基金等。(3) 保险公司和养老基金。三是世界其他地区，主要记录德国境内机构与境外机构之间的交易。

在德国金融账户中，金融工具分为八个大类。一是货币黄金和特别提款权，是用于国际结算的工具。二是通货与存款，具体又分为通货、可转让存款（Transferable Deposits）、定期存款、储蓄存款（Savings Deposits）和储蓄存单（Savings Certificates）。货币当期净发行额记为金融机构的负债变化，各部门当期存款的净增加额记为各部门的资产变化和金融机构的负债变化。三是债务证券，其中包括短期债务证券和长期债务证券。各部门当期购买减去处置后的净额记为各部门的资产变化，各部门当期发行减去兑付后的净额记为各部门的负债变化。四是贷款，其中包括短期贷款和长期贷款。各金融机构当期对企业、政府、住户及国外发放的贷款减去当期清偿贷款后的净额记为金融机构的资产变化以及各借入部门的负债变化。五是股权和投资基金份额（equity and investment fund shares），这个大类包括上市股票、非上市股票、其他股权和投资基金份额。法人企业当期新发行股票及其他股权净额记为股票购买者或产权所有者所属部门的资产变化，并记为股票发行企业所属部门的负债变化。六是保险、养老金和标准化担保计划（insurance, pension and standardized guarantee schemes），具体包括非寿险准备金及标准化担保代偿准备金（non-life insurance technical reserves and provisions for calls under standardized guarantees）、寿险和年金权益（life insurance and annuity entitlements）以及养老金权益（pension entitlements）。记录规则为按当期交易引起的增减净额分别记为住户部门的资产变化和金融机构的负债变化。七是金融衍生工具和雇员股票期权（financial derivatives and employee stock options）。八是其他应收/应付账款（other accounts receivable/payable）。记录规则为按照当期发生的结算净额分别记为应收机构所属部门的资产变化和应付机构所属部门的负债变化。

二、编制方法

（一）计值原则

1. 市场价格计价原则

德国金融账户中金融工具的存量和流量计值均采用市场价格（交易价值）计算。在这个原则下，资产（或负债）在持有期内发生的价值变化会导致流量与存量数值上的不匹配，因此需要另外建立一个调整账户（Reconciliation Account）来反映资产负债从初始价值、交易情况、价值重估到期末价值的变化过程。

2. 净流量原则

德国金融账户流量通常反映的是净流量，即资产（或负债）增减抵消后的最终结果。这一方面是为了遵循 ESA2010 的要求，另一方面也是为了使该计算结果与由存量计算得到的流量结果保持一致。

3. 复式记账原则

德国金融账户采用复式记账法，对每笔交易都记录两次。资产的增加或减少记录在运用方，负债的增加或减少记录在来源方。这一记录原则使金融账户上各部门发生的各种交易都能得到一致的反映。

（二）数据来源

德国金融账户数据的获取有直接途径和间接途径。前者指调查数据，即直接从企业或住户获得符合要求的数据，其优点是合规性高，缺点是可能遭遇被取数机构的不配合和取数的高成本。后者指通过其他机构（如征信机构等）获取数据，其优点是数据可获得性高、详细可靠、具有可比性且时滞短，缺点是数据不一定符合 ESA2010 的要求，需要附加对数据进行补充和调整的信息。

金融账户以基础统计为依据，因此，数据来源主要包括金融机构统计，如货币金融机构统计、证券持有统计和保险公司金融头寸统计等。同时，资本市场统计、国际收支统计、公司资产负债表统计以及政府财政统计等也都是金融账户数据的重要来源。

（三）主要方法

德国金融账户的编制遵照两个原则：一是优先遵循从下到上原则，即先计算机构子部门、金融工具子分类数据，然后再汇总计算上级目录的数据。若机构子部门、金融工具子分类的数据不可得，则采用从上到下的方法，即由上级账户数据分解计算出下级账户数据。二是确保数据质量原则。为保证金融账户中国内部门统计数据的准确性，首先要按照统计的层级来计算各种机构和金融工具对应的数据，其次根据国外账户来调整由统计方法不同而导致的数据差异，最后通过比较金融工具数据和部门数据的一致性来检查数据的准确性。

（四）金融账户的变更与修订

当基础统计制度或内容发生变化时，金融账户也会随之进行变更与修订，主要包括以下情况：一是改变基础统计中的源分类及机构定义和分类，二是基础统计中用新数据替代旧数据，三是改变基础统计中的统计制度和方法。

三、报表体系

德国金融账户由一系列报表组成。就编制方法而言，包含了两类报表：一是合并（Consolidated）报表，其数据均为将同一部门内部不同单位之间的交易进行轧差后的结果，这类报表只反映该部门与其他部门之间的交易情况，不反映部门内部交易情况。二是汇总（Unconsolidated）报表，其数据没有进行轧差，这类报表能够反映一个部门内部的交易情况。就报表的数据性质而言，分为两个方面：一是当期发生额，主要指金融（或非金融）资产的买入额与卖出额，以及二者相互抵消后的净发生额；二是期末余额，主要指金融（或非金融）资产与负债的期末余额，以及二者相互抵消后的净资产余额。这些报表用罗马数字进行编号，共有13组（Ⅰ~ⅩⅢ）25张表。从内容看，可分为三大部分。

(一) 第一部分：分部门统计

该部分主要由组Ⅰ中的3张报表（Ⅰ.1、Ⅰ.2、Ⅰ.3）构成，其中，表Ⅰ.1与Ⅰ.2统计的是当期发生额，分别统计了各部门当期金融（或非金融）资产的买入额与卖出额。表Ⅰ.3反映的是期末余额，统计了各部门的资产、负债及资产净额。这组报表采用的是合并方式编制，不反映部门内部的交易情况。由于各统计指标项下的子项基本一致，因此我们仅以表Ⅰ.3为例给出样表（见表8-5）。

表8-5　　　　　　Ⅰ.3. 金融资产与负债（节选）

项目	ESA2010 编码	2011年	2012年	2013年	2014年	2015年	2016年
						年末余额（十亿欧元）	
金融资产							
非金融企业	S.11	2279.6	2553.0	2779.9	2849.8	3135.9	3251.3
广义政府	S.13	954.7	1067.4	1067.8	1118.1	1128.2	1140.1
住户	S.14/S.15	4589.6	4817.7	5015.3	5250.3	5505.2	5757.2
非金融部门合计		7823.9	8438.1	8862.9	9218.2	9769.3	10148.6
金融性公司	S.12	11690.4	12203.5	11406.9	12247.5	12445.4	13026.4
货币金融机构	S.121/S.123	8006.2	8116.4	7332.3	7730.2	7716.7	8023.3
其他金融性公司	S.124/S.127	1899.3	2135.7	2053.2	2289.4	2441.1	2586.8
保险公司	S.128/S.129	1784.9	1951.4	2021.5	2227.9	2287.6	2416.3
所有国内部门合计	S.1	19514.3	20641.6	20269.8	21465.7	22214.7	23174.9
负债（子项基本同上）							
金融资产净额							
非金融部门		203.2	312.0	427.6	518.2	892.4	1064.2
金融性公司	S.12	327.7	413.7	299.1	484.5	380.5	450.8
所有国内部门	S.1	398.0	588.2	631.8	895.2	1167.2	1395.7
						占可支配收入的比重（%）	
金融资产							
非金融企业	S.11	100.7	111.2	118.5	117.2	124.2	124.6
金融性公司	S.12	516.7	531.7	486.3	503.6	493.0	499.3
广义政府	S.13	42.2	46.5	45.5	46.0	44.7	43.7

续表

项 目	ESA2010 编码	2011 年	2012 年	2013 年	2014 年	2015 年	2016 年
住户	S.14/S.15	202.8	209.9	213.8	215.9	218.1	220.7
所有国内部门	S.1	862.4	899.4	864.2	882.7	879.9	888.3
负债（子项基本同上）							

（二）第二部分：各部门分金融工具统计

该部分主要由组Ⅱ～Ⅺ这10组20张表构成。组Ⅱ-Ⅺ报表分别反映了非金融企业、国内金融性公司、广义政府、住户和为住户服务的非营利机构，以及国外部门等部门分金融工具的统计情况，均采用汇总的编制方式。以组Ⅱ（非金融企业S.11）为例，其包含两张报表Ⅱ.1和Ⅱ.2，分别为金融资产（负债）的当期发生额与期末余额。我们以Ⅱ.1为例给出样表（见表8-6）。

表8-6　Ⅱ.1 非金融企业金融资产的买入与卖出额（节选）　　单位：十亿欧元

项 目	ESA2010 编码	2011 年	2012 年	2013 年	2014 年	2015 年	2016 年
金融资产的买入额							
货币黄金与特别提款权	F.1						
通货与存款	F.2	1.21	2.13	10.33	-10.74	34.02	36.59
通货	F.21	-0.02	0.95	-0.15	0.15	0.14	2.17
可转让存款	F.22	24.65	47.82	12.85	10.37	35.77	28.75
其他存款	F.29	-23.41	-46.64	-2.37	-21.26	-1.89	5.67
定期存款		-22.94	-47.22	-3.15	-21.12	-2.62	5.07
短期定期存款		-36.73	-44.79	-11.74	-20.70	-3.87	2.19
长期定期存款		13.79	-2.43	8.59	-0.42	1.25	2.88
储蓄存单		-0.17	-0.42	-0.05	0.19	0.49	0.76
储蓄存款		-0.31	1.00	0.83	-0.32	0.25	-0.16
短期储蓄存款		-0.06	0.85	0.47	-0.24	0.30	-0.18
长期储蓄存款		-0.25	0.15	0.36	-0.08	-0.06	0.02
债券	F.3	4.86	-2.65	4.76	-5.38	-0.93	-3.22

续表

项目	ESA2010编码	2011年	2012年	2013年	2014年	2015年	2016年
短期债券	F.31	2.15	-2.61	1.56	1.62	-0.77	-0.57
长期债券	F.32	2.71	-0.03	3.20	-7.00	-0.15	-2.65
贷款	F.4	0.49	38.30	-6.00	18.52	27.00	10.37
短期贷款	F.41	19.67	22.48	10.27	33.19	25.81	6.66
长期贷款	F.42	-19.18	15.82	-16.27	-14.67	1.20	3.71
股权和投资基金份额	F.5	65.92	40.37	40.81	-1.83	46.53	60.85
股票	F.51	57.68	40.56	33.16	8.56	30.19	55.03
上市股票	F.511			8.70	-1.62	-10.41	20.66
非上市股票	F.512	20.45	12.64	-11.68	-0.61	-8.08	-2.24
其他股权	F.519	35.26	29.35	32.78	15.62	36.22	26.49
投资基金份额	F.52	8.25	-0.20	7.65	-10.38	16.35	5.82
货币市场基金	F.521	0.29	0.03	-0.15	0.23	0.21	0.36
非货币市场投资基金	F.522	7.96	-0.22	7.80	-10.61	16.13	5.46
保险、养老金和标准化担保计划	F.6	0.76	1.44	3.02	1.10	3.03	2.56
金融衍生工具和雇员股票期权	F.7	-13.58	0.72	6.49	-1.26	0.54	-1.76
其他应收账款	F.8	39.14	107.80	168.06	-77.10	29.85	-26.22
商业信用和预付款	F.81	37.03	29.17	7.94	8.30	10.98	28.44
合计	F	98.81	188.10	227.47	-76.69	140.04	79.17
金融资产的卖出额（子项基本同上）							
合计	F	111.82	102.23	66.12	32.66	79.87	105.05

（三）第三部分：汇总报表

该部分是德国金融账户的最终表现，由前两部分而成，以部门与金融工具两个维度的矩阵形式展现，采用合并方式编制，其中包含组XII与组XIII各1张（共2张）表，组XII是当期发生额表，组XIII是期末余额表。我们以表XIII为例（见表8-7）。

表 8-7　XIII. 2016年各部门的资本与金融账户（节选）　　单位：十亿欧元

| 项目 | 非金融企业 | 国内金融性公司 | | | | | 广义政府 | 住户及为其服务的非营利机构 | 国内非金融部门 | 国外部门 | 所有部门 |
		货币金融机构	非货币市场投资基金	其他金融机构	保险公司和养老金	合计					
金融资产											
货币黄金与特别提款权		134.2				134.2				15.4	149.6
通货与存款	514.8	1643.5	75.4	194.6	459.2	2372.7	322.2	2261.2	3098.2	1538.8	7009.7
通货与可转让存款	414.1	996.2	47.0	47.5	21.6	1112.3	92.7	1389.5	1896.3	1063.9	4072.5
定期存款与储蓄存款	100.8	647.2	28.4	147.2	437.6	1260.4	229.5	871.7	1201.9	474.8	2937.2
债券	44.8	1636.4	911.7	10.9	422.8	2982.0	135.3	160.2	340.3	1908.9	5231.2
短期债券	5.5	7.2	6.8	0.2	2.5	16.7	0.5	4.2	10.2	182.4	209.3
长期债券	39.3	1629.2	904.9	10.8	420.4	2965.3	134.8	156.0	330.1	1726.5	5021.9
贷款	289.6	3323.4	18.6	298.4	275.9	3916.3	158.7		448.2	954.3	5318.8
短期贷款	187.4	355.0		160.4	38.3	553.8	36.3		223.8	435.5	1213.0
长期贷款	102.1	2968.4	18.6	138.0	237.5	3362.5	122.3		224.5	518.9	4105.8
股权和投资基金份额	1929.9	426.1	799.1	198.2	1199.3	2622.7	450.8	1186.8	3567.5	1525.9	7715.4
股票	1770.0	256.1	421.5	176.7	231.8	1086.1	426.8	604.5	2801.3	1377.6	5264.5
国内上市股票	292.3	60.8	104.9	36.3	10.5	212.4	46.0	210.7	549.1	914.9	1676.4
国外上市股票	73.9	22.4	282.2	2.2	2.7	309.6	1.7	90.8	166.5		476.0
其他股权	1403.8	172.9	34.5	138.1	218.7	564.1	379.0	303.0	2085.7	462.2	3112.1
投资基金份额	159.9	170.0	377.6	21.5	967.4	1536.6	24.1	582.2	766.2	148.1	2450.9
货币市场基金	1.9	0.1	4.8	0.2	1.8	6.8	0.0	2.9	4.8	0.5	12.2
非货币市场投资基金	158.0	169.9	372.8	21.4	965.7	1529.8	24.1	579.3	761.4	147.6	2438.7
保险准备金	52.9	0.0			0.0	0.0	0.9	2113.4	2167.2	103.6	2270.8
金融衍生工具和雇员股票期权	27.2	651.7	19.2	21.1	4.4	696.3	-13.6		13.7	519.3	1229.3
其他应收账款	392.1	208.0	32.8	6.7	54.7	302.2	85.7	35.6	513.4	184.0	999.6
合计	3251.3	8023.3	1856.9	729.9	2416.3	13026.4	1140.1	5757.2	10148.6	6749.4	29924.3
金融负债（子项基本同上）											
合计	5001.7	7355.2	1964.9	887.1	2368.4	12575.5	2395.7	1687.0	9084.4	8145.1	29805.0
金融净资产	-1750.4	668.0	-108.0	-157.1	47.9	450.8	-1255.6	4070.2	1064.2	-1395.7	119.3

附录：《德意志联邦银行与德国联邦统计局合作谅解备忘录》

第一章　合作主题

1. 协议双方应以互信精神在统计数据发展、生产与发布的共同职责与相对义务方面通力合作。

2. 双方在国家账户与金融账户、政府部门超额赤字程序、国际贸易与国际收支数据统计中行使不同职责，共同负责跨境企业与欧洲企业注册数据统计，并在季节性调整与宏观经济失衡监测机制（监测经济趋势对经济是否产生反向影响的机制）领域开展合作。

3. 更进一步的合作包括在国际层面履行共同职责，尤其是通过合作共同达成国际货币基金组织数据发布标准；在欧洲层面的合作包括欧洲统计论坛，货币、金融与收支平衡委员会以及委员会工作组方面的统计工作。此外，合作还包括在允许范围内交换信息、提供咨询，这也是欧央行体系统计委员会与欧洲统计系统委员会工作内容的重要部分。

4. 双方应在协定的基础上以补充协议的方式，就其在各自的统计领域内与国际职责的合作方面制定更详细的框架。

第二章　合作范围

1. 双方应根据法律规定与协商决定的时间表，在第一章中规定的合作领域内相互提供履行职责所需要的统计数据及相关信息。

2. 为使双方更好地履行义务，达成对有关工作安排的共识，合作包括统计模型、程序和技术等更深入的事项。特此说明：双方的职责范围不受此影响。

3. 双方应依据有关法律就合作相关领域及时、全面地交换信息。

4. 双方应确保在线公布的数据涉及对方统计范围时会提供有关链接。

5. 在国际层面或欧洲层面执行职能时，双方应在法律规定范围内相互咨询和交换文件。

第三章　常规会议

1. 德国联邦统计局与德意志联邦银行统计部门应每年召开管理层会议，以商讨其共同的统计工作与具有战略重要性的重大问题。

2. 信息应根据工作进度不断更新。

第四章　德意志联邦银行作为数据使用者的特殊权利

信息与意见交换应进一步考虑德意志联邦银行进行货币政策制定和金融稳定分析时，在使用德国联邦统计局提供的实体经济数据与物价水平数据等方面的特殊需求。特此声明：德国联邦统计局的统计职责不受此影响。

第五章　数据保护与可信度

双方强调应以合理方式确保数据保护、可信度监管与违规处理措施的一致性。

第六章　责任

此协议下双方相互责任仅限于有意或重大过失。

第七章　收费

德国联邦统计局与德意志联邦银行不应向对方收取此协定下的任何费用。

第八章　修正

若在该协议签订后的五年内，由任何一方提出要求，双方可相互协商达成一致，按照合理方式修改协议内容。

第九章　终止

1. 此协议可无限延期。
2. 双方可提前一年提出终止协议。通知期限内双方应努力达成新的协议。若在通知期限结束前双方未能达成协议，通知期限仅能被延长一年。

第十章 最终条款

1. 谅解备忘录一式两份，双方各持有一份并确认收悉。
2. 谅解备忘录自签订日起生效。

参考文献

［1］盛松成．建立统一全面共享的金融业综合统计体系［J］．中国金融，2012（7）．

［2］庞皓．德国联邦银行的金融统计对我们的启示［J］．统计研究，2000（6）．

［3］李京阳．德国中央银行的金融统计制度［J］．上海金融，2008（12）．

［4］叶文辉．金融危机后国际金融业综合统计改革及对我国的借鉴［J］．国际金融，2016（6）．

［5］林育芬，安康．欧洲中央银行证券持有统计及对我国金融业综合统计的启示［J］．海南金融，2016（5）．

［6］DEUTSCHE BUNDESBANK, Financial accounts for Germany, http：// www.bundesbank.de/Navigation/EN/Publications/Statistics/statistics.html.

［7］http：//www.bundesbank.de/Navigation/EN/Statistics/statistics.html.

［8］http：//www.bundesbank.de/Navigation/EN/Bundesbank/Research/RDSC/rdsc.html.

第九章 意大利金融统计

自1989年确立意大利银行（The Bank of Italy）[①] 在信贷统计领域的核心地位起，意大利银行不断致力于探索构建较为完整的金融统计框架，以金融账户为核心，建立起覆盖非金融企业部门、金融部门、广义政府部门、住户部门和非居民部门等的多部门统计体系，同时创新经济指标调查方法，形成了涵盖住户财富、企业景气、通胀预期和房地产市场运行的多方位经济调查体系。2008年国际金融危机后，意大利银行重新审视和改进了金融统计制度，强化了对新型金融工具和金融机构等重点风险领域的监测，系统完善了金融账户统计，进一步调整了经济金融运行情况调查统计，促使传统金融统计向货币政策、审慎监管、金融稳定等全面统计转变。

第一节 意大利金融统计的基本情况

一、中央银行角色

1989年9月6日，意大利第322号法令《意大利统计法》颁布，确立了意大利银行在信贷统计领域的核心地位。之后，意大利银行先后完成了三项重要的金融统计改革。一是扩大统计范围。在以往仅收集银行资产负债数据的基础上，扩大信息收集范围，采用新的银行客户分类，以有效整合实体经济和金融账户信息，同时指导各商业银行采用新的信息技术升级数据处理系统，提高数据采集和处理效率。二是改革中央信贷登记系统。20世纪90年代初，为充分了解整个信贷体系伴随社会经济发展出现的新情况、新变化，实时掌控信贷风险，意大利银行将中央信贷登记系统的统计覆盖

[①] 意大利银行为意大利的中央银行。

面扩大至非银金融中介机构。三是重组金融统计部门,完善金融统计体系。20世纪80~90年代,意大利银行重新组建内部统计部门,增设了主管金融中介机构统计信息的全新管理部门以及独立于特定经济分析领域、专职负责信息统计资料分析的研究部门。

作为意大利金融数据的主要生产者,意大利银行在金融统计工作中扮演了一系列重要角色。一是按照自身统计职责定期收集并披露金融统计数据。为提高金融统计信息的可获得性,意大利银行充分履行信息披露义务,在定期发布意大利银行年度报告、全行业金融资产负债数据等常规性金融统计数据的同时,逐步扩大数据公布范围。自1983年开始,启动了以两年为周期的经济公报编制、发布工作。二是适应欧洲国民账户核算体系等国际统计标准的变化,调整编制规则。2000年9月,意大利银行正式采用欧洲国民账户核算体系ESA1995作为金融账户的编制基础,重新划分机构部门和金融工具,并对1995年以来的统计数据进行相应追溯。2014年10月,意大利银行根据ESA2010再次调整金融账户编制规则,同时通过发布特别指引等方式,增进数据使用者对统计数据及统计变量的理解。三是运用多种统计方法,满足创新性和审慎性统计要求。多年来,意大利银行致力于加强统计方法在金融统计工作中的应用与完善。例如,在经济调查中采用科学的抽样技术,在分析关键经济指标时应用季节性调整或时间序列数据处理方法等。

二、金融统计的范围及内容

意大利金融统计工作以欧洲国民账户核算体系ESA1995、ESA2010、国民账户体系SNA2008等国际统计标准为指引,内容涵盖非金融企业、金融企业、广义政府、住户和为住户服务的非营利机构、非居民部门等五大经济活动部门。从统计对象上看,不仅包含国内所有的金融企业,同时也将其他机构部门的经济金融流量和存量数据一并纳入统计范围。其中,金融企业不仅包括意大利银行、银行业金融机构、货币市场基金等货币金融机构,同时还包括证券公司、共同基金等其他金融中介机构以及保险公司和养老基金等。从统计内容上看,主要包括货币与金融统计、公共财政统计、国际收支及其他外部数据统计等。

第九章 意大利金融统计

(一) 货币与金融统计

1. 货币统计

货币统计是欧元区金融统计框架的重要组成部分,意大利银行每月根据国际货币基金组织的数据公布标准,编制和发布相关统计数据,主要包括货币信贷总量,如 M_1、M_2、M_3 指标及其主要构成等。其中,广义货币供应量 M_3 指标的组成部分包括纸币、硬币、活期存款、货币金融机构发行的短期市场化金融工具等。

2. 利率统计

意大利银行开展的利率统计主要涉及四个部分的内容:(1) 欧元区官方利率,包括欧元区存款基准利率、欧元区贷款基准利率、欧央行公开市场操作利率等;(2) 银行间市场同业拆借利率,包括隔夜、1 个月期、3 个月期拆借利率等;(3) 意大利政府债券收益率,包括 3 年期、5 年期、10 年期意大利国债收益率等;(4) 银行业金融机构的存贷款利率,包括根据存款部门归属、交易对手所处地域等口径统计的存款利率,以及根据贷款部门归属、交易对手所处地域、贷款类型、贷款规模、利率固定程度等口径统计的贷款利率。

3. 金融机构统计

金融机构统计主要包括银行业金融机构统计和其他金融中介机构统计两部分内容。其中,银行业金融机构统计的主要任务为编制银行资产负债表,统计内容包括以下七个方面:(1) 银行主要资产和负债项目;(2) 资金的主要来源,如存款等;(3) 根据经济部门、贷款期限、服务类型等口径划分的贷款项目;(4) 分行业贷款及其不良贷款情况;(5) 银行证券资产组合的构成;(6) 银行持有的存款保险;(7) 不同借贷部门所持有的证券化贷款。其他金融中介机构的统计范围包括由银行、证券公司、资产管理公司负责管理的投资组合及其构成,以及意大利投资基金的存量、流量数据等。

4. 金融市场统计

意大利银行按月编制和公布的金融市场统计信息主要包括各类证券(主要为公共证券)的发行情况与收益率数据,具体可分为三类:(1) 证券的总发行量和净发行量,包括公开发行和非公开发行以及根据持有部门划分的证券流量和存量数据；（2）电子债券市场（Electronic Bond Market，MOT）的债券收益率和交易量信息。其中，MOT 作为意大利证券交易市场的重要组成部分，主要负责政府债券的零售交易；（3）政府证券电子交易市场（Electronic Market for Government Securities，MTS）的证券交易信息，如证券交易量、证券平均剩余期限、证券久期、证券基准收益率和国债月度收益率等。其中，MTS 主要负责意大利政府证券的批发交易。

5. 金融账户统计

意大利的金融账户统计旨在以金融资产负债表的形式展现出一国金融资产和负债的整体状况。金融账户详细记录了各部门间因使用金融工具而引起的金融资产和负债的变化，综合反映了各部门的资金来源与去向以及金融市场的供求情况。

6. 住户财富统计

意大利银行的住户财富统计主要包括两个部分：一是住户财富总量及其构成情况统计，二是住户收入和财富调查。

7. 经济金融运行情况调查统计

为更好地服务于经济金融分析，意大利银行自 20 世纪 60 年代起陆续对住户、非金融企业、金融中介机构等机构部门开展抽样调查，逐步形成了以工业和服务企业调查、通胀和增长预期调查、房地产市场调查为代表的经济金融运行调查统计体系。

8. 支付结算数据统计

意大利银行以半年为周期对外发布支付结算数据，主要包含三部分内容。一是客户消费支付数据，主要包括住户和非金融企业对金融机构所提供的零售支付服务以及支付工具的使用情况；二是由意大利银行负责管理的银行间交易清算、结算统计数据，主要包括银行与非银行业金融机构在银行间市场的交易结算数据；三是证券交易清算、结算数据，具体为在意大利境内发行或交易，并以金融工具形式存在的有价证券的清算、结算数据。

（二）公共财政统计

1. 政府债务

为提供全面、可靠的政府财政统计数据，意大利银行每月依据欧央行制定的统计制度计算政府债务,以作为意大利金融账户统计体系的重要组成部分。一般而言,政府债务是指广义政府部门的债务总量,债务通常表现为货币、债务证券、贷款等形式。此外,为确保与《马斯特里赫特条约》中超额赤字的处理方法相一致,部门内债务将被轧差处理。

2. 财政借贷需求

财政借贷需求是指公共账户中经常项目、资本项目、金融项目的现金结余(赤字),它与债务发生和赎回的差额密切相关,反映了以证券、贷款和其他金融工具为形式发生的第三方融资情况。通常而言,财政借贷需求与政府债务的变化并不一致,这主要是由于意大利银行对财政借贷需求的会计处理方法与政府债务有所区别。

3. 财政借贷需求与政府债务的会计差异

财政借贷需求和政府债务的会计处理差异主要体现在:(1)在统计财政借贷需求时,对所有除国库券(Treasury Bills,BOTs)和零息国库债券(Treasury Zero-coupon Certificates,CTZs)以外的证券,无论是发行还是赎回,均按其发行价格计价,而在政府债务统计中则均按证券的面值进行统计。(2)以外币计价且需转换成本币的负债,其汇率计价标准在财政借贷需求统计中采用交易清算日的汇率,而在政府债务统计中采用债券到期日的汇率。(3)指数化证券的计价方式,在财政借贷需求统计中采用赎回时重新计价,在政府债务统计中则采用定期重新计价。

(三)国际收支及其他外部数据统计

1. 国际收支与投资头寸

意大利银行根据《国际收支和国际投资头寸手册》确立的方法规则,按月编制国际收支表和国际投资头寸表,并通过其官方网站公布相关数据。其中,国际收支表记录一定时期内意大利居民与非居民间发生的经济交易情况,通常涉及货物或金融资产所有权的改变、服务的供给、劳务和资本收入的转移以及其他转移支付等内容;国际投资头寸表统计意大利在某一特定时点对外金融资产、负债的存量情况,集中反映意大利对外债权和债务的整体情况。

2. 官方储备

储备资产是货币当局所持有的,能够直接调整国际收支不平衡,或者间接通过外汇市场调整不平衡程度,抑或用于其他目的的对外资产。目前,意大利银行在统计官方储备总量的同时,还将其按外汇储备、国际货币基金组织储备资产、特别提款权、黄金储备和其他形式进行细化分类,并按月在意大利银行的官方网站公布。

3. 外国劳工汇款

外国劳工汇款反映了定居于意大利的移民不通过银行账户(或现金),而通过支付机构或其他被授权中介向国外汇款的相关情况。该项数据按季度对外公布,并在年度数据统计中分别按汇款接收国家和汇出人所在行政区域进行细化分类。

4. 国际货物运输

自1998年起,意大利银行开始进行国际货运专项调查,并按国别估算货运费用和货运市场份额,调查结果最终计入国际收支表的"国际货物运输"项目。在实际使用中,该项数据经常被用于修正外贸数据和评估意大利货船在其他国家开展的货物运输情况。

5. 价格竞争力

为追踪了解主要贸易国家的竞争力水平,意大利银行定期编制62个国家的价格竞争力指数。该指数采用分数形式,其分子为以某一货币计量的生产者物价指数(Producer Price Index,PPI),分母则为该国家主要贸易竞争对手的生产者物价指数加权平均数(以相同货币计量),指数增加代表该国国际竞争力恶化。

6. 其他外部数据

除上述统计内容外,意大利银行还定期收集和发布其他外部数据,如国际旅行数据、技术贸易数据等。自1996年起,意大利银行通过在边境场所(铁路、港口和机场)统计跨境旅行者数量、随机采访部分旅行者等方式,开展关于国际旅行的调查,旨在汇集、填报国际收支表中有关"旅行"和"国际客运"等项目的数据。对于技术贸易的数据统计,意大利银行则是将其国际收支表中涉及技术(除实体货物外)的国际技术贸易数据进行汇总计算,汇总科目的选择则是参考了经济合作与发展组织结合《国际收

第九章 意大利金融统计

支和国际投资头寸手册》制定的技术贸易分类标准。

三、统计协调与信息共享

意大利的金融统计工作涵盖范围较广,主要涉及央行、金融市场监管局、保监局、统计局、财政部五个重要的经济金融部门。为提高金融数据的共享效率,意大利银行与其他经济部门建立了部门协调与数据共享机制。一方面,意大利银行定期将其统计职责范围内的金融数据提供给相应部门。例如,向统计局提供存贷款总量、金融账户数据以及通过住户财富调查、通胀预期和增长预期调查、房地产市场调查等经济调查获得的统计数据,向财政部门提供中央政府负债、地方政府负债、财政赤字等相关数据。另一方面,意大利银行按规定获取和使用其他部门提供的金融统计数据。例如,通过金融市场监管局获取各类金融工具的市值与交易额,各类资产管理公司的财务报表、发行或持有金融工具情况数据;通过统计局获取部分非金融统计数据等。

四、危机后的反思及挑战

2008年国际金融危机后,国际货币基金组织在危机专题报告《应对信息缺口》中指出,2008年国际金融危机暴露了各个国家在进行金融机构和金融系统稳定性评估时存在的巨大信息缺口。随着经济全球化和欧盟一体化的深入发展,意大利与各经济体间的联动效应不断增强,不同国家间相互传导金融风险的可能性大幅提升。2009年希腊爆发债务危机后,受国内公共债务超标问题和意大利银行出台关于"商业银行持有的另一个欧元区国家国债,可以用作从央行获取再融资的担保"等规定的影响,欧元区主权债务危机蔓延至意大利,引发国内经济紧张局面。在此背景下,意大利银行重新审视并完善金融统计制度、弥补统计信息缺口、拓宽金融统计范围、提高统计信息披露质量,从而确保金融宏观调控的有效性。其主要措施包括:修订货币政策和法律框架,弥补数据缺口;拓宽金融统计覆盖范围和数据获取渠道,用统计信息标准化的手段,从源头上解决各类金融数据信息的共享与协调问题;改进和完善金融统计框架,积极构建覆盖银行、证券、保险及境内外机构部门的综合性金融统计体系,最终促使金融统计向为货币政策、金融稳定和监管服务的全面统计转变。

第二节 意大利金融统计的最新进展

一、货币统计

2017年2月,为更好地反映、监测银行业金融机构的资产负债构成及其信贷业务利率,意大利银行将其统计报告中的"货币与金融"板块整体更名为"货币与银行",并对货币金融机构统计的报表体系及统计内容进行了相应的调整。调整后的统计报表体系共计45张报表,分为货币统计、存贷款利率统计、银行资产负债统计三个部分。每个部分的主要调整变化如下。

(一) 货币统计

为更好地保证与欧盟其他地区货币统计数据的可比性和可追踪性,全面监测、反映意大利货币金融机构在其境内的业务经营风险,以及与其他欧盟国家居民部门的金融往来,意大利银行对货币金融机构资产负债表中的贷款、存款等统计科目按照本国居民部门和其他欧元区居民部门加以细分统计,同时在相关报表中增设货币金融机构的子部门,以加强对货币金融机构间金融交易往来的统计监测。此次调整共涉及13张报表,统计内容囊括了从狭义货币到广义货币的多层次货币供应情况,以及意大利银行的资产负债情况、意大利其他货币金融机构的资产负债情况等。

(二) 存贷款利率统计

存贷款业务是意大利银行业最传统的资产负债业务,其利率水平在一定程度上影响着整个银行业的经营走向。因此,为了更深入地监测分析存贷款业务,意大利银行对存贷款利率统计的相关内容进行了调整,主要表现在以下几个方面:一是新增对银行贷款利率综合水平的统计监测,全面记录住户及非金融企业的信贷融资成本;二是增加对住户和非金融企业贷款的总量统计,与对应口径的贷款利率监测相互补充,形成对住户和非金融企业贷款的全面风险把控;三是建立住户和非金融企业存贷款利率统计监测体系,持续从贷款类型和存款期限两个维度对相关利率水平开展动态监测。

(三) 银行资产负债统计

一是扩大银行业务的统计范围，如增加按实际经济用途划分的贷款统计细项，延长按经济活动分类的贷款及不良贷款的统计时序；二是加强对金融市场交易链条的风险监测，如新增按经济部门分类的不良贷款统计，扩大对银行资产（负债）业务的交易对手信息统计，将存款持有部门的统计范围从其他部门扩大至货币性金融机构、广义政府和其他部门；三是提升流量统计地位，如增加对分部门贷款、存款的流量监测。

此外，为更好地掌握银行业金融机构负债业务的发展全貌，有效反映影响信贷供给、客户借款条件及资信状况的若干因素，同时显示市场信贷的需求变化，自2003年1月起，意大利银行与欧央行合作开展银行信贷调查，以作为传统银行资产负债统计的有效补充。该项调查以问卷调查的方式开展，并在2015年4月重新修订了问卷汇编指南，新增和修改了部分问卷问题，如新增贷款申请被拒比例变化情况、影响贷款条件与条款的主要因素等。截至目前，该调查问卷主要包括22个多项选择题，分为三大部分：第一部分为银行对非金融企业授信情况调查；第二部分为银行对住户授信情况调查，主要涉及购房贷款、消费贷款以及其他贷款等信贷品种；第三部分为开放式问题，如金融机构对于贷款市场周期性问题的看法、银行高级信贷员对本季度信贷发放变动情况的分析及对下一季度信贷市场走势的预判等。

二、其他金融统计

(一) 金融机构统计

在意大利，2016年12月前的金融机构统计数据均以统计公报的形式对外发布，公报的对象主要涵盖银行业金融机构、其他金融中介机构等多种机构，具体内容包括机构信息、银行业务信息、证券业务信息、客户风险信息等。随着近年来新型金融机构、金融工具的迅速发展，以及金融交易链条的复杂多样，为更好地反映整个社会的融资情况和金融风险敞口，2017年2月，意大利银行对其原有金融机构统计工作进行了改革调整，更新完善了相关统计制度和内容。调整后的金融机构统计主要包含三部分内容：

(1) 银行和其他金融机构的分支机构统计；(2) 按部门和地区分类的银行和其他金融机构的资金来源与用途统计；(3) 按部门和地区分类的银行和其他金融机构的信贷条件及风险统计。

1. 分支机构统计

金融机构的分支机构统计，在保留原有的按地理区域、机构规模、经营业务类型等维度统计银行和其他金融机构数量的基础上，新增统计金融机构雇佣人员数量，形成对意大利金融机构整体发展规模更全面的统计监测。截至目前，分支机构统计共包含10张报表，相关统计数据每年更新一次，并由意大利银行对外披露。

2. 资金来源与用途统计

金融机构的资金来源与用途统计共包含50张统计报表，重点关注银行系统的客户授信和存款分布情况、证券和衍生品市场的交易情况以及资产管理中金融工具的组成情况等。为了更好地监测新型金融工具在金融交易链条中可能产生的金融风险，2017年，意大利银行新增了对意大利境内证券组合投资情况和各类金融衍生工具头寸的统计监测。2018年3月，意大利银行又在现有的银行机构贷款和存款业务统计报表中新增对回购业务的统计监测，并对之前已经发布的数据进行了回溯修订，形成了对银行系统存贷业务的全面统计监测。

3. 信贷条件和风险统计

2017年，金融机构的信贷条件和风险统计的主要调整是针对原统计公报中银行业务信息统计、客户风险信息统计和贷款信息统计三个部分的信息内容进行扩充，涉及45张报表。扩充后，意大利银行和其他金融机构的信贷条件与风险监测更加全面，集中表现出以下特点：一是关于贷款业务的统计监测更加全面，在传统的按货币种类、到期期限、客户类型、经济活动部门等口径分类的贷款业务统计的基础上，补充跨银行贷款统计。跨银行贷款统计包括为不同经济部门中每一位借款人提供贷款的银行平均数量等信息，聚焦银行间信贷风险的传递。二是加强对信贷风险集中度和不良贷款的统计监测，如分别按照占借款人贷款金额前0.5%、1%、5%和10%的比例统计监测大型集团借款人的贷款和不良贷款余额。三是关注全社会信贷成本的变动情况，从贷款业务的基准利率和实际执行利率两个维度，

第九章　意大利金融统计

按机构部门、客户类型、客户地区分布、利率浮动情况等分类方式进行贷款利率水平动态监测。

(二) 金融账户统计

自2000年起，为推进金融账户编制工作与国际金融统计标准接轨，意大利银行先后两次根据ESA1995和ESA2010对金融账户统计中的机构部门与金融工具分类进行调整。2017年1月，为提供金融交易的更多细节信息，全面反映机构部门的金融资产负债情况，意大利银行再次对金融账户的相关季度报表进行修订，在原有统计报表中的部分机构部门项下设置子部门，具体变化如表9-1所示。

表9-1　2017年金融账户季度报表中部分机构部门调整明细

原报表	修订后报表
1. 货币金融机构	1.1 中央银行 1.2 货币金融机构（中央银行除外）
2. 其他金融中介机构	2.1 其他金融中介机构（投资基金除外） 2.2 投资基金
3. 保险公司和共同基金	3.1 保险公司 3.2 共同基金

目前，意大利银行编制的金融账户以金融资产（负债）的流量和存量统计为基础，内容涵盖非金融企业、金融企业、广义政府、住户和为住户服务的非营利机构、非居民部门五大部门间的金融交易。意大利银行按季度公布金融资产和负债的存量与流量情况，并对金融工具按其可转让性、流动性和到期期限进行细分。

(三) 住户财富统计

随着居民财富水平的逐步提升，意大利银行对住户财富统计工作进行了优化和调整。

1. 住户财富总量及其构成情况统计

为更好地记录和反映意大利住户的财富水平，服务于经济金融运行形势的发展预判，意大利银行自2007年起开展对住户财富总量及其构成情况的统计。2015年，为进一步填补意大利央行在机构部门非金融资产存量数据领域的信息空白，意大利银行在原有统计内容中新增对机构部门非金融资产存量价值的年度估值，进而形成对意大利机构部门非金融资产更为全面的价值评估。至此，意大利住户财富的统计范围进一步扩大，内容涵盖了住户金融资产、金融负债、非金融资产、财富净值、财富净值占可支配收入比重等统计指标，以及按地域分布细化统计的意大利国内各行政区域住户财富统计数据。

2. 住户收入和财富调查统计

意大利银行对住户收入和财富的调查始于20世纪60年代，最初的调查范围仅为住户的收入和储蓄数据。随着经济的发展，目前该项调查的样本已扩充至8000户住户（约2万名个人），分布在意大利300个城市，调查内容涵盖住户家庭构成、住户的雇佣收入情况、支付工具与储蓄方式、主要资产和负债情况、家庭主要支出等。2010年以来，该项调查的相关结果被作为欧洲央行家庭融资和消费调查的重要组成部分，定期公布于意大利银行的《统计公报补充——住户收入和财富调查》。

（四）经济金融运行情况调查统计

随着经济社会的发展，经济金融分析对统计数据的要求逐步提升，意大利央行对各项抽样调查也进行了相应的调整完善。

1. 工业和服务业企业调查

自1972年开始，意大利银行依托各分支机构对国内非金融企业开展抽样调查，旨在了解企业的经营活动、融资需求等情况。在具体的实践中，意大利银行先后3次调整了该项调查的统计口径：一是1999年将调查对象从拥有50名或以上员工的制造业企业，扩大至涵盖制造业、采矿业、采石业以及能源行业的企业；二是2001年将调查对象的员工人数要求放宽至20名以上，并在次年将非金融服务企业也一并纳入调查范围，但不包括金融中介、保险公司、广义政府、学校和卫生部门以及其他社会公共性企业；三是2006年将调查的行业范围扩大至建筑公司，并在2013年进一步降低调查门槛，将拥有10名以上员工的建筑公司纳入调查范围。经过多次的口径调整，意大利银行逐步提升了该项调查对小企业经营发展动态的反映能力，而这与当前意大利国内小规模企业在工业和非金融私人服务业中的地位提升不谋而合。

2. 通胀和增长预期调查

通胀和增长预期调查是意大利银行与意大利《24小时太阳报》自1999年起按季度合作开展的经济调查项目,最初的调查对象仅为意大利境内的工业企业(不含建筑业)。2003年,为更准确全面地反映全社会的经济通胀和增长预期,意大利银行决定扩大调查范围,将非金融私人服务业和建筑业一并纳入监测范围。经过多年的发展,该项调查的调查对象目前已扩大至1000家雇员人数超过50(含)人的企业,其中工业企业400家、非金融私人服务企业400家、建筑企业200家。调查内容包括消费者物价通胀预期、样本企业产品销售价格变化趋势、影响企业销售价格变动的主要因素、意大利总体经济形势及未来预期等。最终调查报告分两部分对外公布,其中概述部分在《24小时太阳报》发布,详细调查结果在《统计公报补充》中的特别议题板块向公众披露。

3. 房地产市场调查

2008年国际金融危机后,对房地产市场的运行监测逐渐引起了各个国家的关注。自2009年开始,意大利银行与Tecnoborsa公司及Agenzia Delle Entrate公司合作,按季度开展房地产市场运行情况的抽样调查。调查对象为全国1400名房地产经纪人,最终调查结果主要反映房地产经纪人对本季度商品房销量及其价格变动(相较上季度)的看法,以及对地方和全国层面房地产市场的发展预判。

(五) 经济指标的统计编制

当前,意大利银行对经济指标的统计工作主要分为两部分:一是编制经济同步性指标——"意同步"(Ita - coin),二是参与统计国家主要经济指标数据。

1. 同步性指标("意同步")

2010年,为实现对经济活动发展趋势的实时估计,有效把握经济金融发展趋势,意大利银行开始按月编制"意同步"经济性指标,并将指标的时间长度追溯至2003年末。作为意大利经济发展运行情况的同步性指标,该指标的构建选用了多种变量,既包含相关统计指标,如工业产出、通胀、零售品销量、贸易量、股市指数;也包含相关调查指标,如住户和商户信心指数、PMI指标。指标的编制和计算则是运用了广义动态因子模型(GD-FM)等科学的计量方法。因此,"意同步"指标数据受单个数据的影响较小,在经济活动出现显著波动时往往能保持相对稳定。

2. 主要经济指标体系

意大利的国家经济数据由意大利银行、意大利统计局和意大利财政部联合编制,根据国际货币基金组织的数据公布特殊标准(Special Data Dissemination Standards,SDDS),每半年在意大利国家数据概览网(National Summary Data Page,NSDP)上进行公布。截至目前,该部分统计数据以部门为单位分为四个板块,分别是实体经济板块、财政部门板块、金融板块和外部板块。其中,实体经济板块的统计工作主要围绕国民经济账户、部门间资产负债表、生产指数、雇佣情况、失业率、职工工资、消费者价格、生产者价格等内容开展,财政部门板块主要包括广义政府部门运行情况、融资情况、债务总量等内容,金融板块则是由存托公司调查、意大利银行资产负债表统计、其他金融机构调查、金融稳定性指标统计、债券统计、国债统计、政府债券基准收益率统计等内容构成。

第三节 意大利金融账户统计

一、主要内容

意大利金融账户的统计工作始于1948年意大利的第一份银行年度报告,但由于缺乏统计数据,当时对金融流量的统计范围仅局限于少数部门。直到1964年,意大利银行通过年度报告首次编制了完整的金融账户,并自1970年起开始应用由欧盟统计局编制的欧洲国民账户核算体系(ESA),完善账户统计制度。意大利金融账户统计以金融资产负债表为载体,采用流量统计和存量统计两种形式,详细记录了一国在金融资产和负债方面的综合情况。具体来看,在金融资产负债表中,行向量按金融工具和交易对手属性详细列示了各机构部门参与金融市场活动时使用的各种金融工具,列向量则系统划分了参与金融经济活动的各机构部门。

因此,意大利金融账户体系是由市场经济活动中各机构部门的金融资产负债表所构成的,可以用来综合评估企业和政府筹集的资金数量、居民部门的金融储蓄和财富构成、非居民部门的金融资产负债情况、金融部门的金融工具使用情况等。此外,意大利金融账户还通过编制分机构部门的金融资产负债表,全面记录各部门因资产获得而发生的资金运用和因发行负债而产生的资金来源,详尽展示金融资本在金融盈余部门与金融赤字部门间的流动情况,充分反映当前金融市场的供求关系。

二、编制方法

(一) 主要方法

1. 采用国际统计标准

意大利金融账户的具体编制工作由意大利银行经济研究部下的货币、银行与金融统计处负责。该部门以 ESA1995、ESA2010、SNA2008 等国际统计标准为指引,在满足使用者需求和数据可得性的前提下开展金融账户编制工作。其中,为推进金融账户编制工作与国际金融统计标准接轨,意大利银行根据 ESA1995 和 ESA2010 统计准则的变化,曾先后两次调整金融账户的统计内容与范围,逐步完善金融账户统计制度,建立科学、合理的统计口径(见表9-2)。

表9-2 意大利金融账户根据 ESA1995 和 ESA2010 进行的相应调整

序号	根据 ESA1995 调整的统计内容	根据 ESA2010 调整的统计内容
1	将中央银行划分至货币金融机构,并在金融辅助机构和其他部门分类中将其扣除,同时将外汇管理局划分至金融辅助机构	将"通货和可转让存款""其他存款"二级分类目录中的"中央政府"扩大为"其他居民",并纳入其他非金融性公司以负债形式吸收的存款
2	扩大非金融性公司的统计范围,调整住户和非金融性公司的界定,将住户包括独资企业且雇员少于20人的规定调整为雇员少于5人	将"短期和中长期贷款"二级分类目录中的"非金融性公司"扩大为"其他居民",并纳入非金融机构、住户及为其服务的非营利机构向非金融机构、非居民提供的贷款

续表

序号	根据 ESA1995 调整的统计内容	根据 ESA2010 调整的统计内容
3	设置资助养老金计划，将相关机构从社会保障基金划分至保险机构与养老金部门	扩大金融衍生工具的计量范围，强调雇员股票期权的确认和记录
4	重新划分共同基金及其管理公司的归属，将共同基金归至其他金融中介机构，将共同基金的管理公司划分至金融辅助机构部门	在保险储备金中增加养老金和标准化担保计划，增加对住户养老金权益的确认，详细记录养老金计划的所有负债内容

资料来源：The Bank of Italy. The Italian financial accounts. 2003. http：//www. bancaditalia. it；The Bank of Italy. National Accounts：Impact of ESA 2010 changes announced. 2014. http：//www. bancaditalia. it.

一是 2000 年 9 月，意大利银行以 ESA1995 为参考，对金融账户进行了一系列的调整，主要集中在会计准则的变更和机构部门的重新分类上。其中，在会计准则变更方面，意大利银行对金融资产和金融负债的统计从以面值计值转变为以市场价格计值，同时对各类交易的统计基础从收付实现制转变为权责发生制。在机构部门分类方面，则是对意大利银行与意大利外汇管理局的机构归属、住户与非金融企业的界定等内容做了相应的调整。

二是 2014 年 9 月，意大利银行按照欧盟统计局的规定，以 ESA2010 为统计指引，重新修订统计制度。此次修订主要是对金融工具进行了重新分类，例如将"通货和可转让存款""其他存款"二级分类目录中的"中央政府"变更为"其他居民"，将"短期和中长期贷款"二级分类目录中的"非金融性公司"变更为"其他居民"等。这些做法在一定程度上扩大了金融数据的统计范围，拓展了金融账户统计的覆盖面，更加符合意大利经济交易的实际情况。

2. 遵循国际会计处理准则

为确保意大利金融账户资产负债表中资产与负债余额的平衡，意大利金融账户的编制工作严格参照 ESA2010，遵循相关会计编制准则，具体包括两个部分。

一是在金融工具价格的确认上按照市场价值进行估价。在意大利金融账户的统计体系中，对金融资产和负债的估值一般是以其当前市场价值为基准，具体包含三种情况：（1）对于有活跃交易市场的金融资产，直接以

第九章 意大利金融统计

其市场报价进行记录，如上市公司股票。（2）对于在计量日未在市场上进行交易的金融工具，以其最近交易日的市场价格并结合一些辅助数据进行计量。例如，对政府债券的价格核算，是在第三方发行者所确定的票面价值基础上，补充参考该债券在电子债券市场（MOT）或政府证券电子交易市场（MTS）上的日交易价格来确定的。（3）对于从不或偶尔在市场上进行交易的金融工具，以其等价物的市场价值（公允价值）进行计量。例如，对于非上市企业的股票，其交易价格可以根据归属于同一部门的上市企业的市场价格及其相应股东权益比率换算获得。

二是在记录时间的选择上按照权责发生制进行记录。权责发生制的记录规则是以金融资产所有权的变更为基准，与其相对应的是根据现金发生实际支付进行记录的现金收付制。以可转让存款和其他应收/应付账款为例，若采用现金收付制，由于银行结算程序差异，意大利各机构部门得到交易证明文件的时间可能有所不同，该项金融交易在所涉及部门的统计台账中存在以不同日期被记录的可能，进而导致在同一会计期间资产与负债流量或存量的不平衡；反之，若以权责发生制为记录标准，则根据一致性要求，各个交易部门以同一日期对交易进行记录，有效避免了上述情形的发生。

（二）数据来源

意大利金融账户的编制主要围绕参与金融市场活动的金融工具和机构部门开展，因此其统计数据来源通常包含以下两部分。

1. 金融工具统计数据来源

根据金融账户统计体系对金融工具的划分，在整合部分相关性较强的科目（如短期贷款和长期贷款）后，金融账户的统计范围主要包含存款（贷款），债券，股权和其他权益，金融衍生工具，共同基金份额，保险、养老金和标准化担保计划，其他应收/应付账款等七项。因金融工具的异质性和监管部门的不同，各项金融工具的统计数据来源有所差异。例如，存款和贷款的数据来源主要是银行监管统计报表、意大利银行年度报表、意大利外管局统计报告和非银行金融机构统计报表；债券数据则来源于意大利银行对于证券发行信息的采集和相关证券在电子债券交易平台、政府证券市场上的价格数据；股权和其他权益类数据可以分为居民和非居民股票及权益类数据两部分，其中一些部门如存款性金融机构、广义政府、保险公司、养老基金等部门的股票及其他权益类数据可以从意大利证券交易所、意大利各类金融监管统计报表以及其他相关经济金融政府部门等渠道获得；金融衍生工具的数据来源分为两个部分，其中居民部分的数据以金融监管机构的监管报告为基础进行取数，非居民部分的数据则来自意大利外管局；保险、养老金和标准化担保计划的统计数据则主要来源于保险监管机构、养老基金监管机构和意大利统计局。

2. 机构部门统计数据来源

意大利金融账户的主体报表由各个部门的金融资产负债表构成，相关统计数据主要是基于对各个部门资产负债表的数据提取，具体包含非金融机构金融资产负债表、金融机构金融资产负债表、广义政府金融资产负债表、住户和为其服务的非营利机构金融资产负债表、非居民部门金融资产负债表等（见表9-3）。其中，机构部门的资产负债表主要包括月度、季度和年度数据。在特殊情况下，非金融企业、保险公司、养老基金等部门的金融资产负债月度数据可能存在缺失。意大利银行通常会采用与季度数据相关的月度指数对月度数据进行相应估算，以满足编制金融账户时序数据的要求。

表9-3　　　　　　金融账户各机构部门的统计编制周期

项目	指标名称		按月	按季度	按年
综合	综合金融资产负债表			◎	◎
各机构部门的金融资产负债表	非金融机构的金融资产负债表			◎	◎
	金融机构	货币金融机构的金融资产负债表	◎	◎	◎
		其他金融中介的金融资产负债表	◎	◎	◎
		金融辅助机构的金融资产负债表	◎	◎	◎
		保险公司和养老基金的金融资产负债表		◎	◎
	广义政府的金融资产负债表		◎	◎	◎
	住户和为住户服务的非营利机构的金融资产负债表			◎	◎
	非居民部门金融资产负债表			◎	◎

资料来源：The Bank of Italy. Supplements to the Statistical Bulletin: Financial Accounts. 2014. http://www.bancaditalia.it.

三、报表体系

意大利金融账户的报表体系是对各个机构部门所发行和持有的金融工具的全面记录,主要包含意大利金融资产负债流量表和意大利金融资产负债存量表两张报表,其中,意大利银行对两张报表的行列向量分别按照金融工具的性质和金融工具持有(发行)部门两个属性进行了指标设计。

(一)金融工具统计指标

在意大利金融账户的报表体系中,意大利银行根据ESA2010和金融市场实际交易情况,将金融工具划分为货币黄金和特别提款权,通货和可转让存款,其他存款,短期债券,中长期债券,金融衍生产品和雇员股票期权,短期贷款,中长期贷款,股权和其他权益,共同基金份额,保险、养老金和标准化担保计划,其他应收/应付账款等12个大项共计46个统计指标(详见附表)。这些指标的具体定义及统计范围说明如下:

1. 货币黄金和特别提款权

货币黄金是指由意大利银行以储备资产形式所持有的黄金储备,特别提款权是指由国际货币基金组织创立并分配给会员以补充其储备资产的国际储备资产。货币黄金的市场价值由黄金市场的交易价格确定,而特别提款权则是以国际货币基金组织每日发布的交易价格为依据进行记录。

2. 通货和可转让存款

意大利银行将通货和可转让存款放于同一个指标进行合并统计。其中,通货是指意大利银行发行的具有固定面值的纸币、硬币或银行流通券;可转让存款是指由货币金融机构、其他居民以及非居民部门以支票、汇票、直接转账单或其他直接支付方式等进行直接支付的存款,如银行间隔夜拆借存款等。

3. 其他存款

其他存款是指除可转让存款以外的、由存款凭证所代表的、居民或非居民对金融机构所持有的债权总称。如以货币金融机构负债形式体现的定期存款、储蓄存款、其他居民所持有的邮政储蓄凭证和非居民部门所持有的其他不可转让存款等。

4. 债务证券

债务证券是指作为债务证明的可转让工具。从期限结构看，主要包含短期债券和中长期债券两大类别。其中，短期债券是指原始到期日在1年以内的有价证券，如广义政府发行的短期零息国库券、其他居民持有的银行承兑汇票或商业承兑汇票等；中长期债券是指原始到期日在1年以上的有价证券，如货币金融机构发行的银行债券、意大利政府发行的浮动利率国债和中长期固定利率国债等。

5. 金融衍生产品及雇员股票期权

金融衍生产品是与某种特定金融工具或特定指标（商品）挂钩的金融工具，主要包括远期、期货、期权（雇员股票期权）、互换、保证金、远期利率协议等金融工具。

6. 贷款

贷款是指债权人直接将资金借给债务人时产生的金融资产，统计内容分为短期贷款和中长期贷款两类。短期贷款包括原始到期日在1年或1年以下的贷款，如意大利银行发放的短期再融资资金、商业银行发放的短期组合贷款、其他金融中介机构发放的短期贷款、广义政府部门通过社会保障基金向非居民提供的短期融通资金等；中长期贷款包括原始到期日超过1年的贷款，如意大利银行发放的中长期贷款、商业银行发放的中长期抵押贷款、其他金融中介机构发放的中长期消费贷款、中央政府向地方政府及公共部门提供的中长期资金等。

7. 股权和其他权益

股权和其他权益按照发行主体的不同，可以分为由金融性公司或非金融性公司发行的股票、地方政府发行的其他股权、非居民发行的股票及其他股权。

8. 共同基金份额

共同基金分为货币市场基金和非货币市场基金两部分。其中，货币市场基金是指仅投资或主要投资于国债、存款凭证和商业票据等短期货币市场的证券投资基金。

9. 保险、养老金和标准化担保计划

保险、养老金和标准化担保计划是金融机构进行财富调节或收入再分配的主要形式，主要包括住户的养老金权益、住户的寿险权益、为索赔计提的人寿保险储备、标准化担保代偿准备金等。

10. 其他应收/应付账款

其他应收/应付账款包括贸易信贷及其他。其中，贸易信贷是指非金融企业间、非金融企业与住户间、非金融企业和非居民部门间等因贸易往来所产生的相关应收/应付款项。

(二) 机构部门统计指标

机构单位是指能够以自己的名义拥有资产、发生负债，并能根据自身需求编制出一套完整账户的经济实体。意大利银行根据这个定义，对各目标机构单位进行筛选，并按照目的、行为方式是否相似的原则将性质相同的机构单位划分至同质体系，进而形成相应的机构部门，主要包括五大类别，即非金融公司、金融性公司、广义政府、住户和为住户服务的非营利机构以及非居民部门。每个机构单位都应归属于以上五大机构部门中的一个且唯一部门。

同时，为加强金融账户在经济分析中的作用，便于定位或监控特定部门，大多数国家会将上述五个机构部门中的每一个再细分成若干个子部门。意大利银行根据机构单位的经济行为特征、数据可得性、政策制定者的需求等原则，对五大机构部门进行了细分。其中，非金融公司部门被划分为公营非金融公司（含准公司企业）和私营非金融公司（含准公司企业）两个子部门，金融性公司分为货币当局、其他金融机构、金融辅助机构、保险公司和养老基金四种组织类型，广义政府分为中央政府、地方政府、社会保障基金三大类别，住户和为住户服务的非营利机构部门则根据住户在经济市场中的地位被进一步划分为消费者住户和为其服务的非营利机构。

四、数据应用

意大利银行所主持的金融账户统计以金融资产负债表为载体，由金融工具和持有金融工具的机构部门两部分构成，综合展示了金融资本在金融盈余部门与金融赤字部门之间的流动，反映了一定时期内意大利的经济金融运行情况。一般而言，意大利金融账户可以用来评估意大利居民与非居民部门的金融资产及负债情况,为意大利民众的投资决策和意大利当局的政策制定提供数据支持,便于意大利政府部门和中央银行及时把握经济形势和金融发展动向。

金融账户作为意大利国民账户统计体系的重要组成部分,和其他非金融账户共同组成了记录商品与服务、消费与储蓄情况的国民账户统计体系(见图9-1)。该体系主要包含三类账户:经常账户、积累账户和资产负债账户。账户间相互关联,除第一个账户外,其余账户的贷方均包含了上一个账户的结转项。例如,可支配收入使用账户的结余平衡项——储蓄,可结转为资本账户的负债及净值变化,而资本账户的净借入或净贷出平衡项则被纳入金融账户的贷方。意大利金融账户通过层层结转,既包含了经常账户和资本账户的所有平衡项目,又为资产负债账户的编制提供了数据基础,在意大利国民账户统计体系中发挥着承前启后的重要作用。

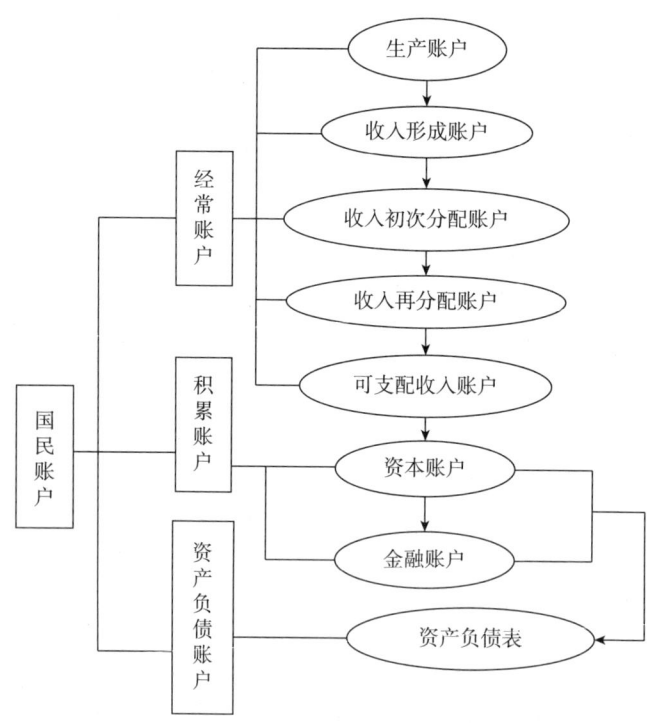

资料来源:The Bank of Italy. The Italian financial accounts. 2003. http://www.bancaditalia.it.

图9-1 意大利国民账户体系

第九章 意大利金融统计

附表 意大利的金融资产负债流量表（2016）

单位：百万欧元

金融工具 \ 机构部门	非金融性公司 资产	非金融性公司 负债	货币金融机构 资产	货币金融机构 负债	其他金融中介 资产	其他金融中介 负债	金融辅助机构 资产	金融辅助机构 负债	保险公司和养老基金 资产	保险公司和养老基金 负债	中央政府 资产	中央政府 负债	地方政府 资产	地方政府 负债	社会保障基金 资产	社会保障基金 负债	住户和为住户服务的非营利机构 资产	住户和为住户服务的非营利机构 负债	非居民 资产	非居民 负债	总计 资产	总计 负债
货币黄金和特别提款权	—	—	-1085	—	—	—	—	—	—	—	—	—	—	—	—	—	—	—	—	-1085	-1085	-1085
通货与可转让存款	31286	6798	35588	274021	10254	—	—	—	-3795	—	1223	-8068	88	—	106	—	75794	—	114311	-2804	269947	269947
货币金融机构	25860	6798	44943	274021	10343	—	2091	—	-1998	—	8140	—	88	—	106	—	70156	—	114290	—	274021	274021
其他居民	1778	—	-4990	—	13	—	2093	—	27	—	-3917	-8068	—	—	—	—	5797	—	21	—	-1270	-1270
非居民	3648	—	-4365	—	-102	—	—	—	-1824	—	—	—	—	—	—	—	-159	—	—	-2804	-2804	-2804
其他金融机构	-10796	—	36253	-15492	-6526	—	7884	—	-512	—	1215	-743	683	—	128	—	-18662	1116	-24786	—	-15778	-15118
货币金融机构	-10796	—	35105	-15492	-6526	—	7884	—	-511	—	1215	—	683	—	128	—	-17888	—	-24786	—	-15492	-15492
其他居民	—	—	31	—	—	—	—	—	-1	—	—	-743	—	—	—	—	-774	—	—	—	-743	-743
非居民	—	—	1117	—	—	—	—	—	—	—	—	—	-4	—	—	—	—	1116	—	1116	116	1116
短期债券	-211	—	-3201	—	-961	—	-1826	—	-5611	—	-10	—	-4	—	60	—	-1693	407	5905	407	-7554	-7554
广义政府	-217	—	-4384	—	-595	—	-1826	—	-5194	—	-10	-7961	—	—	60	—	-1695	—	5905	—	-7961	-7961
其他居民	—	—	—	—	-366	—	—	—	-418	—	—	—	—	—	—	—	2	—	—	—	407	407
非居民	6	—	1183	—	—	—	—	—	—	—	—	—	—	—	—	—	—	407	—	407	407	407
债券（中长期）	4431	-2368	132989	-70342	9150	-105	-14794	—	29776	795	318	65379	-472	-2135	984	—	-60338	—	-80286	30192	21758	21758
货币金融机构	-1413	—	14289	-70342	-425	—	-820	—	-4450	—	—	—	—	—	—	—	-47154	—	-30369	—	-70342	-70342
中央政府（国债）	-322	—	4705	—	11	—	-1346	—	2522	—	53	13526	-18	—	212	—	-999	—	8706	—	13526	13526
中央政府（其他债券）	4356	—	102078	—	1188	—	-11917	—	6	795	265	52213	106	—	80	—	-4915	—	-39034	—	52213	52213
地方政府	-372	—	-448	—	-448	—	-432	—	-199	—	—	—	—	-2135	—	—	1400	—	-1637	—	-2135	-2135
其他居民	3202	-2368	4291	—	7570	-105	-279	—	8022	—	—	—	-560	—	692	—	-6681	—	-17953	—	-1696	-1696
非居民	-1020	—	8074	—	1254	—	—	—	23875	—	—	—	—	—	—	—	-1990	—	—	30192	30192	30192
金融衍生工具和雇员股票期权	3171	7	-2686	—	-284	-556	—	—	2075	—	4188	-4074	62	—	—	—	20	—	-11170	—	-4623	-4623

国际金融统计发展与比较

续表

机构部门 / 金融工具	非金融性公司 资产	非金融性公司 负债	货币金融机构 资产	货币金融机构 负债	其他金融中介 资产	其他金融中介 负债	金融辅助机构 资产	金融辅助机构 负债	保险公司和养老基金 资产	保险公司和养老基金 负债	中央政府 资产	中央政府 负债	地方政府 资产	地方政府 负债	社会保障基金 资产	社会保障基金 负债	住户和为住户服务的非营利机构 资产	住户和为住户服务的非营利机构 负债	非居民 资产	非居民 负债	总计 资产	总计 负债
短期贷款	434	-7214	-32673	-13171	-3581	-2867	—	-3976	—	809	—	-2451	—	-1200	—	24	365	-2049	2873	-13658	-32582	-32582
货币金融机构	—	-13171	-32673	—	—	-1740	—	-3976	—	341	—	-1546	—	-831	—	24	—	-2153	—	-9622	-32673	-32673
其他金融性公司	—	2059	—	—	-3581	—	—	—	—	—	—	-905	—	-369	—	—	—	104	—	-4469	-3581	-3581
广义政府	—	—	—	—	—	—	—	—	—	—	—	—	—	—	—	—	—	—	—	—	—	—
其他居民	434	365	—	—	—	-1127	—	—	—	467	—	—	—	—	—	—	365	—	—	434	799	799
非居民	—	3533	—	—	—	—	—	—	—	—	—	—	—	—	—	—	—	—	2873	—	2873	2873
长期贷款	-225	14679	27312	-291	7096	3944	—	780	-400	-1026	-735	4064	33	-1153	-720	8	—	10793	10147	10710	42508	42508
货币金融机构	—	1888	27312	1	—	4515	—	780	-400	-347	-1076	416	—	-369	—	8	—	9755	—	10665	27312	27312
其他金融性公司	—	4741	—	—	7096	-82	—	—	—	5	—	-4	—	-112	—	—	—	1758	—	389	6696	6696
广义政府	—	737	—	—	—	292	—	—	—	—	-735	-437	33	-590	-720	—	—	-720	—	-119	-1422	-1422
其他居民	-225	—	—	—	—	-489	—	—	—	—	—	—	—	-82	—	—	—	—	—	-225	-225	-225
非居民	7313	—	—	—	—	—	—	—	—	-684	-557	4089	270	—	—	—	—	—	10147	—	10147	10147
股票和其他权益性工具	47265	35960	3460	-6094	16114	146	—	-302	12325	8604	-557	—	270	—	3418	—	-24697	—	6670	25953	64267	64267
上市公司股票	30970	35960	-352	996	11077	146	—	-302	11706	8604	-1076	—	270	—	3418	—	-24369	—	6670	—	38315	38315
居民	17827	5792	-532	—	87	—	—	—	-1747	3	-1392	—	—	—	—	—	-8142	—	691	—	6792	6792
非居民	16295	—	3811	-1151	5037	—	—	—	619	—	519	—	—	—	—	—	-328	—	—	25953	25953	25953
共同基金份额	875	—	2685	-1151	12723	13576	—	-3294	30026	—	1160	—	—	—	—	—	14595	—	-25	45160	57585	57585
居民	659	—	3101	—	1617	13576	—	-1444	8882	—	—	—	—	—	—	—	-365	—	-25	—	12425	12425
非居民	216	—	—	-3562	11106	—	—	-1850	21144	—	—	—	—	—	—	—	14960	—	—	45160	45160	45160
保险/养老金和标准化担保计划	524	1443	-416	-3562	—	—	—	—	-183	47599	4	1160	35	—	1	—	44634	549	493	-487	46702	46702
住户净收益	—	1443	1195	-372	—	—	—	—	45853	—	—	—	—	—	—	—	43749	549	231	-303	43980	43980

第九章 意大利金融统计

续表

机构部门	非金融性公司		金融性公司							广义政府							住户和为住户服务的非营利机构		非居民		总计	
			货币金融机构		其他金融中介		金融辅助机构		保险公司和养老基金		中央政府		地方政府		社会保障基金							
金融工具	资产	负债	资产	负债	资产	负债	资产	负债	资产	负债	资产	负债	资产	负债	资产	负债	资产	负债	资产	负债	资产	负债
准备金	524	—	1195	−335	—	—	—	—	−183	1746	4	1160	35	—	1	—	—	—	262	−183	2723	2723
其他应收/应付款项	36072	34967	551	−37	—	—	—	—	276	84	−1706	4186	−1839	−1268	910	1784	886	3884	7865	2051	45317	45317
贸易信贷	34191	36230	1206	176717	—	—	—	—	194	93	—	1575	—	−1665	—	96	2176	1565	5451	5658	43218	43218
其他	1881	−1263	—	−655	—	—	—	—	82	−8	−1706	2611	−1839	397	910	1688	1012	2319	2414	−3607	2099	2099
总计	112826	84255	200387	176717	43984	14138	−9939	−3498	63978	56864	6940	51852	−1144	−5755	4886	1816	33207	13177	31998	97556	487122	487122

275

参考文献

[1] BONCI R, M COLETTA, Italy's Financial Accounts since 1950, Bank of Italy, 2007.

[2] C A CIAMP, Statistics, Expectations and Economic Policy, Psl Quarterly Review, 1993 (46).

[3] BANK OF ITALY, Statistics release schedule (by publication) for the period, 2016 (7) -2016 (11), http://www.bancaditalia.it.

[4] BANK OF ITALY, The Italian economy in brief, 2015, http://www.bancaditalia.it.

[5] NATIONAL INSTITUTE OF STATISTICS, Summary of the Esa2010 revision of National Accounts, Istat, 2014.

[6] BANK OF ITALY, The Italian financial accounts, 2003, http://www.bancaditalia.it.

[7] BANK OF ITALY AND CONSOB, Scambio dati fra la Banca d'Italia e la Consob, 2009.

第十章 日本金融统计

日本金融统计工作开展较早，金融统计体系较为完善，数据涵盖范围广泛，已经形成了一套系统、有效的数据质量控制框架。日本金融统计职责明确、立法完善、统计范围广泛。日本金融统计和数据发布职能主要由日本银行（Bank of Japan，BOJ）[①] 行使。日本银行编制的资金流量账户统计集中体现了日本金融统计的成果，具有完善的报表框架和合理的分类体系。2008 年国际金融危机后，日本银行通过编制部门间流量数据、完善资产负债期限数据、加强证券化产品统计等措施，不断拓展和延伸资金流量账户统计，着力提高其准确度和实用性，为有效观测金融风险并强化金融监管提供保障。

第一节 日本金融统计的基本情况

一、中央银行角色

（一）金融业组织体系

日本金融体系由中央银行、民间金融机构、政府政策性金融机构等组成，目前形成了以中央银行为首、民间金融机构为主体、政府政策性金融机构为补充的模式。日本的中央银行是日本银行，其任务是根据国民经济发展情况，调控日本银行的业务、调节通货、维护信用以及实施金融政策，如制定官定利率、从事公开市场业务、调整存款准备金率等。日本的民间金融机构包括普通银行（城市银行和地方银行）、外汇专业银行、长期信用

[①] 日本银行是日本的中央银行。

银行、信托银行以及互助银行、信用金库、信用协同组合①、商工组合中央金库②、农林中央金库③等。此外，民间金融机构还包括保险公司、证券公司、融资公司以及互助机构等非存款性公司。政府金融机构包括邮政储蓄、资金运用部、政府银行和公库、海外经济合作基金以及与政府有关的融资事业团等。

日本实行金融业分业经营制度，不同类型的金融机构承担着不同性质的金融业务。一是直接金融与间接金融相分离。日本间接金融一直有较大的优势，承担间接金融业务的金融机构主要有普通银行、互助银行、信用金库、长期信用银行、信托银行等。这些机构原则上不得兼营证券业务，证券业务等直接金融业务由专门的证券公司来经营。二是长期金融业务与短期金融业务相分离。长期信用银行和信托银行主要经营长期金融业务，普通银行以及其他银行经营短期金融业务。三是银行业务与非银行业务相分离。普通银行不得从事信托业务，而由信托银行和根据《兼营法》兼营信托业务的银行来办理信托业务。四是商业性金融业务与政策性金融业务分离、机构分立。商业性金融机构如普通银行以营利为目的，以利润率为导向，从事商业性金融业务；政策性金融机构则以贯彻政府政策为目的，以促进宏观经济均衡增长为导向，从事政策性金融活动。二者在机构上独立、业务上分离，但存在一定的协调配合。

（二）金融统计职责分工

日本实行分散型统计体制，即国家不设立专门的统计领导机关，各种统计调查分别由政府各业务主管部门的统计机构以及地方相关机构组织实施。与之对应的是集中型统计体制，即国家设有专门的统计领导机关，如

---

① 信用协同组合是日本的一种互助性质的中小企业金融机构，1949年根据《中小企业协同组合法》成立。信用协同组合强调互助合作的特性，其业务活动只限于组合会员内部，它只能吸收会员和会员家属、公用团体以及其他非营利法人的存款，对会员放款和办理国内汇兑，以及有价证券资金的收付、保管等。

② 商工组合中央金库是由日本政府和民间共同运营的一家政策性金融机构，1936年根据《日本商工组合中央金库法》成立，主要从事面向中小企业和相关组织的融资业务。

③ 农林中央金库是日本的一家专业合作银行。1923年根据《日本农林金库法》成立。农林中央金库以经营农林渔业金融业务为主，是日本农林渔业组合系统金融机构的最高机构，是各级农协内部以及农协组织与其他金融机构融通资金的渠道。

国家统计局或中央统计局,负责统一领导、协调全国的统计工作。与集中型统计体制相比,分散型统计体制具有两个特点:第一,时效性更强。业务主管部门对其认为有必要统计或一些重要事件的反应速度更快,能够更及时地开展相关统计调查。第二,灵活性更高。由于统计工作与业务工作结合度更高,调查内容更加灵活,能够满足对统计信息的一些特定需求。目前,在发达国家中,美国、英国实行分散型统计体制,加拿大、荷兰实行集中型统计体制。

日本政府统计工作的主管部门是总务省(具体经办单位是总务省统计局),同时各政府部门(包括日本银行、地方政府等)直接分管自身业务领域的数据统计。除总务省指定统计项目外,各政府部门要将其主管领域的重要统计项目和需要定期发布的数据上报总务省,经批准备案后才能进行调查和发布。

在金融统计方面,大部分金融数据的统计与发布由日本银行单独负责,外汇储备和国际收支数据除外。日本银行非常重视统计工作,总行内设金融机构局、调查统计局、决算机构局、金融市场局等15个业务部门,其中统计主管部门是调查统计局,各分行设有调查统计科。根据日本统计法的规定,日本银行上报总务省批准备案的统计项目有全国企业短期经济观测调查、企业商品价格指数和企业服务价格指数。此外,日本银行还发布其他重要金融统计数据,如货币供应量等。由于外汇储备的管理由财务省承担,因此,外汇储备数据由财务省汇总发布,日本银行只负责向财务省提供数据。国际收支平衡表由日本银行编制,并与财务省联合发布。

二、统计的范围及内容

日本银行的金融统计主要包括以下11类[①]。

(1)商业银行在日本银行存款增减的主要原因和金融调控。这项统计的内容是各金融机构、银行协会、存款保险机构等在日本银行的存款余额。由于钞票的发行、政府财政收付以及国债及政府短期债券的发行兑付均会影响到这一余额,所以该项统计对这些因素进行分类统计。金融调控主要

---

① 杜金富. 国际金融统计制度比较[M]. 北京:中国金融出版社,2009:240-243.

是指日本银行通过公开操作或贷款对货币市场进行影响。该项统计分为日报和月报，包括预测、快报和实报，由日本银行金融市场局①负责。

（2）货币供应量。这里的货币供应量概念是指货币持有主体持有货币量的余额，不包括金融机构和中央政府持有的存款。货币供应量统计根据货币发行主体和货币持有主体的不同，设有多种指标，包括 M_1、M_2+CD、M_3+CD 和广义流动性。货币供应量由调查统计局②按月份进行统计，分为快报和实报。

（3）贷款和资金吸收动向。日本银行金融机构局为掌握银行存贷款等数据，实施了贷款和资金吸收动向统计，自1991年7月起，每月上旬公布上一个月的快报。贷款和资金吸收动向由贷款动向、商业票据发行情况、特殊因素调整后的数据及资金吸收动向等四部分构成。

（4）资金流量账户。资金流量账户统计是以企业、家庭和政府各经济主体为单位进行的统计，以金融商品为项目，是对一国发生的金融交易及其产生的金融资产和负债的记录，包括金融交易表、金融资产负债余额表和调整表三个项目。这一统计由日本银行调查统计局在每季度进行，分为快报和实报两类。

（5）决算动向。决算动向统计是指对主要决算系统的决算笔数、金额等基本数据的统计。日本银行管理系统的决算笔数由日本银行统计，其他则是由各决算系统的运营主体进行。决算动向统计从1991年9月开始，由日本决算机构局③负责。

（6）货币供应。货币供应是指日本银行供给的货币，具体是指流通现金（纸币发行额+货币流通额）与日本银行活期存款的合计值。计算公式为货币供应量=纸币发行额+货币流通额+日本银行活期存款。该项统计开始于1970年1月，每月统计一次。

（7）货币供应和日本银行的交易。日本银行为实现其货币政策，与金融机构进行国债和票据买卖等市场操作，同时也与政府进行存款和国债买

---

① 金融市场局是日本银行总行的内设机构之一，主要负责决定金融市场调节的具体实施内容、完善国内金融资本市场的有关事项、参与外汇平衡操作实施以及为稳定外汇市场而签署外汇买卖合同等。

② 调查统计局是日本银行总行的内设机构之一，负责日本国内经济和财政相关的调查分析和统计，是统计的主管部门。

③ 决算机构局是日本银行总行的内设机构之一，负责有关清算系统基本事项的策划和立项等。

卖等活动，还与外国央行及存款保险机构有交易行为。这些交易行为与日本银行资金供给的活动相互关联，与此相关联的统计与数据修正与上述第六条货币供应是一致的。

（8）存贷款调查结果。该项调查以日本的国内银行、外国银行分行、信用金库及其他从事存贷款业务的金融机构为调查对象。调查内容包括非金融企业、个人、金融机构等存款者的存款余额、各存款种类余额、不同金额的存款余额、不同行业的贷款情况等。该项调查的内容由被调查对象按时上报，日本银行调查统计局进行统计汇总。调查内容不同，统计周期也不同。

（9）国际清算银行国际资金交易统计的日本部分。国际清算银行国际资金交易统计是指国际清算银行每季度对世界主要38个国家（地区）银行国际部门债权和债务动向进行的统计，其目的是掌握报告国银行向外国提供资金的情况。该统计的日本部分由日本银行金融市场局负责，每季度统计一次，并分别于1月、4月、7月、10月进行公布。

（10）国际清算银行国际授信统计的日本部分。国际清算银行国际授信统计是指国际清算银行每季度对世界主要38个国家（地区）商业银行总行授信情况进行的统计，其目的是掌握报告国银行向外国提供授信的情况。该统计的日本部分由日本银行金融市场局进行统计，日本银行通过此项统计可以掌握日本商业银行的国际授信情况。每季度统计一次，并分别于1月、4月、7月、10月进行公布。

（11）金融衍生产品交易市场报告的日本部分。该项统计是国际清算银行及发达国家中央银行从1998年6月开始进行的，统计对象是全球金融衍生产品市场柜台交易的余额，目的是向中央银行、金融监管当局和市场参与者提供全球金融衍生产品柜台交易的情况，并在提高透明度的基础上，促进金融机构风险管理意识的提高和金融市场的稳定。该项统计的日本部分由日本银行的金融市场局负责，每半年统计一次，在2月和8月发布。

三、统计立法与统计原则

（一）统计立法

日本的宏观统计体系以《统计法》及《统计报告调整法》为法律基础。在具体操作方面，日本银行、日本金融厅等还依据《日本银行法》《金融厅设置法》《金融商品交易法》及《存款保险法》等法律履行金融数据统计职责。

1. 《统计法》及《统计报告调整法》奠定了日本金融统计基础

1947年公布实施的《统计法》是日本的统计基本法，这部法律规定了统计分类、原则等统计制度的基本内容，形成了积极有效的统计体系。《统计报告调整法》于1952年公布实施，旨在减轻国民统计负担，提高行政事务效率，同时也是对《统计法》的补充。为适应日本社会经济环境的发展变化，2004年日本内阁正式启动了对《统计法》和《统计报告调整法》的全面修订。2007年新的《统计法》在国会全票通过，2009年4月起正式实施。新的《统计法》不再采用指定统计[①]、申报统计[②]等传统分类，而是根据统计调查项目的作用将其划分为基本统计[③]和一般统计[④]两类。

《统计法》和《统计报告调整法》作为日本政府统计工作的主要法律依据，对统计调查人员设置、统计准备工作、统计信息的公布和出版、统计信息的保密、被统计人相关义务、统计人及被统计人违规行为的处罚等事项作出规定。《统计法》和《统计报告调整法》为日本金融统计工作奠定了法律依据及行为基础，日本现行的金融统计制度就是依照这两项法律的主要精神建立和发展起来的。

2. 日本银行的职能决定了其收集金融统计数据的责任

日本银行为实现监管目标，需要对金融机构的微观行为进行监测，这决定了其具有对金融机构信息进行统计调查的责任和义务。日本银行为了切实把握金融动态，不仅利用外部机构的各类统计信息，还自行生产统计数据。日本银行生产的统计数据，大致可以分为金融统计（日本银行金融机构存款变动的主要原因及金融市场干预、流动资金核算、货币供应量统计等）以及经济统计（全国企业短期经济观测调查、企业商品价格指数、

---

① 指定统计是指政府、地方公共团体编制或委托其他机构编制的，由总务厅长官指定并向公众宣布其宗旨的统计。这类统计主要是涉及关系到国家基本政策的制定、关系到国民生活的重要统计事项。

② 申报统计是指日本各中央政府省厅、各都道府县及市、日本银行以及日本商工会所经过总务大臣批准，在指定统计范围以外实施的统计调查。

③ 基本统计是指对于政府决策、国民经济运行和国民生活水平具有重大影响的统计项目，如国情普查、人口普查、经济普查、劳动力结构调查、各类产业的统计调查、全国物价统计、社会生活基本调查等。

④ 一般统计是指行业行政部门为掌握某些特定信息而开展的统计调查项目。

企业服务价格指数、国际收支统计等)两大类。

3. 日本金融厅为行使宏观审慎监管职能收集金融统计信息

日本金融厅为了实现宏观审慎监管目的,积极通过对微观数据的采集、汇总和整理,对宏观经济金融形势及风险状况进行监测、判断和评估,实现宏观与微观审慎监管的有机结合。为此,日本金融厅对各金融机构微观信息的收集、整理及发布成为其一项重要职责。2006年,日本在《金融商品销售法》的基础上,对原有《证券交易法》进行了较大规模的修订,并将其更名为《金融商品交易法》,将监管对象从原来的证券扩展为金融商品,对金融商品进行横向划分,扩大了有价证券的定义,建立了具有高度系统性的金融商品监管制度。日本金融厅自身的金融业综合监管地位,加之《金融商品交易法》的规范,使得日本金融厅具有收集金融业综合监管信息数据的优势。

(二) 统计原则

1. 金融统计数据准确、及时

(1) 提供准确、及时的数据以反映经济金融结构变化。近年来,日本经济金融结构发生了显著变化,要求数据必须能够准确、恰当地反映这些情况。日本银行定期评估发布的数据,以保证其能够反映经济金融的结构变化。在日本银行的统计工作中,短期调查的样本企业均来自日本新设企业普查局(Establishment and Enterprise Census of Japan)发布的数据库,这些数据库被用来建立数据基础框架。与物价相关的统计工作若基期变更,则每五年修订一次,修订内容包括优化物价调查方法、优化质量调整方法、更新物价篮子中的各项物品及其权重。通过使用企业商品价格指数作为参考指数,日本银行发布滚动基期指数,这些指数可以及时对新权重作出调整。

除了上述常规的修订外,日本银行还对统计数据进行定期评估以应对经济金融结构的变化。随着各项标准[①]的修正和公布,资金流量账户统计和国际收支统计发生了较大变化。为应对金融环境的发展变化,货币总量指

---

① 各项标准包括国际货币基金组织的《货币与金融统计手册和编制指南》以及《国际收支手册》。

标在 2008 年 6 月也进行了修改，统计名称变更为"货币存量统计"。

（2）从统计方法的角度提高统计数据质量。为提高统计数据的可信度，日本银行认为不仅要使统计数据反映经济金融结构的变化，还要从统计方法角度来改善数据质量。这些改善包括样本理论、缺失数据的处理、质量调整方法和季节调整方法等。在评估自身数据时，日本银行尽可能妥善、科学地运用这些数据，以便反映最新研究成果。日本银行成立了一个关于特征回归法和质量调整的研究小组，从理论和应用两个方面进行研究。基于这项研究成果，日本银行将特征回归法的结果应用到模仿机（Copying Machine），分析 2005 年以来基于公司货物价格指数的汇编数据。

2. 提高统计数据使用者的便利性

（1）尽早公布统计数据。数据使用者强烈希望数据能尽早发布，以便对经济金融形势形成较早的判断。因此，日本银行在考虑数据特征的情况下，尽可能保证编制和发布数据的及时性。

对于大部分数据，日本银行通过以下方法来使数据发布时间提前：一是按小时管理统计工作；二是发布的内容仅限于编制结果；三是数据发布之前不进行数据分析或内部通报。原则上数据在生成日的下一个工作日进行发布，比如货币存量和金融机构主要数据是在数据月份的第二个月的第四个工作日晚上由金融机构上报，日本银行在第五个工作日对数据进行核查并于第六个工作日上午 8：50 发布。

日本银行一直致力于尽早发布统计数据。2008 年 11 月，日本银行与财务省合作将国际收支表的发布时间提前了两个工作日。日本银行还通过与相关结算机构的合作，将支付结算数据的发布提前了七个工作日。

（2）改善统计数据发布的方法。日本银行通过多种媒体发布数据，并努力增加渠道以提高数据使用者的便利性。2008 年 10 月，日本银行开始在其网站上发布时间序列统计数据并增加"日本银行时间序列数据搜索"页面。数据使用者可以在选定数据并指定期限和频度后下载所需数据。随着日本银行网站渠道发布水平的提高，印刷数据的需求已大幅减少。为此，日本银行逐步改进印刷数据的内容和质量，同时降低出版频率。

（3）提高统计数据说明材料的质量。为确保数据使用者能够准确理解、掌握数据特征，比如数据定义、数据编制方法以及数据使用者在使用数据

第十章 日本金融统计

时应注意的要点等,日本银行通过在统计数据、网站和印刷品中发布各类解释内容,使数据发布更加细致化,比如发布数据的定义、样本调查问卷和数据生成方法(包括编制和估算方法)等。针对统计数据常见的问题,日本银行除详细解释材料之外,还在其网站上设立了"常见问题"板块,以使公众更好地理解相关问题。

(4) 对数据咨询作出快速反馈。日本银行统计数据的使用者范围广泛,从专家到普通公众。日本银行的统计数据咨询窗口是收集问题、观点和建议的一站式服务中心。除了对问题作出快速反馈外,窗口工作人员还将收集到的观点和建议发送给数据生成部门,以帮助日本银行提高统计质量。

(5) 除报送主体不允许发布的数据外,日本银行会发布其为了履职而收集和编制的各类数据。日本银行收集的数据大体分为两类:一类是按计划编制和发布的数据,比如短期调查和物价指数;另一类是披露金融市场和金融体系运行的数据。这些数据由日本银行定期收集,原则上,对于第二类数据,如果日本银行经过考虑后认为是确需公开的数据,则会公布。决定数据是否发布的主要因素包括:一是能否得到报送主体的一致同意,二是公众是否有强烈需求,三是数据是否满足准确性和可靠性要求。

(6) 尽量发布对使用者有用的数据。除了上述由日本银行收集的外部数据外,日本银行在与金融机构交易过程中也会产生数据,包括流通中的现金额和支付结算额(其中包括日本银行已决定公开和一些能够使公众受益的数据)等。日本银行于2004年5月正式发布日本银行与政府交易以及日本银行运行(每个营业日更新)的数据。

(7) 开展统计数据的二次应用。新的《统计法》允许对统计数据进行二次应用,以促进统计数据的再利用,但应用中要保护报数机构的秘密。

3. 增强数据透明度

(1) 公开数据发布方法的准则。日本银行在"关于统计数据及其修订的披露方法和信息条款的基本原则"中,公布了数据发布方法的准则。数据发布时遵循的主要准则是:对于影响金融市场发展情况的数据将会在日本标准时间上午8:50发布,即在日本股市开市之前发布;发布的数据仅作为数据信息提供,日本银行不对发布的数据进行解释和判断;统计数据发布时间表将会提前发布到日本银行网站上,目前日本银行网站每三个月会公布随后 6 个月的统计数据发布时间表。

（2）尽快公布修正的统计数据。造成初步数据与最终数据存在差距的原因包括报告实体错误或延迟报送、统计人员的失误等多个方面。日本银行一直在努力减少失误或者遗漏情况的发生，但在确实需要修正数据时，则及时在网站上发布修正的内容。

（3）广泛听取公众的修正意见。当对数据作出实质性修正时，日本银行会提前宣布以确保获得广大用户、报数机构的意见和要求。为提高讨论过程的透明度，日本银行会公开这些意见和要求以及相关答复。

4. 减轻数据报送主体的负担，并为其提供详细的解释

（1）减轻数据报送主体的负担。日本银行通过终止冗余数据（如使用需求下降的数据）的报送或者减少调查项目，或尽量使用市场上现有的数据，来减轻数据报送机构的负担。如在编制企业商品价格指数和企业服务价格指数时，越来越多地使用来自其他机构或外部数据库的数据。

（2）为数据报送主体提供详细的解释以获得其对调查的配合。数据报送主体的合作态度及对调查项目定义的准确理解是保证统计数据准确性的必要条件。在要求数据报送主体配合的同时，日本银行公开了统计信息的目标和数据保密系统等内容，并为数据报送主体提供了详细的填报说明、统计内容的定义和标准化的数据编制方法。

5. 不断提高统计数据生产的效率

（1）终止使用需求下降的调查项目和数据统计。为了节约成本和提高效率，保持和提高数据准确性，日本银行已经终止了部分使用需求相对较小的调查项目。自 2002 年 8 月《进一步改善经济金融统计数据：银行的基本原则和当前的做法》出版以来，日本银行已经终止了 12 项数据的报送和统计。

（2）在保证数据可靠性的前提下与私人机构合作。考虑到数据生产部门人员配备方面的困难，有必要在生产数据的过程中与私人机构合作，前提是要保证数据的可靠性以及报数机构机密的不泄露。合作范围主要是业务层面的操作，比如给报送主体打电话要求他们填写问卷、把短期报告的数据录入计算机系统、把所有单个的报告输入计算机系统形成国际收支统计表、雇用外部人员使用 Hedonic 模型进行价格估计等，而直接影响数据准

确性的统计数据规划和检查工作则不在合作范围之内。

6. 加强与政府相关部门的交流与合作

新的《统计法》规定"官方数据将通过与行政管理机关等共享和相互合作的方式系统性地生成"。因此,作为官方统计数据生产部门的日本银行重视统计数据的系统性生产,尤其是在价格和资金流量统计方面,日本银行非常重视与相关政府部门和机构交流观点,以提高统计质量。

第二节 日本的资金流量账户统计

一、主要内容

日本资金流量账户统计(Japan's Flow of Funds Accounts Statistics, J-FFA)是一种反映不同经济实体(部门)间金融交易以及相应金融债权债务存量的矩阵,它显示了住户、非金融企业、金融机构等经济实体(部门)存款、贷款、证券等金融工具(交易项目)的金融资产和负债变化,是目前日本金融统计的主要内容。J-FFA 起始于 1954 年[①],当时的编制依据是 SNA1953;1999 年,J-FFA 编制依据更新为 SNA1993;2016 年,J-FFA 依据 SNA2008 进行了最新修订。日本银行按季度发布 J-FFA 数据,初步数据滞后 3 个月发布,正式数据大约滞后 6 个月发布,原则上每年 3 月对 J-FFA 历史数据进行修正校订。

J-FFA 具有以下特点:一是获取各部门的金融资产和负债余额(存量数据)以及金融交易量(流量数据)[②]。二是建立在 SNA 基础之上,J-FFA 可以通过与其他国家金融活动的比较以确定日本金融活动的主要特征[③]。三是不仅包含美国和欧元区的资金账户流动项目,还包含大量其他的部门和交易项目(见表 10-1)。详尽的账户分类意味着其能够详细描述资金流动

---

① 日本银行从 1958 年起开始收集 J-FFA 自 1954 年以来的统计资料。
② 除了资产负债表(存量表)、金融交易表(流量表)外,J-FFA 还包含调整表,主要用于调节流量表和存量表之间的统计差异,确认金融资产与负债的市场价格变动带来的损益。
③ J-FFA 按照以下国际标准编制:欧共体、IMF、经合组织、联合国和世界银行 1993 年共同发布的《1993 年国民账户体系》,IMF 2000 年发布的《货币和金融统计手册》,IMF 2008 年发布的《货币和金融统计编辑指南》。

状况，可以满足用户的各种分析需求。

表 10 – 1　　　　日本、美国及欧元区资金流量账户比较

	日本	美国	欧元区
编制机构	日本央行	美联储	欧央行
交易项目数	51	34	16
部门数	45	31	8
起始时间	年度数据：1954 年 季度数据：1964 年第一季度	年度数据：1945 年 季度数据：1952 年第一季度	年度数据：1999 年 季度数据：1999 年第一季度
发布时间	报告期 11~12 周后	报告期 10 周后	报告期 17 周后

二、编制方法

（一）编制原则

J – FFA 采用复式账户或矩阵账户的方法来记录核算期内国民经济各机构部门间、国内与国外间发生的各种金融交易，包括资产负债表、金融交易表和调整表三部分。具体来看，资产负债表是基于存量计算的，主要核算特定时点各经济主体因金融交易形成的资产负债余额，是日本资金流量核算的支柱和出发点。金融交易表是基于流量计算的，主要核算一定时期内各经济主体因金融交易形成的资产负债增减额，可以反映经济主体在一定期间的资金运用情况。调整表主要用于调节流量表和存量表之间的统计差异；同时，在采用公允价值记账的情况下，用于确认金融资产与负债的市场价格变动带来的损益。作为以上三个主表的补充，日本资金流量核算还编制了资金流量账户详细数据和非金融部门融资渠道等更为详尽的补充表。

（二）主要方法

编制 J – FFA 需要大量的统计资料以及数据。以估算准确性为标准，编制方法也是多种多样，可以说每个项目的数据获取都有多种估算方法。大多数情况下，初步数及最终报告中会为获得同一项目数据使用不同的估值方法；并且，即使已发布最终报告，某些数据也会每年进行周期性修订。

第十章　日本金融统计

具体来说，编制 J-FFA 主要有两种方法：一是使用部门的财务报表来确定 J-FFA 中项目数据的垂直法，二是将汇总数据分配到持有资产/负债的各部门来确定 J-FFA 项目数值的水平法。换句话说，前者估算部门数据，后者估算交易数据。垂直法以个体财务报表为基础计算数据，通常情况下比水平法更加准确，因此通常都是采用垂直法，只有在不能取得部门财务报表时才采用水平法。在实际确定 J-FFA 数据的过程中，首先通过垂直法确定部分部门的数据，其次使用水平法通过确定交易项目数据来确定其他部门的数据。使用垂直法的部门包括金融机构、公共非营利公司以及社保基金，使用水平法的部门包括家庭、为家庭服务的私人非营利机构、私人非金融性公司、中央政府和地方政府。海外机构使用混合方式，既使用整个的资产负债数据，也通过分配汇总数据来确定项目数据。

（三）数据来源

由于资金流量核算具有广泛性，它往往没有一套专门的、由基本经济单位直接上报的数据收集系统，只能利用已有的各种统计体系以及统计调查中的数据，按照资金流量核算的要求进行加工，以满足资金流量核算的数据需要。J-FFA 的基础数据源包括货币与银行统计、国际收支统计、证券统计、政府财政统计、保险和养老基金统计、证券基金以及其他金融辅助机构统计等。

很多情况下，有些数据无法直接或及时地从财务报表和金融统计中得到，只能使用估算的方式，比如只有当财务年度结束时才能得到季报，此前必须估算；部分数据无法细分，比如无法从商业贷款中区分出股份制企业贷款以及私人企业贷款，这种情况下需要通过特定的估算比例进行分配。J-FFA 在《日本资金流量账户的编制方法》中对各种估算方法及估算准确性进行了说明（见附表 10-1、附表 10-2）。

数据修订方面，J-FFA 数据修订分为例行修订、金融机构误报修订和特殊因素调整。当发现金融机构误报时，要迅速进行数据修正；例行修正则是根据统计内容不同，追溯数据最近公布日之前 1~3 年的数据做季节调整，尤其是估算方式的采用使得 J-FFA 数据不可避免地存在误差，因此，一旦获得更准确的统计数据，J-FFA 就会定期回溯修订。

三、报表体系

J-FFA 包含一个模型，这个模型涵盖 45 个部门、51 个交易项目及其明细。总的来看，资金流量账户主要由两个方面组成：金融交易和经济主体。大部分金融交易形成了金融资产和负债，但也有部分交易只形成资产却没有对应的负债。其中，金融交易位于矩阵的行，各经济主体位于矩阵的列。

具体来看，在 J-FFA 中，经济主体按照经济部门划分成六个部分，具体包括金融机构、非金融性公司、广义政府、住户部门、为住户服务的非营利机构和海外部门。这六个部门又进一步细分为 45 个子部门，比如，在金融机构下，又分为存款性公司、保险及养老基金、其他金融中介机构等，非金融性公司分为公共非金融性公司及私人非金融性公司（见附表 10-3）。金融工具按照业务项目进行分类，包括通货和存款、贷款、债券、股票及投资基金、保险和养老基金等 51 个细类（见附表 10-4）。流量表根据不同部门和不同资产分类组成，全部的数据序列达到 6000 个。在创建新的部门领域和业务项目时，J-FFA 将重点更多地放在经济运行上，部门和业务都尽可能细化，并且这些细化严格遵照国际标准。这些详尽细致的分类帮助使用者将机构部门和金融工具进行灵活组合，根据需要从不同角度获得资金流量信息。

资金流量账户详细数据包含 4 张表格，分别是部门间资金流量表—国内债务证券（存量数）、部门间资金流量表—国内债务证券（流量数）、部门间资金流量表—贷款（存量数）以及部门间资金流量表—贷款（往前追溯 5 年的存量变化数）（见附表 10-5 和附表 10-6）。J-FFA 矩阵反映每一个部门的金融交易，但是并不反映融出方、融入方及其融资工具。资金流量账户详细数据则弥补了这一缺陷。非金融部门融资渠道反映了国内非金融部门及海外部门是如何融资的。该表提供融资的流量及存量数据，以及存量（年末余额）同比增长率（见附表 10-7）。

第十章 日本金融统计

四、数据应用

（一）为宏观调控政策分析提供数据支撑

作为日本国民经济核算体系的重要组成部分，日本资金流量账户的统计和编制主要是为宏观调控政策分析服务的。资金流量账户统计从社会资金流动这一侧面，系统地反映了日本社会各部门的资金来源和使用，以及部门间资金的流量、流向和相互关系，从而反映货币政策通过各种途径传导到金融机构、住户和非金融性公司，并使各部门作出相应调整的过程，展现宏观经济环境的变化情况和宏观调控政策的实施效果。可以说，资金流量账户统计是日本制定宏观调控政策的重要基础资料，在宏观经济金融分析中具有不可替代的作用。

（二）为部门、行业等具体领域分析提供便利

日本资金流量账户统计全面反映了日本经济主体的金融活动和金融结构，而这种金融活动和金融结构中真实的经济状况也同时得以体现。比如，金融交易表可以全面地反映一段时期内经济主体的投融资活动和资产负债的变化情况，资产负债表可以清晰地反映某一特定经济主体的资产负债时点情况，尤其是 J-FFA 对部门和业务的分类都严格遵照国际标准并尽可能细化。此外，日本银行积累了长期的时间序列数据，其走势反映了日本的金融结构和特征变化，并可以通过机构部门数据发现经济主体在投融资、资金余缺以及金融资产负债方面发生的变化，还可以通过金融交易数据分析各金融工具的活动与发展，通过比较子部门发展情况分析金融中介机构发生的变化。

（三）为经济主体提供信息支持

资金流量账户统计记录了企业、政府、家庭等经济主体的资金往来和资产负债情况，任何一种经济主体参与了经济活动，资金流动随之产生。作为日本最全面的宏观经济数据，日本资金流量账户能够全面地展示资金在不同金融主体、金融工具之间的流量及存量信息，能够提供经济体融资投资、结余赤字、资产负债等的清晰图景，从而为各层次经济主体决策提供信息支持。比如，对投融资主体来说，资金流量账户统计能够清晰地展示不同金融工具、

不同机构和部门间资金流动的流量和存量信息，使其更为准确地把握宏观政策导向和市场变化情况，以更加科学的方式进行投融资活动。

五、最新进展

（一）2008 年国际金融危机后加强 J－FFA 的主要措施

2008 年国际金融危机后，为适应金融和经济环境的快速变化、应对现有数据无法捕捉到的全球金融体系风险，日本银行不断延伸和拓展其资金流量账户，以提高 J－FFA 的准确度及实用性。根据 2009 年 11 月二十国集团（G20）财政部部长及央行行长会议通过的《金融危机与信息缺口》报告，日本银行采取了一系列改进资金流量账户及其辅助数据的举措，并于 2011—2013 年发布三项新的数据系列，包括债务证券和贷款的流动方向数据，不同期限的贷款、债务证券及存款数据，证券产品的余额数据[①]。

1. 改革的主要方向

在对 J－FFA 及其辅助数据进行改进时，日本银行将主要精力用于弥补信息缺口和增加金融活动反映的精细度，并主要通过三种方法来改进 J－FFA 及其辅助数据，以更好地捕获金融部门风险积累情况及监测国内经济对金融冲击的抵御能力。

第一种方法是编制部门间流量数据。J－FFA 采用逐交易项目矩阵（Sector－by－Transaction Item Matrix）的形式记录资产负债余额以及各经济实体的交易量。这种形式仅适用于统计单个国家的金融活动，无法反映金融流动的详细趋势以及部门间潜在的风险分布。因此，要厘清部门间金融工具的债权债务关系，就需要获得资金在部门间流动的数据，并厘清金融工具的潜在风险在各部门间的分布情况。自 2011 年 9 月起，日本银行开始发布国内债务证券的部门间数据，自 2013 年 12 月起发布贷款的部门间数据。

第二种方法是完善资产负债的期限数据。获取各经济部门持有的主要金融产品的期限数据，有助于把握风险偏好、利率及流动性风险的变化。

---

① 日本银行自 2011 年 9 月起发布债务证券的部门间数据，自 2011 年 12 月起发布证券化产品余额数据，从 2012 年 3 月起发布国内部门间债务证券时间序列数据，自 2013 年 12 月起发布贷款的部门间数据，自 2013 年 12 月起发布贷款、债券和存款的期限数据。

资产负债间严重的期限错配是导致金融危机的原因之一，G20 报告建议加强期限数据的统计。自 2013 年 12 月起，日本银行开始发布不同期限的贷款、债务证券和存款数据，该数据包含了贷款、债务证券、存款的剩余期限和原始期限。

第三种方法是加强对证券化产品的统计，主要包括以真实资产（如房地产及多币种信托受益权）为抵押的证券，其目的是加强对影子银行的统计。自 2000 年起，证券化产品作为新的风险（包括信贷风险和利率风险）转移工具在美国及欧洲地区广泛发行及交易，统计需求随之增加。相应地，2011 年 12 月，日本银行开始发布证券化产品余额数据，主要涉及特殊目的公司及信托公司等发行的证券化产品。

2. 数据编制方法

为获取部门间的流量数据，债券和贷款的部门间交易数据采用逐部门矩阵（Sector-by-Sector Matrix）形式记录主要金融工具之间的债权债务关系。

（1）债券的部门间数据。境内债券部门间数据是一个描述日本境内发行的债券在各部门间交易情况的数据矩阵。该数据根据 J-FFA 发布的数据（逐交易项目/金融工具矩阵数据）重新整理而来。具体而言，发行部门实体的行业分类基于证券类型设计，与 J-FFA 中交易项目的分类相对应（见表 10-2）。

表 10-2　　　　　　　　发行部门债券分类

发行部门	期限	各部门发行的债券类型
金融性公司及非金融性公司	短期	商业票据
	长期	银行债券、工业证券
中央政府及财政贷款基金	短期	财政贴现票据
	长期	中央政府证券和 FILP 债券
地方政府	—	地方政府证券
政府附属机构	—	公营企业证券
结构化融资特殊目的公司及信托	—	结构性融资工具

注：表中所指期限为原始期限。

（2）贷款的部门间数据。贷款的部门间数据表中，放贷部门主要分为金融机构和非金融部门两大类，大类下再设置子部门。借款部门分为金融机构、非金融性公司、广义政府、住户、为住户部门服务的非营利机构以及境外部门，分类方法与 J–FFA 一致。贷款的部门间数据表中的一部分数据通过对资金流量表详细数据中私营和国有金融机构贷款余额数据进行重新整理得到，另一部分根据过渡数据①估算得到。因此，不同部门数据的具体编制方法和数据来源差异很大，数据的准确性并不完全相同。比如，金融机构和国有非金融性公司的借款金额数据是通过精确的数据源计算得到的，而私营非金融性公司的借款金额由于受到数据可得性的限制只能通过估算得到。

（3）贷款、债券和存款的期限数据。贷款、债券和存款的期限数据基于各经济部门的贷款、债券和存款的原始及剩余期限的估算数据，有助于把握部门间的期限错配情况，分析宏观层面风险承受态度的转变，辨别利率风险及资金可得性。贷款、债券和存款的剩余期限数据是将 J–FFA 中每一交易项目的存量数据乘以一定的比例。这一比例的计算是基于从银行、人寿保险公司获得的数据，即关于贷款、债券和存款剩余期限的问卷调查②。关于原始期限的编制，债券是根据债券类型进行编制的。贷款原始期限的计算是通过 J–FFA 中贷款的余额乘以长期及短期交易项目的比例（"1 年及以下"和"1 年以上"交易项目数量之比）。

（4）证券化产品的余额数据。证券化产品是指由特定资产（如贷款、租赁、房地产等）支持的、归金融机构和企业等机构所有的金融产品。其中，资产支持债券（Asset–Backed Bonds，ABB）、资产支持商业票据（Asset–Backed Commercial Papers，ABCP）、信托受益权反映在 J–FFA 中的证券化产品余额中。旧的 J–FFA 中只包含由特殊目的公司（SPCs）和信托（结构化融资工具）发行的债券。但是，证券化产品余额将统计范围扩大到其他实体，这有助于弥补现有数据在证券市场动态描述方面的不足。具体来看，ABB 包含三个子项：由前政府住房贷款公司发行的住房抵押贷款证券化（MBS）、房地产支持的私募 ABB 和其他类 ABB。ABCP 是由 SPCs 发行的短期商业票据，以债权（如应收账款）作为抵押。ABCP 数据的编制基于日本证券托管中心发布的按发行方分类的商业票据余额数据。信托受益

---

① 过渡数据是指在编制 J–FFA 数据时使用的中间数据。
② 由于 J–FFA 未将境外债券纳入个体交易项目，境内挂牌银行和保险公司部门的境外债券剩余期限数据也是根据贷款、债券和存款剩余期限调查问卷结果估算得到的。

权是基于向信托银行等机构委托资产（如贷款、债权等）获取经济利益的权利。信托受益权数据分为四类：住房贷款支持的信托受益权、企业及政府贷款支持的信托受益权、应收账款支持的信托受益权、租赁及消费信贷支持的信托受益权。这些数据通过估算得到，估算依据是日本银行开展的金融机构问卷调查中的受托资产余额数据、信托公司持有的按信贷资产分类的金融数据等。

（二）日本资金流量账户基于SNA2008[①]的重要修订

随着日本人口的快速老龄化以及政府和行业推动的"从储蓄到投资"的转变趋势，企业养老金（Corporate Pensions）和投资信托（Investment Trusts）等非银行机构统计的重要性日益增加。鉴于此，日本银行对资金流量账户进行了重要修订，并于2016年3月25日发布了最新的J-FFA。此次修订是为了符合联合国统计委员会2009年通过的SNA2008指导方针，即编制国民账户统计的标准，这是日本资金流量账户自1999年以来的第一次大规模修订。此次修订的重点如下：一是企业养老金—固定收益计划和固定缴款计划被作为独立的部门分开记录，养老金权益用养老金精算法计算得出的未来收益贴现现值表示；二是投资信托—本金的分配不记为收入，而是记为投资信托的资金流出。因此，养老基金的资产负债余额与投资信托本金的分配金额凸显出来，以便能更加准确地获取住户和私人非金融性公司的财务盈余和赤字数据，J-FFA也因此能更为准确地了解金融活动。

1. 修订的基本概念

根据SNA2008的建议，日本银行从三个方面对J-FFA进行了修订。一是维持并提高J-FFA与其他国家的可比性。考虑到SNA2008在金融部门确定风险和监测经济、金融脆弱性方面的重要作用[②]，二十国集团数据缺口倡

---

① SNA2008是从SNA1993更新而来的编制国民账户统计的新国际标准。SNA2008的主要特点是将研发和专利使用费等新项目纳入国内生产总值统计，以使其在知识密集型活动和全球化深化的背景下更加符合实体经济的发展方向。金融部门方面，鉴于金融交易变得更加智能化、复杂化以及近年来非银行业部门的重要性日趋加大，需要完善养老金和投资信托等现有金融交易的记录方法并增加新的金融交易记录内容。

② J-FFA是债券和其他金融性公司在SDDS标准下重要的基础数据来源。SDDS标准是IMF建立的新的经济和金融数据发布标准，日本已于2016年4月宣布加入该标准。

议（G20 Data Gap Initiatives）建议根据 SNA2008 编制资金流量账户。美国、欧洲国家分别于 2013 年 6 月、2014 年 9 月发布了更新后的资金流量账户，日本也于 2016 年 3 月发布了最新的 J-FFA。二是维持 J-FFA 与日本国民账户（Japan's National Accounts, JNA）的一致性。内阁办公室（Cabinet Office）于 2017 年底发布了基于 SNA2008 的最新版 JNA，而 J-FFA 是 JNA 在金融领域最重要的数据来源。三是加强 J-FFA 的实用性。随着日本的迅速老龄化以及政府、行业推动的"从储蓄到投资"的转变趋势，提高数据准确性和更新企业养老金、投资信托等非银行部门的数据成为重要问题，而修订 J-FFA 使其符合 SNA2008 指南可以作为解决上述问题的方案。

2. 修订效果

J-FFA 修订主要取得了三个改进效果：一是通过改进金融交易的记录方法提高了 J-FFA 的准确性。改进企业养老金和投资基金的记录方法可以更加准确地了解住户和私人非金融性公司的资产负债未清偿金额、财务盈余及赤字。二是提供了更加详细的交易项目（金融工具）说明，交易项目由 51 个增至 57 个。除了对养老金和保险项目的详细分类外，日本银行还追踪了 J-FFA 以前没有覆盖的金融交易，包括标准化担保①和员工股票期权②的拨备规定。三是增加了部门（经济实体）数量，从现有的 45 个部门增加至 50 个，以提供更详细的描述。部门分类具体情况如下：（1）企业养老金固定收益计划和固定缴款计划被划分为两个独立的部门；（2）增加了一个新部门——标准化担保机构；（3）以前分散在各个部门的金融控股公司被合并成一个独立的部门来记录；（4）政府金融机构被划分为具有较弱的金

---

① 由于其或有性质，担保传统上不被视为国民账户体系中的金融资产或负债。但是，SNA2008 标准建议将标准化的担保，即按相同规定大量发行的相对小额的担保，记录为金融资产和负债，这是因为可以通过合并一定数量的事件来合理估计担保的预期价值，同时标准化担保可以被视为类似于保险的金融交易。在新版 J-FFA 中，标准化担保不仅包括公司和个人的公共信贷担保，而且还包括个人贷款担保（其中主要部分是由私人金融机构提供的住房贷款担保），从而能够从宏观经济角度来分析标准化担保。

② 员工股票期权是公司为其高管和员工购买现有股票的权利。SNA2008 标准建议将员工股票期权记录为收入和金融交易。在新版 J-FFA 中，员工股票期权被视为在等待期内付给高管和员工的补偿，该数额被记入金融资产科目。在将其记入金融资产科目时，考虑到员工股票期权在等待期存在继续工作至可行权日等多方面的要求，它们被记录在交易科目"其他"中，而非金融衍生产品。另一方面，在截止日之前的可行权期间，作为金融衍生产品和员工股票期权的子项，它们被记录在"员工股票期权"的交易科目中。

融中介职能的公共专属金融机构①以及除公共专属金融机构以外的政府金融机构。有了这些改进，企业养老金和投资信托的记录方法发生了巨大改变，这些部门现在使用私人部门掌握的微观数据来进行评估，比如私人公司的财务报表或者私人资金投资报告。因此，J-FFA 能比美国和欧洲国家的 FFA 更好地捕捉金融活动。

3. 主要修订内容

（1）企业养老金的修订。在 J-FFA 中，私人养老金——企业养老金、其他养老金和个人年金保险都被作为住户的金融资产来记录②。为企业养老金和其他养老金提供资金而积累起来的基金被归为一个独立的部门，即"养老基金"。

日本银行对 J-FFA 中的企业养老金进行了修订，在未清偿金额上，企业养老金占私人养老金的 60%。此次修订的重点包括：一是固定收益计划和固定缴款计划被分成两个独立的部门（见表 10-3），这是因为住户作为养老金权益的权利人和企业作为养老金缴纳的义务人，二者截然不同，应该区别对待。事实上，固定收益计划和固定缴款计划的资产构成确实有很大不同（见图 10-1）。二是就固定收益计划下的养老基金而言，住户（获得养老金和一次性退休金权利）的索取权是按照权责发生制记录的，即计算企业应该向住户支付的未来养老金的金额而不是养老基金拥有的管理资产数量③。上述计算额作为养老金权益分别记录在住户养老金的资产端和养老基金的负债端。三是养老基金经理对养老基金的索取权作为一个独立的部门来记录④。该索取权是从企业应该向家庭支付的未来养老金数量中扣除

---

① 专属金融机构指提供金融服务的实体，其中大部分的资产或负债不在公开金融市场上交易。为涵盖那些具有较弱金融中介功能的机构，例如只在集团内进行金融投资、筹资等交易的机构，即使这些机构与其他金融机构的资产负债表等结构类似，但仍需独立分类。当将这一概念应用于 J-FFA 时，一些金融机构由政府金融机构变为专属金融机构。具体来说，这些机构包括日本高速公路控股公司、债务偿还机构和日本市政融资组织等。

② 日本公共养老金包括国家养老金、雇员养老金和互助养老金。福利和缴款没有联系，也没有足够的数据来源来计算养老金计划。因此，与旧版 J-FFA 一样，公共养老金也被排除在新版 J-FFA 中的养老金计划之外。

③ 由于资金的实际支付时点与固定缴款计划形成的债权债务关系时点一致，新版 J-FFA 中缴款计划的计算方法与旧版相同。

④ 采用公司养老金制度并持国内牌照的银行与私营非金融性公司一样，养老基金经理的权利主张也记录在负债方。

养老基金拥有的管理资产数量计算而来的,分别在养老基金的资产端和私人非金融性公司的负债端记录。

表10-3　　　　　　　　固定收益计划和固定缴款计划

养老金类型	释义	举例
固定收益计划	雇员(住户)在退休后得到承诺的福利 雇主(公司)负责管理资产组合,当承诺的收益没有达到时,雇主必须补充短缺	雇员养老基金 固定收益的企业养老金 符合税收优惠条件的养老金计划
固定缴款计划	雇主的缴款是固定的 雇员负责管理资产组合,养老金支付的变化取决于管理结果	固定缴款养老金计划

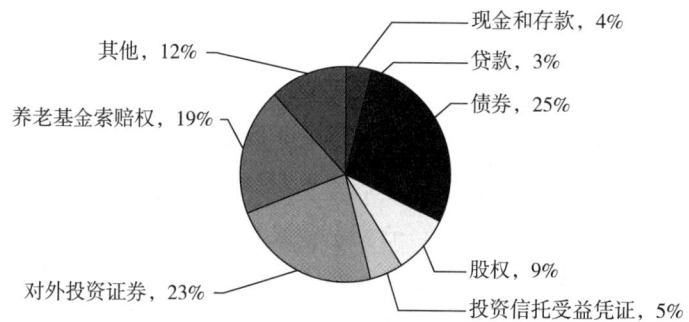

(a)企业养老金:固定收益计划(131万亿日元)

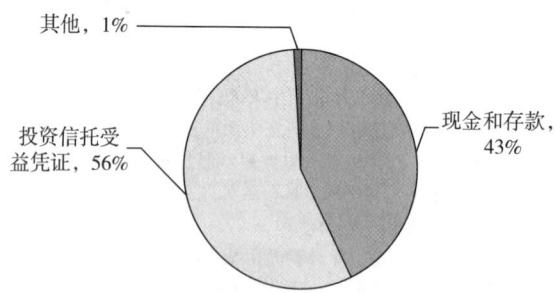

(b)企业养老金:固定缴款计划(7万亿日元)

图10-1　2014财年末日本养老金的资产组成情况

第十章　日本金融统计

新版 J-FFA 可以通过基于养老金资产和负债的组成差异及期限错配的差额,来分析财务环境变化(包括利率)对资金不足的养老金负债的影响。比如,当实施宽松的货币政策时,利率下降和股价上涨导致养老基金的资产和负债增加,会对资金不足的养老金负债造成影响。然而,在利率下降但公司的增长率和股价没有实现预期增长的情况下,由于养老基金的负债随利率下降而增加,而资产并未实现增值导致资金不足的养老金负债规模变得更大。因此,新版 J-FFA 能够更准确、更详细地记录养老金的资产和负债,分析包括利率在内的金融环境变化对养老金的影响。

(2) 投资信托基金修订。旧版 J-FFA 中,投资信托事项的交易流的计算方法,是采用日本投资信托协会和其他机构出具的汇总数据,从资金流入(投资者购买金额)中扣除资金流出(取消和赎回金额)。投资信托以每月分配的形式支付一定金额,在某些情况下,投资信托的分配总额可能超出了本金的利息和股息收入(所谓的"本金退还")。此外,本金的分配应当记录为投资信托受益凭证的赎回(资金流出),并未包括在旧版 J-FFA 的交易流中。因此,在新版 J-FFA 中,为提高记录交易流量的精度,本金和资本收益的分配将被记录为信托投资基金的流出量,并应用新的估值方法。

日本银行对前 150 位甚至更多的信托投资基金进行采样,这些基金的净资产占 5000 多家公开发行股票的信托投资基金净资产的 70%,利用单个基金报告中包括分配和收益在内的数据,日本银行对所有信托投资基金的本金和资本收益的分配情况进行估算。据估算,所有投资信托的本金和资本收益的分配金额均以分配总数为基础计算得出(见图 10-2)。由于新的 J-FFA 反映了投资信托基金从本金和资本收益中分配出来的资金,因此可以获得更准确的投资信托资金(投资者投资情况)流入和流出数据。

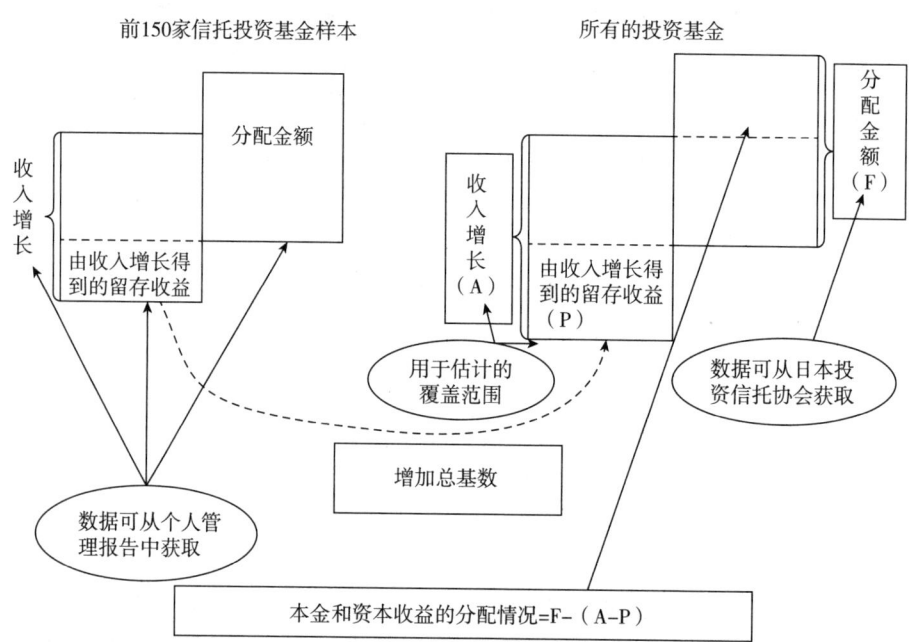

图 10–2　信托本金和资本收益分配情况的估计方法

附表 10–1　　　　　　　　J–FFA 的主要估算方式

统计方法	估算方式	具体说明
垂直法	财务报表项目与 J–FFA 交易项目的协调	当财务报表项目与 J–FFA 交易项目不一致时，要求对财务报表数据进行汇总或分配，或者将某一财务报表项目同 J–FFA 中的交易项目。例如，存款、对外证券投资、对外直接投资以及视同国内持牌银行资产的居民对外发行的证券都被作为财务报表中存款和外国证券的明细
	企业账户到社会账户的转换	与社会会计的国际标准一致，销售回购业务在 J–FFA 中被认为是以债券为抵押的借贷而不是证券买卖。因此，当销售回购业务中转移的中央政府债券、国债贴现票据以及 CP 被视为原始数据中的交易时，有必要通过估算相应交易量以及重组可得数据来恢复转移前的真实状况
	通过有限的财务报表数据估算总体数据	金融机构数据通常是根据收集的全部机构的财务报表数据编制的，而对于财务公司，是根据一些主要财务公司的数据来估算整个部门的数据

第十章 日本金融统计

续表

统计方法	估算方式	具体说明
水平法	使用交易对手的金融机构统计数据来估算实体数据	存款和贷款是使用金融机构统计数的典型案例。因为准确、详细的存贷款数据能够从银行和信用社获得,这些数据涵盖了存款和贷款中的大部分数据,所以整体的准确度较高。然而,应该指出的是,在某些情况下数据可能无法区分,例如无法从商业贷款中区分出股份制企业贷款以及私人企业贷款(J-FFA中的家庭贷款),这种情况下要通过特定的估算比例进行分配
	使用销售的流量数据估算实体数据	估算实体持有金融工具数量的方法是利用销售的实体流量数据来估算(部分)存款类及投资信托收益凭证的数据。由于实体新发行的流量数据是可以得到的,近似的持股量也是可以得到。部门倒卖或者赎回导致的持股量变化不会反映在J-FFA中
	使用登记的未偿贷款来估算实体数据	实体持有的中央政府债券价值基本上都来自日本银行关于未偿中央政府债券数据(未偿的登记结算政府债券),而工业证券价值则来自证券登记机构的未偿数据。对于后者,源数据并没有覆盖整个债券登记机构,并且债券登记机构中部门的分类与J-FFA中的分类也并不相同。因此,估计中的误差和疏忽被认为是相对较大的
	使用市场统计数来估算实体数据	股票、债券销售回购、现金担保的债券借贷以及金融衍生产品的数据都是以市场统计为基础的。因为各市场统计数据的详细程度不同,估算要发挥更大的作用。尤其是对金融衍生产品,其行业分类与J-FFA不同,季度数据并不存在,估算时需要使用大量假设

国际金融统计发展与比较

附表10-2　资产负债表项目估算的准确性

项目	金融机构 ■：精确度高 ▨：精确度一般 □：精确度低													
	存款性公司（银行、邮政储蓄、集中管理的信托计划）1485 / 2974		保险和养老基金459		其他金融中介机构（证券投资信托、非银行金融机构、财政融资基金、政策性金融机构、证券公司）856		非金融性公司754		广义政府（中央政府，地方政府、社会保障基金）495		住户1422		NPISH（依法注册的教育类金融机构、社会福利公司和宗教公司）46		海外249	
	资产	负债	资产	负债	资产	负债	资产	负债	资产	负债	资产	负债	资产	负债	资产	负债
通货和银行存款1248																
财政融资基金存款227																
贷款1519																
其中：私人金融机构贷款																
公共金融机构贷款																
除股票外证券1139																
其中：国债贴息票据																
中央政府债券以及FILP债券																
地方政府债券																
工业债券以及金融债等																
投资信托收益债券等																
结构性融资证券																
股票及其他权益594																
金融衍生工具33																
保险和养老储备383																
存放款等207																
贸易融资以及对外贸易融资233																
对外声索等359																

第十章 日本金融统计

附表 10-3　　　　　J-FFA 中经济主体分类

交易项目名称				主要金融机构
	中央银行			日本银行
金融机构	存款性公司	银行	本土注册银行	本土注册银行
			在日本的外国银行	
			为农林渔业服务的金融机构	农业储金银行、农业合作社、农业合作社的信贷联盟、渔业合作社、渔业合作社的信贷联盟
			为小商业服务的金融机构	信金金库、信金中央金库、工商组合中央金库、新星联合银行、劳工银行、劳动银行、日本邮政银行
		邮政储蓄（2007年第三季度前）		
		集合管理信托		
	证券投资信托	债券投资信托	其中：货币市场基金（MMF）、货币储备基金（MRF）	投资信托管理公司
		股票投资信托		
	保险及养老基金	保险	人寿保险	除日本邮政保险（前日本邮政人寿保险服务）
			其中：私人人寿保险公司（2007年第三季度前）	私人人寿保险公司
			非人寿保险	除国家特别账户、独立行政机构、信用保险机构等部分
			其中：私人非人寿保险公司	私人非人寿保险公司
			其中：标准化担保机构	日本信用担保公司、日本教育交流与服务联合会、农林渔业信贷基金会、住房贷款担保公司
			互助保险	全国农业互助保险联合会、县渔业合作社互助保险联盟、全国职工和消费者保险合作社联盟、县职工和消费者保险合作社联盟
		养老基金	企业养老基金	
			其中：固定收益计划	养老基金、固定收益的公司养老金、符合规定的退休金计划
			其中：固定缴款计划	定额缴款养老金计划（企业类型）
			其他养老基金	固定缴款养老金计划（个人）、国家养老基金等

续表

交易项目名称				主要金融机构
金融机构	其他金融中介机构	非银行	财务公司	金融性公司（不包括建筑、房地产）、证券金融公司、日本前工业振兴公司、托收公司等
			结构性融资特殊目的公司及信托	
		公共金融机构	财政贷款基金	
			政府金融机构	除财政贷款基金、政府金融机构、其他政府附属公司和独立行政机构以外的主营业务是金融中介的公共投资和贷款特别账户
			金融交易商及经纪人	除短期投资经纪公司（货币市场经销商）、银行股份购买公司（特别账户）
			其中：证券公司	证券公司
		金融附属机构		除证券交易所、金融交易所、银行股权收购公司（一般账户）、外汇经纪、外汇保证金交易公司
			其中：金融控股公司	金融控股公司
	公共专属金融机构			日本高速公路控股和偿债机构、公营企业金融公库
非金融性公司	私人非金融性公司			营利性企业、医疗企业等
	公共非金融性公司			某些政府附属公司，例如公营公司、政府金融性公司和独立行政机构、中央政府的企业特别账户、地方公共公司、地方公众企业
广义政府	中央政府			中央政府一般账户，不包括在其他部门的国家特别账户、某些政府附属公司（如政府金融性公司、认证公司）、其他独立行政机构
	地方政府			城乡县、镇、村和特别区
	社会证券基金			部分国家特别账户、健康保险协会、基金等
		其中：公共养老金		部分国家特别账户、互助协会长期账户、农民养老基金
住户部门				
为住户服务的非营利机构				
海外部门				
总计				

注：本表为J－FFA2016年修订后的最新经济主体分类。

附表 10-4　　　　J-FFA中金融工具分类

交易项目名称			主要金融工具
通货和存款	通货		日本银行票据、硬币
	在日本央行的存款		活期存款、特殊存款、指定存款、政府发行货币的准备金存款
	政府存款		政府存款
	可转让存款		活期存款、普通存款、储蓄存款、通知存款、特殊存款、纳税准备金、普通邮政储蓄
	定期和储蓄存款		定期存款、分期付款储蓄、固定储蓄、邮政储蓄（不包括普通邮政储蓄）
	定期存单		定期存单
	外币存款		外币计价的活期存款、外币计价的普通存款、外币计价的通知存款、外币计价的特殊存款、外币计价的定期存款、外汇储备中包括的外币计价存款
财政贷款基金存款			
贷款	日本央行贷款		
	通知贷款和票据		无担保的通知贷款、有担保的通知贷款、日元计价的通知贷款、外币计价的通知贷款
	私人金融机构发放的贷款	住房贷款	
		消费贷款	消费金融、消费信贷、教育贷款
		向公司及政府发放的贷款	
	公共金融机构发放的贷款	其中：住房贷款	
	非金融部门发放的贷款		
	分期信贷（不包含在消费信贷内）		延期贷款、融资租赁
	回购协议及证券出借交易		债券发行（出售和回购）交易、含现金抵押品的债券出借交易

续表

交易项目名称			主要金融工具
债券	财政贴现票据		
	中央政府证券及财政投资和贷款计划项目债券		超长期国债、长期含息政府债券、中期贴现政府债券、中期含息政府债券、短期贴现政府债券、财政贷款基金债券、继承政府债券
	地方政府证券		公开发行政府债券、非认购政府债券
	公共企业证券		上市公司债券、金融（性）公司债券、代理债券
	银行债券		含息银行债券、贴现银行债券
	工业证券		国内直接债券、国内债券与权证
	居民发行的外部证券		
	商业票据		
	信托受益权		集体管理的指定货币信托、贷款信托
	结构性融资工具		资产支持的国内公司债券、资产支持的商业票据（ABCP）、货币信托受益人权利
股权和投资基金	股权	上市公司股权	股票交易所上市的股票
		非上市公司股权	未在股票交易所上市的股票、未在市场交易的上市公司股票
		其他股权	对特殊公司的投资、日本银行认购书
	投资信托受益凭证		债券投资信托、股票投资信托（公开发行、私募）、房地产投资信托
保险、养老金及标准化担保	非寿险准备金		储蓄型寿险保险、互助保险
	寿险准备金		储蓄型人寿保险
	年金		人寿和互助的年金保险
	养老金		企业养老金、个人养老金
	养老基金经理的权利主张		
	标准化担保		

续表

交易项目名称		主要金融工具
金融衍生产品及员工股票期权	远期类型工具	远期类型工具：远期利率协议（FRA）、利率互换、货币互换、外汇合约、外汇保证金交易（未定头寸）
	期权类型工具	期权类型工具：场外交易市场债券期权、场外交易市场利率期权、场外交易市场货币期权、政府债券期权、短期日元利率期货期权、东京证交所股票价格指数期权、日经股票平均期权
	员工股票期权	
存款货币		存款、承租人保证、高尔夫球场的存款、员工存款等
贸易信贷及外贸信贷		应收账款、应付账款、应收票据、应付票据
应收账款/应付账款		应计收入和支出、预付费用和预计收入、应付账款和应收账款、预付款和预收款
对外直接投资		海外公司的股本（以控制为目的）
对外直接证券投资		非居民发行的股票和债券
其他对外债权及债务	其中：货币黄金及（和）特别提款权	货币黄金、特别提款权、国际货币基金组织储备金头寸
其他		
金融盈余及赤字		金融交易表
金融资产与负债差额		资产负债表
调和项目差额		核对表
合计		

注：本表为 J-FFA2016 年修订后的最新金融工具分类。

附表 10-5　部门间资金流量表——国内债务证券（存量数及流量数）

持有部门 发行部门	金融机构	中央银行	非金融性公司	广义政府			住户部门	服务住户部门的私人非营利机构	海外	合计
				中央政府	地方政府	社会保障基金				
金融机构及非金融性公司										
短期										
长期										
结构性融资特殊目的公司及信托										
中央政府及财政贷款基金										
短期										
长期										
地方政府										
政府附属机构										
合计										

附表 10-6　部门间资金流量表——贷款（存量数及往前追溯 5 年的存量变化数）

融入资金部门 融出资金部门	金融机构	非金融性公司	广义政府	住户部门	服务住户的私人非营利机构	海外部门	合计
金融机构							
中央银行							
存款公司							
保险及养老基金							
其他金融中介机构							
其中：公共金融机构							
金融附属机构							
非金融部门							
非金融性公司							
广义政府							
海外							
其他							
合计							

附表 10-7 非金融部门融资渠道（存量表、存量同比增长表、流量表）

		项目	2003财年	2004财年	……	2011财年	2012财年
I		国内非金融部门					
		非金融性公司					
		广义政府					
		住户部门					
		服务住户的私人非营利机构					
		海外部门					
		非金融部门融资					
II		国内非金融部门融资					
		通过国内市场					
		通过金融机构					
	III	贷款					
		债务证券					
		其中：公共证券					
		股权和投资基金					
	IV	其中：中央银行					
		其中：存款性公司					
		其中：保险及养老基金					
		其中：其他金融中介机构					
		其中：证券投资信托					
		私人机构					
		（贷款）					
		（债务证券）					
		（股权和投资基金）					
		公共机构					

续表

	项目	2003财年	2004财年	……	2011财年	2012财年
Ⅱ	国内非金融机构融资 债务证券 其中：非金融性公司 其中：广义政府 其中：住户部门 股权和投资基金 其中：非金融性公司 其中：广义政府 其中：住户部门 贸易信贷等 通过海外市场 其中：债务证券 其中：股权和投资基金					
	海外部门融资 通过国内金融机构 其中：对外证券投资 其他从国内非金融部门获得的融资 其中：对外证券投资 其中：对外直接投资					
	非金融部门融资					

参考文献

[1] 杜金富. 国际金融统计制度比较 [M]. 北京：中国金融出版社，2009.

[2] 王新华，王海生. 日本银行提高金融统计数据质量的经验与借鉴 [J]. 上海金融，2007（7）.

［3］左海峰，朱光明．简评日本的统计体制改革［J］．统计研究，2008，25（7）．

［4］王砚婕，李小兵，李万岐．日本《金融商品交易法》的立法借鉴［J］．东方企业文化·百家论坛，2012（5）．

［5］廖志亮．日本金融法制改革给我国的启示［D］．上海：华东政法大学，2013．

［6］中国人民银行沈阳分行课题组．日本金融统计研究及对我国的启示——基于法律与实务操作的双重视角．

［7］刘前进．次贷危机后货币与金融统计改革新动向［J］．西南金融，2014（1）．

［8］占云生．金融危机后日本金融业综合统计改革及发展趋势［J］．西部金融，2015（11）．

［9］日本统计局网站：http：//www.stat.go.jp/．

［10］日本金融厅网站：http：//www.fsa.go.jp/index.html．

［11］日本银行网站：http：//www.boj.or.jp/index.html/．

［12］Guide to Japan's Flow of Funds Accounts, BANK OF JAPAN. 2006, 8.

［13］Compilation Method of Japan's Flow of Funds Accounts, BANK OF JAPAN. 2006, 8.

［14］Bank of Japan's Basic Principles for Statistics: The Basic Principles for the Compilation, Release, and Development of Statistics and Present Priorities in the Development of Statistics, BANK OF JAPAN. 2009, 3.

［15］Japan's Flow of Funds Accounts: Main Characteristics and Measures for Enhancement, BANK OF JAPAN. 2012, 4.

［16］Enhancement and Expansion of Japan's Flow of Funds Accounts in Response to International Recommendations after the Financial Crisis, BANK OF JAPAN. 2015.

［17］Highlights of Enhanced Japan's Flow of Funds Accounts Based on SNA2008, BANK OF JAPAN. 2016.

第十一章 我国金融统计的发展与实践

中华人民共和国成立以来，随着金融业的改革与发展，我国金融统计的广度和深度不断拓展，目前已形成了较为完整的金融统计体系和框架。近年来，我国金融业发展迅猛，新型金融机构、交叉性金融产品层出不穷，金融产品、机构和市场高度关联，金融风险的集聚和扩散更加复杂，对中央银行现有金融统计体系的全面性和实效性提出了新的挑战，亟须加强对包括银行、证券、保险等各类金融机构在内的金融业的全面监测，建立起"统一、全面、共享"的金融业综合统计体系。在借鉴国际金融统计实践经验的基础上，我国的金融业综合统计工作在理论和实践上都取得显著进步，开展资产管理产品统计，编制发布社会融资规模指标，积极推进金融统计标准化，研究确立金融业综合统计核心指标体系。同时，我国资金流量核算的建立和不断完善，为观察各部门间资金的流量、流向和余缺调整情况，进行有效的金融风险监控提供了重要依据。

第一节 我国金融统计的现状和挑战

我国现有的金融统计体系是基于金融管理体制建立的。中国人民银行、国家外汇管理局和金融监管机构依据自身的职责需要，分别建立了相应的统计体系。目前，我国的金融统计主要由人民银行的货币金融统计、国家外汇管理局的国际金融统计以及金融监管机构的监管统计共同组成。这些统计内容关系密切而又各有侧重，共同为人民银行和监管机构履行宏观调控和审慎监管职能提供了重要的信息支持。近年来，我国金融业发展迅速，金融改革持续推进，金融新业态层出不穷，金融创新不断涌现，金融体系的关联性和复杂性大幅提高，这给金融宏观调控和金融统计框架带来了新

第十一章 我国金融统计的发展与实践

的挑战。

一、我国金融统计的主要内容

(一) 货币金融统计

我国的货币金融统计最早可追溯到1949年中华人民共和国成立，最初只有对公、对私存贷款和储蓄存款等单一的统计指标。之后，随着我国金融体制改革深入推进，金融业务充分发展，金融体系不断丰富，金融统计制度也不断改进和完善。人民银行于1997年建立和实施了金融统计"全科目"指标体系，这一体系在统计指标设置、统计项目归属和统计数据质量控制等方面凸显规范、统一、高效等优越性。自此以后的金融统计数据都来源于"全科目"指标体系，以及在此基础上进行的各种数据加工处理。近年来金融创新快速发展，新的金融产品和金融工具层出不穷，特别是2008年国际金融危机对金融统计体系弥补数据缺口提出了更高的挑战和要求，为此我国的金融统计经历了前所未有的快速发展，统计内容和范围进一步扩展。目前，人民银行的货币金融统计主要分为三个部分。

1. 传统货币金融统计

金融机构表内资产负债统计是货币金融统计最主要的部分。从统计频度看，包括日报、月报、季报、半年报和年报；从统计对象看，涵盖了人民银行、银行业存款类金融机构和银行业非存款类金融机构；从统计内容看，既包括存贷款项目日报、资产负债项目月报、损益表季报等基本统计制度，又包括中长期贷款投向、大中小企业贷款、银行承兑汇票、涉农贷款、房地产贷款、助学贷款、下岗失业人员贷款、保障性安居工程贷款等多项专项统计制度。目前，人民银行已建成"主表精干，附表丰富，本外币一体，中外资普适"的资产负债统计体系，较好地满足了中央银行货币政策、金融稳定以及党中央、国务院领导及有关部门、社会公众对金融统计信息的需要，为制定结构性金融政策和信贷政策提供了重要的信息支撑。

2. 理财与资金信托统计

2011年，人民银行建立了理财与资金信托统计制度和信息系统，这是标准化逐笔、逐产品统计理念的第一次应用。统计对象是银行业金融机构资产管理产品，即银行理财产品和资金信托计划。该项统计从产品和资产池的注册,到资金募集、运用,再到产品和资产池的终止,全生命周期地反映了银行理财产品和资金信托计划的多维度信息。经过多年的发展和完善,目前理财和资金信托统计已经成为监测金融机构创新业务的有效手段,为评估表外资产管理业务对货币政策的冲击提供了重要参考。

3. 债券统计

为全面、准确地反映债券市场发展,综合监测和评估债券市场对货币政策及金融稳定的影响,人民银行和证监会建立了《债券统计制度》。该项制度充分参考了国际清算银行、欧洲中央银行和国际货币基金组织共同发布的《证券统计手册》,以我国银行间市场、交易所市场、商业银行柜台及其他场所发行以及境内机构在境外发行的债务证券,包括债券、票据、存托凭证等债务性金融工具作为统计对象,逐个采集债券的产品、发行人、存续期、持有人信息,以及收益率和其他统计资料。债券统计数据来源于中国外汇交易中心、中央国债登记结算公司、中国银行间市场交易商协会、银行间市场清算所、上海证券交易所、深圳证券交易所、中国证券登记结算公司、中证指数公司及其他有关机构。

4. 标准化存贷款综合抽样统计

标准化存贷款综合抽样统计采用产品统计的理念,实现了统计工作从指标到元数据、从一维到多维、从存量到流量的转变,逐笔采集样本单位每笔存贷款的产品类型、客户类型、期限、额度、利率、资产质量等信息,解决了困扰统计多年的存贷款流量统计难题,初步实现了建立"总量与结构、数据与价格、存量与流量兼备"的存贷款统计体系的目标。目前,标准化存贷款综合抽样统计的统计对象包括全国 500 余家法人金融机构的 5000 多家顶层支行,每月采集近 1 亿笔存贷款的明细数据,形成了一个庞大、高效的统计体系。其体系框架可以用"一个核心、两根支柱、三大量度、四类信息"来概括。其中,"一个核心"指标准化逐笔明细数据,"两根支柱"指存量统计和流量统计,"三大量度"指金额、利率和笔数,"四类信息"指机构、客户、产品和风险。

(二) 金融账户核算

我国金融账户的核算与编制工作主要包括两个部分:第一个部分是资

第十一章 我国金融统计的发展与实践

金流量核算,也称为资金流量循环账户。它从社会资金运动这一侧面,系统地反映和描述社会各部门的资金来源和使用,以及部门间资金的流量、流向和余缺调整,是国民经济核算体系的重要组成部分。从核算内容看,资金流量核算有两个层次:一是实物交易部分,其资金流动对应国民经济中的实物交易,主要反映国民经济及其各机构部门的国民收入分配、国民收入使用(包括投资和消费),以及储蓄投资差(净金融投资);二是金融交易部分,其资金流动对应国民经济中的债权债务关系,主要反映国民经济各机构部门之间,以及国内与国外之间发生的各种金融交易。2016 年资金流量表如表 11-1 所示。

表 11-1   2016 年资金流量表

交易项目 (Item)	顺序号	住户 (Households)		非金融企业 (Non-financial Corporations)		政府 (General Government)		金融部门 (Financial Sectors)	
		运用 (Uses)	来源 (Sources)	运用 (Uses)	来源 (Sources)	运用 (Uses)	来源 (Sources)	运用 (Uses)	来源 (Sources)
净金融投资	1	47870		-16007		-8084		-10759	
资金运用合计	2	118698		124237		36041		450762	
资金来源合计	3		70828		140243		44125		461521
通货	4	4517	0	458	0	102	0	0	5087
存款	5	59334	0	83242	0	31936	0	1728	172182
活期存款	6	28884	0	41300	0	16324	0	0	86508
定期存款	7	21595	0	31191	0	11978	0	0	64764
财政存款	8	0	0	0	0	805	0	0	805
外汇存款	9	2413	0	5079	0	-73	0	-287	5615
其他存款	10	0	0	0	0	0	0	-4268	-6812
证券公司客户保证金	12	-2106	0	-1609	0	-1050	0	-1381	-6227
贷款	13	0	70791	0	110003	0	-34903	158129	6585
短期贷款与票据融资	14	0	7043	0	30365	0	0	37407	0
中长期贷款	16	0	56813	0	57673	0	0	114485	0
外汇贷款	18	0	8		-7566	0	-1080	-2957	9

续表

交易项目 （Item）	顺序号	住户 （Households）		非金融企业 （Non-financial Corporations）		政府 （General Government）		金融部门 （Financial Sectors）	
		运用 （Uses）	来源 （Sources）	运用 （Uses）	来源 （Sources）	运用 （Uses）	来源 （Sources）	运用 （Uses）	来源 （Sources）
委托贷款	20	0	6555		18553	0	-3843	21339	91
其他贷款	21	0	372		10979	0	-29981	-12146	6485
未贴现的银行承兑汇票	25	0	0	-19531	-19531	0	0	-19531	-19531
保险准备金	28	16998	0	939	0	7906	0	10030	
金融机构往来	29	0	0	0	0	0	0	12245	9692
准备金	32	0	0	0	0	0	0	26778	26572
证券	33	4743	0	6361	49751	2470	71207	160984	50104
债券	34	241	0	1031	36337	226	71207	157364	48951
国债	35	245	0	-7	0	-30	71207	70173	0
金融债券	36	-44	0	-26	0	-1	0	54710	53173
中央银行债券	37	0	0	0	0	0	0	-3834	-4222
企业债券	38	41	0	1064	36337	257	0	36315	0
股票	39	4501	0	5330	13414	2244	0	3620	1153
证券投资基金份额	40	3975	0	3037	0	1982	0	2606	11754
库存现金	41	0	0	0	0	0	0	-74	-89
中央银行贷款	42	0	0	0	0	0	0	38686	38686
其他（净）	43	31238	37	29705	1835	601	-620	95430	155722
直接投资	44	0	0	14427	11329	0	0	0	0
其他对外债权债务	45	0	0	7207	1649	0	534	4632	953
国际储备资产	46	0	0	0	0	0	0	-29469	0
国际收支错误与遗漏	47	0	0	0	-14793	0	0	0	0

第十一章 我国金融统计的发展与实践

项目 (Item)	顺序号	国内合计 (All Domestic Sectors)		国外 (The Rest of the World)		总计 (Total)	
		运用 (Uses)	来源 (Sources)	运用 (Uses)	来源 (Sources)	运用 (Uses)	来源 (Sources)
净金融投资	1	13021		-13021		0	
资金运用合计	2	729738		1421		731159	
资金来源合计	3		716717		14442		731160
通货	4	5076	5087	11	0	5087	5087
存款	5	176240	172182	-936	3122	175304	175304
活期存款	6	86508	86508	0	0	86508	86508
定期存款	7	64764	64764	0	0	64764	64764
财政存款	8	805	805	0	0	805	805
外汇存款	9	7132	5615	1605	3122	8738	8738
其他存款	10	-4268	-6812	-2544	0	-6812	-6812
证券公司客户保证金	12	-6145	-6227	-82	0	-6227	-6227
贷款	13	158129	152476	-2955	2697	155173	155173
短期贷款与票据融资	29	37407	37407	0	0	37407	37407
中长期贷款	16	114485	114485	0	0	114485	114485
外汇贷款	18	-2957	-8628	-2955	2715	-5913	-5913
委托贷款	20	21339	21357	0	-18	21339	21339
其他贷款	21	-12146	-12146	0	0	-12146	-12146
未贴现的银行承兑汇票	25	-39062	-39062	0	0	-39062	-39062
保险准备金	28	17936	17936	0	0	17936	17936
金融机构往来	29	12245	9692	3133	5686	15378	15378
准备金	32	26778	26572	-206	0	26572	26572
证券	33	174558	171063	2630	6126	177188	177188
债券	34	158863	156495	1198	3566	160061	160061
国债	35	70381	71207	1801	975	72183	72183
金融债券	36	54639	53173	130	1596	54769	54769
中央银行债券	37	-3834	-4222	-367	21	-4201	-4201
企业债券	38	37677	36337	-367	974	37310	37310

续表

项目 (Item)	顺序号	国内合计 (All Domestic Sectors)		国外 (The Rest of the World)		总计 (Total)	
		运用 (Uses)	来源 (Sources)	运用 (Uses)	来源 (Sources)	运用 (Uses)	来源 (Sources)
股票	39	15695	14567	1433	2560	17127	17127
证券投资基金份额	40	11600	11754	154	0	11754	11754
库存现金	41	-74	-89	0	15	-74	-74
中央银行贷款	42	38686	38686	0	0	38686	38686
其他（净）	96	156975	156975	0	0	156975	156975
直接投资	44	14427	11329	11329	14427	25756	25756
其他对外债权债务	45	11839	3136	3136	11839	14975	14975
国际储备资产	46	-29469	0	0	-29469	-29469	-29469
国际收支错误与遗漏	47	0	-14793	-14793	0	-14793	-14793

第二部分是资产负债核算。只有将存量数据和流量数据相互结合使用，才能掌握完整的分析数据基础，更好地说明社会融资活动、金融结构变动等重要经济现象。2004年，我国开始增加金融账户下的资产负债核算，补充存量数据，由此形成了既包括流量数据也包括存量数据的相对完整的金融账户体系。资产负债核算由两部分组成：一是非金融资产存量，具体包括固定资产、存货等；二是金融资产与负债存量，反映了一个国家或一个部门在某一时点上金融资产、负债的存量账户。运用金融资产负债存量账户，可以分析各个部门的金融资产和负债存量的总额、净额及其变化，通过测算各个部门的资产负债结构、预测变化趋势，进行有效的风险监控。金融资产存量账户在经济分析和政策分析方面得到了广泛运用，如通过进行经济预测为制订经济计划提供支持，评估当前经济政策或经济政策变化对经济未来走向和对各个部门以及各种交易的影响。经济资产账户如表11-2所示。

第十一章 我国金融统计的发展与实践

表 11-2　　　　　　　　　　　经济资产账户

	期初资产负债表	资本和金融账户	资产物量其他变化账户	重估价账户			期末资产负债表
				名义持有损益	中性持有损益	实际持有损益	
非金融资产	4621	192	10	280	198	82	5103
生产资产	2818	175	-7	126	121	5	3112
固定资产	2579	137	-2	111	111	0	2825
存货	114	28	-3	7	4	3	146
贵重物品	125	10	-2	8	6	2	141
非生产资产	1803	17	17	154	77	77	1991
自然资源	1781	17	11	152	76	76	1961
合租、租约和许可	22	0	6	2	1	1	30
商誉和营销资产	0	0	0	0	0	0	0
金融资产	8231	436	3	84	136	-52	8754
货币黄金和SDRs	770	-1	0	12	16	-4	781
通货和存款	1482	89	0	0	30	-30	1571
债务性证券	1263	86	0	40	25	15	1389
贷款	1384	78	0	0	28	-28	1462
股票和投资基金份额/单位	2614	107	2	32	26	6	2755
保险、养老金和标准化担保计划	470	48	1	0	7	-7	519
金融衍生工具和雇员股票期权	21	14	0	0	0	0	35
其他应收/应付账款	227	15	0	0	4	-4	242
金融负债	7762	426	3	76	126	-50	8267
货币黄金和SDRs	0	0	0	0	0	0	0
通货和存款	1471	102	0	0	30	-30	1573
债务性证券	1311	74	0	42	26	16	1427
贷款	1437	47	0	0	29	-29	1484
股票和投资基金份额/单位	2756	105	2	34	28	6	2897
保险，养老金和标准保障计划	471	48	1	0	7	-7	520
金融衍生工具和雇员股票期权	14	11	0	0	0	0	25
其他应收/应付账款	302	39	0	0	6	-6	341
净值	5090	202	10	288	208	80	5590

（三）国际金融统计

国家外汇管理局按照《国际收支统计申报办法》采集和发布国际收支统计数据。自1996年以来，国际收支平衡表依据《国际收支手册》（第五版）（BPM5）编制和发布。2009年，国际货币基金组织《国际收支和国际投资头寸手册》（BPM6）发布后，国家统计局全面修订完善国际收支统计配套制度，完善统计框架，包括修订《涉外收支交易分类和代码》，并相应升级了国际收支交易报告系统，发布《对外金融资产负债及交易统计制度》，采集金融机构对外金融资产负债的存量和流量数据，修订贸易信贷调查制度，尝试开展运输收入调查，完善旅行支出的估算方法等。自2015年开始，中国国际收支统计数据依据《国际收支和国际投资头寸手册》编制和发布。国际收支统计数据包括国际收支平衡表和国际投资头寸表。国际收支平衡表中的金融账户和国际投资头寸表分别从流量和存量角度反映了我国居民与非居民之间的金融交易。国际金融统计具体包括以下内容：

1. 国际收支表

国际收支表是反映特定时期内我国（不含香港、澳门和台湾，下同）与世界其他国家或地区经济交易的统计报表。数据源主要有两个：一是国家外汇管理局为进行国际收支统计所开展的国际交易报告体系，包括全数调查和抽样调查；二是相关政府部门开展的调查、行政记录等公开信息，如海关部门进行的国际货物贸易统计、商务部进行的非金融部门对外直接投资统计、旅游局进行的旅游收入抽样调查和人民银行相关统计等。

2. 国际投资头寸表

国际投资头寸表是反映特定时点上我国对世界其他国家或地区金融资产和负债存量的统计报表。数据源既包括国家外汇管理局的国际收支表、对外金融资产负债统计、企业调查等，也包括相关政府部门的统计，如商务部进行的非金融部门对外直接投资统计和人民银行相关统计等。

此外，国家外汇管理局还依据国际清算银行国际银行业统计框架，建立了银行业对外资产与负债统计制度，针对银行业金融机构与非居民的交易提出了更细颗粒度的统计数据要求。

第十一章　我国金融统计的发展与实践

(四) 银行业监管统计

2007年，银监会正式启用"非现场监管信息系统"（"1104"工程），用于采集银行业金融机构的相关数据。监管信息分为基础报表和特色报表两部分。基础报表重点反映银行业金融机构的基本业务情况和主要风险状况，主要包括基本财务、信用风险、流动性风险、市场风险、资本充足情况和其他等六个部分，共24张报表；特色报表主要反映各类银行业金融机构专项业务的风险以及各类别机构的特有业务，按机构类别设计，共25张报表。

非现场监管报表的并表口径分为境内汇总数据、法人汇总数据和合并报表数据三类。境内汇总数据是指填报机构在中华人民共和国境内（不含港澳台地区）各级机构的汇总数据，法人汇总数据是指填报机构作为法人主体（含境外分支机构）的汇总数据，合并报表数据是指报送机构及其附属公司的并表数据。根据风险特性、监管要求以及报送成本等，报表频度分为月、季度、半年和年四个频率。

总体来看，为减轻银行业金融机构的报送压力，银监会（原）根据各银行业金融机构业务范围、风险状况和监管要求的不同，确定了不同机构填报报表的数量、内容和频度。各银行业金融机构可根据本机构所属机构组别和每一张报表的填报机构要求，确定本机构应报送报表的范围、时间和频度，通过登录"银监会非现场监管数据采集系统"以电子报表形式报送各项非现场监管报表。

(五) 证券业统计

证监会通过"中国证监会机构监管综合信息系统"采集相关统计数据。
1. 证券公司综合监管报表

证券公司综合监管报表于2007年正式发布，主要包括核心监管报表、财务监管报表、业务监管报表、管控信息报表和专项监管报表等内容。
(1) 核心监管报表反映证券公司客户资金安全、资本充足监控指标等核心监管信息，要求按月填报。相关规则另有规定或作出调整的，从其规定。
(2) 财务监管报表反映证券公司报告日财务状况及报告期经营成果及其变

化的相关财务信息,要求按月填报。(3)业务监管报表反映证券公司经纪、承销、资产管理等各项业务运营情况的信息,要求公司根据业务实际运作情况按月填报。(4)管控信息报表反映公司股东情况、治理结构、分支机构情况、内部稽核检查等管控信息,要求按季度填报。(5)专项监管报表反映证券公司监管阶段性任务要求报送的特定信息、派出机构辖区监管要求的专项信息及相关监管方要求的特定信息等,要求按相关规定的期限进行填报。

2. 证券营业部监管报表

证券营业部监管报表是证券公司常规监管的重要基础工作,是非现场检查的重要手段。证监会于2008年对原营业部监管系统相关月度报表结构和内容进行调整和完善,形成了新的证券营业部监管报表,主要包括资产损益情况表、客户资产状况表、账户情况表、证券交易情况表和产品销售情况表等五个部分。(1)资产损益情况表,主要反映证券营业部报告期间的资产负债状况和损益情况。(2)客户资金状况表,主要反映客户交易结算资金安全、第三方存管银行分布及客户总资产情况。(3)账户情况表,主要反映证券营业部资金账户、证券账户、基金账户增减变动及账户规范与变动情况。(4)证券交易情况表,主要反映证券营业部报告期内在交易所市场各类证券品种代理交易规模及收益情况。(5)产品销售情况表,主要反映证券营业部报告期内代理销售产品的规模和收益情况,不包括基金产品的代理赎回和债券的代理兑付等。

3. 证券公司年报监管

证券公司年报监管主要包括以下内容:(1)按照母公司口径报送年度资产负债表、利润表和所有者权益变动表。(2)按照合并口径报送年度资产负债表和利润表。(3)财务报表附注,包括商誉、交易性金融资产(不含衍生金融资产)、衍生金融工具、买入返售金融资产、应收利息、可供出售金融资产、持有至到期投资、长期股权投资、固定资产及累计折旧、无形资产、递延所得税资产和递延所得税负债、应收款项、资产减值准备、借款、交易性金融负债、卖出回购金融资产、应付职工薪酬、董事、监事和高级管理人员薪酬、应交税费、应付利息、预计负债、应付款项、手续费及佣金净收入、利息净收入、业务及管理费、其他综合收益和公益性支出等内容。

(六) 保险业统计

2006年9月20日，保监会下发《关于保险业实施新会计准则有关事项的通知》，决定保险企业从2007年1月1日起执行新会计准则。新的会计准则实施以后，保险企业会计指标遵照新会计准则执行，统计科目相应调整。保险业统计制度包括综合统计制度和专项统计制度，指标体系基本涵盖了业务、财务以及资金运行各个方面，主要包括直保业务专项统计制度、再保险业务统计制度、资金运用业务统计制度、财务情况统计制度、外币业务统计制度以及交强险、农业保险、健康保险、企业年金等业务统计制度。业务范围包括人民币和外币。统计机构范围主要包括保险公司、再保险公司、保险资产管理公司等。

根据保监会2010年11月修订的《全套统计指标》，保监会采集的统计指标近28000个。其中，资产类指标3043个，负债类指标891个，权益类指标196个，损益类指标6665个，现金流指标59个，资金运用类指标491个，专项统计类指标16507个。报送频度包括月度、季度、半年度、年度以及不定期等。

目前，保险业统计主要采用"全科目、大集中"的报送模式。"全科目"是指相对于过去通过发布统计报表来采集统计数据，现在通过发布统计基础科目指标来采集统计数据，通过信息系统自动生成所需报表。"大集中"是指由报数机构（保险公司总公司）按照"一级报四级"的办法，统一采集、汇总和管理统计信息。"一级报四级"是指由总公司"一级"统一报送总公司、省级分公司、地市级中心支公司（或地市级分公司）、县级支公司"四级"的统计数据。银保监会通过"中国保险统计信息系统"集中采集和处理统计数据。系统分为采集端和统计端，其中采集端面向保险公司采集数据；统计端用于导出采集的数据，形成单一的指标数据和监管报表。

二、我国金融统计面临的新挑战

(一) 金融宏观调控要求金融统计向综合化转变

1. 金融业快速发展，形成了功能齐全、形式多样的多层次金融体系

改革开放以来，我国金融业发生了深刻变化，金融业从过去单一的银行业，演变为银行、证券、保险等多业并存的大金融业。其中，保险业和证券业的资产增长速度明显快于银行业。在形成多样化的金融机构体系的同时，金融市场交易规模和交易方式日趋多元和复杂，融资渠道、金融工具、金融产品日益丰富。因此，随着金融业的发展，金融统计也要发展变化，不仅要反映银行对实体经济的支持，也要反映证券业、保险业等其他金融机构对实体经济的支持。

2. 金融创新快速发展，金融风险积聚、扩散、传染更加复杂

金融资产规模和结构快速发展的背后，是金融机构日益多样化，金融创新迅速，融资渠道、金融工具、金融产品日趋丰富，金融资产的流动性快速上升，金融体系的关联度、复杂度大幅提高。传统的金融机构通过创新相互渗透，如银行、信托公司、证券公司、保险公司通过银信合作业务、银证合作业务、银保合作业务等途径经营跨机构、跨行业、跨市场业务和产品。小额贷款公司、担保公司、金融控股公司等新型金融机构以及理财产品、信托投资计划、资产证券化等新型金融产品不断涌现，部分业务游离于监管之外，资金链条延伸，产品复杂化。互联网企业借助第三方支付、网络借贷、众筹融资、网络金融产品销售等业务迅速介入金融业务，规模和影响不断扩大。金融创新的发展导致金融体系的关联性和复杂性大幅提高，金融风险的积聚、扩散、传染更加隐蔽和迅速，宏观调控难度加大，对传统的金融统计分析框架及其有效性、准确性提出了挑战。

3. 金融改革不断推进和深化

随着金融行业快速发展，金融创新不断涌现，我国的金融改革也在持续推进。2017年全国金融工作会议指出，要坚定深化金融改革；要优化金融机构体系，完善国有资本管理，完善外汇市场体制机制；要加强金融监管协调，补齐监管短板。金融改革将对金融统计分析产生广泛而深刻的影响，并且对储蓄消费、投资、经济增长、经济结构调整、金融稳定、利益

第十一章 我国金融统计的发展与实践

格局的调整都可能产生广泛的影响。金融改革的进程与这些宏观经济变量相互作用、动态演进,需要更加准确地分析,对改革的效应进行科学的监测和评估,对改革的时机、节奏、强度、策略进行校正和完善。

4. 防范系统性风险任务加重

当前,金融业态增多,金融产品增加,交叉性金融产品不断涌现和快速发展,不少金融产品边界不清、设计复杂,蕴含较大风险,这些金融产品还存在跨市场、跨机构等特征,资金来源与运用不透明,风险隐蔽性大、传染性强,可能成为金融风险的"放大器"。目前,我们尚缺乏对这些产品风险的认识,也不完全了解其传染的速度和路径,这增加了中央银行防范和化解系统性风险的难度,也是金融统计改革与发展面临的课题。

(二) 宏观审慎管理对金融统计提出了新的任务

1. 中央银行职能从专注于货币政策向货币政策与金融稳定并重转变

维护金融稳定是中央银行的重要职责。2008 年国际金融危机前,发达经济体中央银行的工作重点首先是维护物价稳定,其次是促进就业和经济增长,对金融稳定的关注不够。国际金融危机后,大家认识到金融机构的微观稳健并不必然带来宏观稳健,微观审慎监管缺乏对金融体系风险的整体判断,不能有效衡量和防范系统性风险。在宏观货币政策和微观审慎监管之间,还存在如何防范系统性风险的空白,这就需要宏观审慎政策来填补。因此,中央银行除了传统的货币政策目标,还要加强宏观审慎,防范金融风险,维护金融稳定。金融统计是防范金融风险、维护金融稳定的重要基础性工具。中央银行职能的转变,要求中央银行的金融统计必须加快转型步伐,从传统的围绕货币政策的职能统计,转向既为货币政策服务又为金融稳定服务的全面统计。

2. 货币政策多目标框架对金融统计提出了新的需求

货币政策多目标框架是危机后发达国家中央银行发展的一个潮流,即便是实行通货膨胀目标制的国家,危机后也普遍把促进就业和经济增长作为货币政策的目标之一。作为一个发展中国家,我国货币政策目标比发达国家更加多样化,既包括维护物价稳定、促进经济增长、促进就业、保持国际收支大体平衡四大传统目标,也包括金融改革开放、发展金融市场的动态目标。"十三五"期间，我国金融改革开放的任务非常繁重，要进行金融要素的供给侧结构性改革，完善利率市场化，增强人民币汇率弹性，建立中央银行前瞻性指引机制，实施金融稳健对外开放；同时，我国还要进一步健全金融市场体系，建设满足实体经济投融资需要的多层次、多元化、互补型金融市场。金融改革开放、发展金融市场离不开金融统计的支持配合，同时也会对金融统计产生深刻的影响。我国金融统计除了服务于货币政策四大传统目标，还要围绕金融改革开放、发展金融市场需求，深入开展利率统计，为货币政策调控方式从数量型为主向价格型为主转变提供信息服务；加强证券市场统计、互联网金融统计，为健全金融市场体系提供数据支持；加强统计信息的分析挖掘和公开解读，提高中央银行的预期管理能力。

第二节　国际经验对我国金融业综合统计的启示

为适应我国金融业和金融创新快速发展的新形势，并服务好中央银行加强宏观审慎管理、完善货币政策框架的职能转变，建立覆盖所有金融机构、金融基础设施和金融活动的金融业综合统计体系是我国金融统计的发展方向。从我国金融业综合统计实践看，金融业综合统计体制存在内在的复杂性，实现统一、全面、共享的金融业综合统计不可一蹴而就。总结和归纳国际经验，对我国金融业综合统计的发展方向、统计内容、统计方式、法律保障、监管合作等方面的探索和研究具有重要的借鉴和启发意义。

一、服务"双支柱"调控框架，建立全覆盖的金融统计体系

满足货币政策和宏观审慎政策目标是金融业综合统计工作的核心内容。宏观审慎监管的目标在于防范系统性风险，金融业综合统计制度体系需要重点解决跨境、跨市场信息不对称，新型机构和产品的信息缺失以及关联性交易统计不完善等问题。危机后，国际上主要发达国家在完善金融统计体系、弥补统计信息缺口方面做了很多尝试，许多做法值得借鉴。

第十一章 我国金融统计的发展与实践

（一）拓宽统计范围，弥补信息缺口

欧洲中央银行、美国、德国和英国等积极总结经验教训，在拓宽金融统计范围、弥补信息缺口方面具有先进示范意义。

1. 提升数据采集覆盖率

如欧洲中央银行设定了最低标准，即货币与金融统计报告应至少覆盖95%的货币金融机构。英国的数据采集覆盖率更高，月度货币金融统计报告覆盖98%以上的货币金融机构，季度统计报告范围接近全覆盖。

2. 增加非传统领域的统计监测，完善金融统计框架

如欧洲中央银行为积极改进和完善金融统计框架，在原有中央证券数据库基础上，新建证券发行和持有统计、证券化中介机构资产负债统计、金融载体公司等其他非金融公司专项统计等，金融机构的统计范围也从原来的货币金融机构扩大到非货币金融机构，从而满足了决策层对金融市场风险监测的统计信息需求。

3. 注重加强金融控股公司及其子公司的统计

美国在金融控股公司的认定标准、监测内容和监测方法等方面建立了比较完整的统计框架。根据规定，美国监管机构有权直接要求金融控股公司子公司向其提供报告，取代了以往需向其功能监管机构获取报告和信息的做法，同时增加了金融控股子公司资本评估和压力测试等监管内容。

4. 完善私募基金、金融衍生产品交易及影子银行等统计，加强金融创新产品监测

如美国《多德—弗兰克法案》重新定义了私募基金。为保护投资者利益和评估系统性风险，证券交易委员会或金融稳定监管委员会有权要求私募基金披露资产管理额、杠杆率、交易对手信用风险、交易和投资头寸、估值方法、持有的资产类型及其他必要信息。此外，德意志联邦银行根据《欧洲中央银行关于统计从事证券化交易的金融载体公司资产和负债的规定》，自2010年第一季度起开始统计德国境内相关金融载体公司的资产、负债业务及背景信息。通过这项统计，能够更详细地了解从事证券化交易的金融载体公司的发展状况，以及非金融部门从货币金融机构以及其他金融机构的借贷行为，并加强了对货币金融机构与证券交易市场之间风险传

递情况的反映。

5. 对尚未纳入监管金融机构的监测方法

如美联储出于金融稳定目的,当需要获取现阶段监管机构尚未纳入采集范围的金融机构数据时,可以向金融稳定监管委员会金融研究办公室提出申请,由金融研究办公室统一布置采集数据事项。如果金融稳定监督委员会认为该国或外国非银行金融机构存在重大财务困难,或该机构业务的性质、范围、大小、规模、集中度、相互关联度会对美国金融稳定造成威胁,就能够以2/3多数决定,将一家美国或外国非银行金融机构纳入美联储监管范围,并适用更严格的审慎监管标准。

(二) 建立系统重要性金融机构的统计监测体系

研究系统重要性金融机构政策框架、强化系统重要性金融机构监管是当前国际上提高金融体系抗风险能力的基本共识,其中以美国最具代表性。我国要建立和完善系统重要性金融机构统计监测体系,可以借鉴以下几个方面的做法:

1. 扩大统计机构范围,制定系统重要性机构的识别标准和步骤

系统重要性金融机构不仅限于银行业金融机构,还应包括金融控股公司、投资银行、大型对冲或私募基金等非银行业金融机构。美国系统重要性非银行业金融机构识别标准包括机构资产规模、特定金融产品的资产负债规模、杠杆率、短期债务与资产比率等内容。识别步骤分别为以规模因素为主进行识别、结合定量与定性因素分析判断以及通知相关机构提供更为详尽的资料辅助等步骤进行判断。

2. 完善和细化部门分类及金融工具,注重关联交易

如美联储要求系统重要性金融机构除定期报送常规统计信息外,还要定期报告该机构和其他重要非银行业金融机构以及银行控股公司之间信用敞口的性质和程度,同时增加全部金融部门和银行控股公司子部门的资产负债和流量统计、金融工具分类的明细数据以及政府债券统计等以满足关联性分析需要。

3. 改进大银行和系统重要性金融机构的信息披露标准

对于大银行,增加或改进披露有关市场头寸、对经济部门的风险暴露、

大额交易对手、表外活动、银行业务和交易账户等方面的信息，不同的国家应采用相同的模板以便于加总、比较和识别网络联系；对于系统重要性金融机构，应按类似于银行的表式披露杠杆、期限匹配和大规模风险暴露等信息；对于金融监管部门，应强化其对数据质量的评估，识别不同市场和机构信息披露中的实质性缺口，并动态、持续地加以改进。

（三）完善金融稳定统计指标，满足风险监测需要

在巴塞尔协议Ⅲ的监管新规要求下，各个国家和地区开始完善自身的金融稳定统计指标体系。英国是最早进行金融稳定统计的国家，其金融稳定统计内容接近国际货币基金组织的金融稳定数据及指标，其统计标准也与国际标准基本一致。欧洲中央银行为支持欧洲系统性风险委员会的金融稳定统计监测工作，建立了宏观审慎数据库，涉及宏观和金融市场变量、债务和信贷变量、住户房地产市场变量、商业房地产变量、银行部门变量、非银行部门变量和关联变量等七大类指标，每一大类还包括许多子类；同时，通过风险仪表板指标体系，归纳和分析系统性综合风险、宏观经济风险、信用风险、资金供给与流动性风险、市场风险、盈利和偿付风险、结构性风险等七大类风险指标。

二、加强统计立法，为推进金融业综合统计提供坚实保障

法律保障是金融业综合统计得以顺利实施的重要基础。从国际上看，虽然各国金融监管职责的承担主体有所不同，但在宏观审慎监管框架下开展金融业综合统计所涉及的法规制度依据均较为完备。

（一）赋予中央银行直接采集金融机构数据的权力

在许多国家，无论是分业监管还是混业监管，中央银行始终保持对金融机构及金融数据的统计权威，在统计和发布国内金融部门和对外部门的数据中发挥着核心作用。如1998年《英格兰银行法》第二部分"货币政策"第17节"获取信息权力"规定，英格兰银行出于履行货币政策职能的需要，可以要求包括存款机构、住房信贷机构、债券发行公司、债券承销机构、金融控股公司等在内的金融机构按照指定的方式和时间报送数据信

息。又如《德意志联邦银行法》规定："为了履行职责，德意志联邦银行有权在银行及所有信贷机构的货币体系领域中收集统计数据。"在美国，为保障美联储能够强化新型金融机构和金融创新产品监管统计，相关法律规定："当其他监管机构未掌握或无法提供美联储需要的相关金融数据时，美联储有权直接向不在其监管范围内的金融机构采集数据，以满足其履行监管职责的需求。"

（二）赋予中央银行作为数据使用者的特殊权力

为保障金融统计的顺利开展，中央银行除了可以从金融机构采集数据之外，还能以特殊者的身份从其他部门获取信息数据。如德意志联邦银行与德国联邦统计局签订的合作谅解备忘录约定了德意志联邦银行作为数据使用者的特殊权力，即"信息与意见交换应进一步考虑德意志联邦银行进行货币政策制定和金融稳定分析时，在使用德国联邦统计局提供的经济数据与物价水平数据等方面的特殊需求"。

（三）明确制定金融统计信息协调共享机制及相关要求

2008年国际金融危机后，面对金融监管体制的变化，国际组织和各国政府更加重视金融监管信息共享协调，为我国完善金融业综合统计信息协调共享机制提供了良好的借鉴。一是采用签订合作谅解备忘录的方式明确信息共享和协作。如英格兰银行（包括审慎监管局）与金融行为监管局签署了法定的谅解备忘录，详细规定了日常合作内容，以及在更具战略性长期理念上的协调互助。二是通过立法明确信息共享方式。如德国《银行法》规定："金融监管机构与德意志联邦银行要允许对方为了执行该法律所赋予的职责而登录各自的数据库。"同时，要遵守《联邦数据保护法》，当德国联邦金融监管局在德意志联邦银行数据库的检索次数达到一定限度时，德意志联邦银行就会记录时间、细节等操作情况，以便能够确认数据检索者的身份。三是制定统一标准以满足信息共享需要。如在美国，美联储、证券交易委员会和新设立的联邦保险办公室必须按照金融稳定监督委员会统一设定的标准和要求，采集证券、保险领域监管所需的记录、文件和报告等，并与之进行信息共享。又如英格兰银行金融统计标准与国家统计局标准严格一致，目的是在常规统计方法收集不到交易信息数据的情况下，仍然能够运用交易对手信息和差额信息来编制账户。

三、加强专项统计，更好地反映金融支持实体经济

金融业综合统计是覆盖所有金融机构、金融基础设施和金融活动的综合统计，要实现对金融机构和金融活动的全流程、全链条动态统计监测。从国际社会看，主要国家为有效监测金融创新活动，防范和化解金融风险，服务货币政策和宏观审慎政策，纷纷加强专项统计，全方位、多角度地实现对金融领域的统计监测。

（一）加强金融统计的全面性

MFSMCG2016强调对金融部门的全面统计，重点关注非银行业金融机构的统计，这也是我国金融业综合统计的重点和难点。美国等发达经济体和南非、巴西等新兴市场经济体均已定期向国际货币基金组织报送金融性公司概览。我国应顺应当前国际金融统计发展的统一、全面、共享、协调的新趋势，借鉴国际组织和发达国家经验，加强部门间沟通与协调，将非银行业金融机构（如保险业机构、证券业机构等）逐步纳入统计范围，完善金融概览编制工作，进一步完善金融业综合统计指标体系的顶层设计。

（二）重视多维明细数据采集工作

传统的统计监测主要基于单个法人轧差后的资产负债表，而忽视交易对手风险和表外业务潜藏的风险。2008年国际金融危机后，各国认识到对金融监管当局统计信息的建设应有更高要求，要加强对各类金融机构和金融活动的多维明细数据统计，即由单纯注重机构统计转变为机构统计和产品统计并重，由重点关注资产负债表统计转变为表内外业务兼顾，由仅关注轧差后净额信息转变为全面衡量总量、价格、期限、对手方等市场信息，从而全面描述和反映金融交易及其潜在风险，绘制金融活动的"全息图"。此类统计模式具有逻辑结构简明、理论基础成熟、易于计算机存储及加工的优点，应该成为我国金融业综合统计的发展方向。

(三) 加强专项统计

专项统计体系范围全面，统计标准明确、具体，能及时、全面地跟踪创新型产品变化情况，既能反映经济发行部门和持有部门之间的相互依存关系，也能提供区域金融的全面概述。我国可从实际统计需求出发，借鉴国际经验并加强专项统计，实现对金融机构、金融基础设施和金融活动的综合统计。具体来看，一是开展货币信贷统计和分业机构监管统计，这是金融业综合统计重要的统计内容。二是编制金融业资产负债表，完善资金流量核算。在分业统计框架的基础上，编制金融业资产负债表，实现全方位的金融业资产负债表统计，摸清金融业家底；完善反映国民经济各部门金融活动的资金流量和存量统计，完善对宏观杠杆率的统计测算。三是建立健全交叉性金融产品统计、统一的金融市场统计、系统重要性机构统计、金融控股公司统计、地方金融监管部门监管的金融机构统计、互联网金融统计等，作为金融业综合统计的重要突破口。

四、编制金融账户，摸清金融家底

2008年国际金融危机后，建立完整的分机构部门的标准金融账户和资产负债表，并在此基础上开展更高层次的基于资金来源去向表（Whom-to-Whom）的三维金融统计，日益成为各国发展金融业综合统计的重要途径。研究各国根据相关国际准则开展的金融账户编制实践，对完善我国金融账户统计具有重要意义。

（一）借鉴科学高效的编制方法，构建标准的金融账户体系

金融账户的编制方法主要包括编制准则、编制格式、统计分类方法、会计计量等四个方面。目前，基于国际上通行的编制方法，各个国家与地区根据自身发展情况编制的金融账户又各有不同，其中美国与德国的金融账户编制较为完善。2013年美联储将"资金流量账户"逐步扩展为"金融账户"。过去的资金流量账户以资金流量矩阵的形式发布，包括资金流量表和资产负债表，统计分类为18个大类的金融工具、30余个经济部门。金融账户在此基础上进一步拓宽金融工具分类至27大类，并增设"金融工具差

第十一章 我国金融统计的发展与实践

异"大类以确保数据质量,精简经济部门为 2 大类 10 小类,新增"综合宏观经济核算账户"以完善报表体系,更好地与国际标准接轨。德国金融账户优先遵循"从下到上"原则,以及"先流量,再存量,后分层级检验"的编制方法也值得学习,在此原则下编制的报表体系较好地满足了部门间与部门内部交易情况同时反映、流量统计与存量统计并重的需求,能为掌握各部门经济金融活动的发展情况提供较为全面的数据支撑。

(二) 扩大金融账户的数据来源,实现金融统计信息全面覆盖

根据各国经验,金融账户编制的金融数据可以通过以下三种方式收集:一是直接从产生数据的各个机构单位收集,二是从交易对手间接收集数据,三是从金融工具的微观数据库收集。《国民核算手册:国民账户中的金融生产、金融流量与存量》建议金融数据最好是通过直接方式采集且使用未经过合并的源数据,其中按金融工具和交易对手分类的交易以及其他流量和存量数据最为理想。如德国金融账户的数据主要来自金融机构统计。同时,资本市场统计、国际收支统计、公司资产负债表统计以及政府财政统计等也都是金融账户数据的重要来源。美联储数据采集方式主要有两种:一是直接从各经济部门采集,二是通过与其他监管机构、统计部门等共享数据间接获取。意大利银行的数据来源主要分为金融工具数据来源和机构部门数据来源。我国应借鉴国际经验,综合运用直接采集、间接获取以及多方共享等多种手段扩大金融账户数据来源。

(三) 丰富金融账户报表体系,强化数据披露与分析应用

国际上金融账户统计的报表体系主要包括资金流量表、资产负债表、宏观经济账户、金融市场情况报表、补充用表等,基本涵盖了经济金融领域关于金融交易的全部数据,全面反映了金融体系的整体情况。各国金融账户数据的披露方式和分析应用各有侧重。日本侧重于数据信息的服务支持作用,日本金融账户系统地反映了日本社会各部门的资金来源和使用情况,部门间资金的流量、流向和相互关系,以及日本经济主体的金融活动和金融结构,其用途主要是为宏观调控政策分析提供数据支撑,为部门、行业等具体领域分析提供便利,并为经济主体的经营行为提供信息支持。

英国侧重于金融账户数据质量的提升与挖掘，英格兰银行加强与统计局的合作，共同致力于提升国民经济统计质量，并积极参与学术交流，充分挖掘金融账户统计信息。澳大利亚侧重数据分析，澳大利亚金融账户季度公报中的分析和评论专栏对金融账户数据进行了充分的运用和分析，专栏包括部门总览、金融市场总览和部门分析三个部分。

我国要建立健全金融账户报表体系，可以考虑从以下几个方面进行完善：一是在核算框架方面，借鉴日本银行的资金流量核算框架，逐步建立涵盖"金融交易表""资产负债表"和"调节表"的组合报表，使各类数据信息相互补充和验证。此外，进一步细分金融工具和机构部门分类，充分反映各类经济主体之间的金融活动，为宏观经济金融分析提供全面的数据信息支持。二是在流量统计编制方面，借鉴欧洲中央银行等的流量统计整体框架进行归类划分，欧洲中央银行金融账户中的部门间流动账户表是采用四式记账法从金融工具的发行方和持有方分别进行的流量和存量统计，基于资金来源去向表的三维金融统计，通过部门间流动账户表获取的交易对手信息，不仅全面地反映了资金在不同机构部门间的流动，同时也能够获取信息薄弱部门的数据。三是在数据披露与分析方面，借鉴日本、英国、澳大利亚等的先进经验，建立健全充分、有效的统计成果运用体系。

五、提升信息平台技术，提供强力支撑

金融业综合统计的顺利实现，离不开信息平台技术的支撑。在技术手段方面，不少国家和地区的做法值得参考：

1. 构建基于数据仓库的信息平台

以欧洲中央银行体系为代表，其将"对迈向一个统一的、综合的、在一个网络中，收集和生产特定欧元区数据的特定新系统进行可行性分析"列入中期工作计划的中级优先工作，立足于构建全面、高效的金融基础信息数据库。

2. 探索人工智能和大数据技术在金融业综合统计中的应用

英格兰银行除了建立统一的数据电子报送系统、数据共享平台以及用于存储原始数据的大数据库外，还积极探索统一微观金融数据标准的可行性，以便用机器取代人工进行数据汇总与分析。同时，开展大数据技术在

第十一章 我国金融统计的发展与实践

宏观调控中的应用，积极响应美国提出的构建全球金融数据标准倡议并积极参与标准制定，高度重视自身数据资源的整合和实际效果应用，多项数据整合试验初见成效。

六、强化统计管理，加大数据分析与应用

（一）避免重复统计并减轻数据报送主体负担

当前，在金融监管格局变革的背景下，如何避免重复统计、减轻数据报送主体负担是提高金融业综合统计效率的重要内容。

1. 终止和减少调查项目

日本银行通过终止冗余数据（如使用需求下降的数据）的报送或者减少调查项目，来减轻数据报送主体的负担。在不影响数据准确性和质量的情况下，寻找一个替代的数据变量，推动从"报送主体的数据"到"市场上现有的数据"的转变。

2. 动态审定数据成本和质量

如英格兰银行为遵循成本效益和质量原则，每五年对现有报表体系进行重新审核和修订，针对新增或有重大变化的部分需进行严格评估，以确保数据收集的必要性和收集方法的低成本。为进一步平衡数据使用需求与数据统计成本间的关系，统计司建立了一套"成本—效益"框架，专门用于对现有或未来拟新增的统计数据指标进行成本效益评估。值得一提的是，在此框架下，被评估为"高成本、低效益"的指标意味着相应数据可能不再被需要，但未必一定要停止相关数据的采集，有时采用替代方案也可能带来其他潜在效益。

3. 强调统计职责归口与分工

如德意志联邦银行具有金融数据的统计权，从源头上避免了金融业综合统计的多头管理，而且其与德国联邦统计局和德国联邦金融监管局有良好的合作机制，分工明晰、数据共享，为减少重复统计、提高数据运用效率奠定了良好基础。

（二）注重传统领域的深耕，并动态调整统计范围

除了完善创新领域统计，为满足金融业综合统计的需要，一些国家和

地区还比较注重传统领域的数据挖掘。如欧洲各国中央银行在填补统计信息缺口的同时，还积极推行信贷分析数据库建设这项计划，要求信贷机构提供丰富的逐笔信贷数据，包括期限、利率、抵押方式等细节信息。同时，欧洲中央银行、美国、英国、澳大利亚等还积极拓宽原有利率统计的深度和广度，例如欧洲中央银行将利率统计指标扩充至117项。

（三）发展数据分析工具集，加大数据研究分析应用范围

建立健全金融业综合统计分析框架，是金融统计价值和成果的重要体现。结合国际经验，我国金融业综合统计数据分析应用可从以下几个方面予以发展：

1. 发展系统性风险分析的数据和工具集

比如，根据基本指标（规模、集中度）、风险转移、关联性和相互依赖性等内容，识别系统重要性金融机构、市场和工具。加强对机构间风险暴露的测度，并监测在监管体系范围之外的活动或项目数据。在分析工具上，需要诸如多维评分技术、金融网络分析方法、尾部事件分析和非连续性模型等创建新型、科学、高效的分析工具。

2. 注重数据的整合研究分析

英格兰银行基于"整体立行、单一目标"的原则，明确提出了构建综合性金融数据收集与分享架构的战略目标，统筹监管数据司、高级分析小组、数据实验室、研究中心等相关部门工作，对现有统计数据进行研究与整合，探索新的数据分析方法，为宏观审慎决策提供智力支持。

3. 注重经济与金融的综合性分析

如意大利银行十分注重意大利经济金融统计指标体系的完善和综合分析，不仅以金融账户为核心，建立了一套覆盖非金融企业部门、金融部门、广义政府部门、住户部门和非居民部门等多个部门的金融统计体系，而且还通过创新经济指标调查方法，形成了涵盖住户财富、企业景气、通胀预期和房地产市场运行等多方位的经济调查体系。同时，意大利银行参与统计国家主要经济数据，并通过编制经济同步性指标"意同步"实现对意大利经济金融活动的综合性实时评估。

（四）完善数据质量管理手段，加强金融业综合统计制度管理

在数据质量管理方面，不少国家和地区的一些做法值得借鉴：

一是制定数据质量标准。如欧洲中央银行于2008年发布了《欧洲中央银行统计质量保证程序》，正式提出了统计质量框架。

二是完善统计方法。如日本银行通过采用样本理论、缺失数据的处理、质量调整方法和季节调整方法等，评估自身数据质量；同时，成立了一个关于特征回归法和质量调整的研究小组，从理论和应用两个方面研究数据质量成果。

三是加强与数据提供者的配合。如日本银行为数据报送者提供了详细的填报说明，以及统计内容、数据定义和标准化的数据编制方法，并公开了统计信息的目标和数据保密系统等信息，提高数据填报的质量。

第三节 我国金融业综合统计的实践

近年来，我国金融业发展迅速，金融改革持续推进，金融新业态层出不穷，金融创新不断涌现，综合经营趋势明显，这给金融宏观调控和传统的金融统计框架带来了挑战。在这样的背景下，金融业综合统计工作被提上日程。党中央、国务院对金融业综合统计工作高度重视，多次指示要求加快推进此项工作。《金融业发展和改革"十二五"规划》中强调要"建立统一、全面的金融业综合统计体系""构建金融业综合统计信息平台，完善数据信息共享机制"。2012年召开的全国金融工作会议明确提出了要"加快建立统一、全面、共享的金融业综合统计体系"。2013年，国务院将建立"金融信息共享和金融业综合统计体系"作为金融监管协调部际联席会议的一项重要职责。2015年10月和2017年7月，习近平总书记先后在《关于〈中共中央关于制定国民经济和社会发展第十三个五年规划的建议〉的说明》和第五次全国金融工作会议中强调要推进金融业综合统计。按照党中央、国务院的要求，加强我国金融基础设施建设，加快建立现代金融业综合统计体系既是人民银行的重要任务和职责，也是当前国际国内经济金融

改革与快速发展的必然要求。2018年3月,国务院办公厅印发《关于全面推进金融业综合统计工作的意见》(国办发〔2018〕18号),这是金融业综合统计发展进程中的里程碑,为金融业综合统计工作的开展指明了目标、方向和路径。

一、我国金融业综合统计的主要框架

(一)金融业综合统计的基本概念和目标

金融业综合统计是指以金融机构数据元为采集依据,对包括银行业、证券业、保险业在内的整个金融业的资产负债、风险状况、资金价格和供需、资金流向等信息全覆盖的数据收集和统计。

金融业综合统计的目标是协调整合现有的各类金融统计体系,大力推进金融统计标准化,建立"统一、全面、共享"的金融业综合统计体系,促进金融统计向综合化、统一化、动态化、开放化、标准化和信息化发展,为全面反映金融业发展状况、更好地支持宏观调控和宏观审慎管理,以及为防范和化解系统性风险提供支持。

(二)金融业综合统计的基本原则

金融业综合统计的部门分类、机构分组、工具划分、计价原则等问题涉及国民经济核算、会计学、统计学、金融学等多方面内容,既要保证各个分类之间的一致性与协调性,又要能够反映货币政策实施效果、满足宏观审慎管理需要,还要考虑与国际接轨。因此,在开展金融业综合统计时,将会遵循以下八个原则。

1. 全面统一的原则。全面是指金融业综合统计覆盖的范围要做到机构全、业务全、内容全,是一个综合的统计体系;统一是指纳入综合统计范围的各行业金融统计指标的名称、定义、分类、计值和编码等统计规范应是统一的,是以实现标准化为基础和适用于各类金融机构的综合金融统计体系。

2. 制度互补的原则。金融业综合统计着力于弥补现有统计的空白,适应金融业快速发展的现实,满足风险监测和金融稳定的需要。其不是搞大一统,而是与现有的监管统计各有侧重,两者不重复、不矛盾,充分考虑

第十一章 我国金融统计的发展与实践

和尊重现有各项金融统计的特点和需要,给相关部门留有充分的灵活性,各个部门有空间去开展具有自身特点、满足特定需求的统计。

3. 协调可比的原则。金融业综合统计应遵循与 SNA2008 和《货币与金融统计手册》等国际标准相一致的编制方法和统计口径,形成能够与其他宏观经济和金融账户统计协调一致的、有利于分析的时间序列,为宏观调控、审慎监管以及金融监管提供全面、准确的信息支持。

4. 适度前瞻的原则。当前金融业发展迅速,开展金融业综合统计工作不仅要着眼于当前,还要放眼未来,要从金融改革发展的长远需要出发,前瞻性地考虑未来金融改革以及宏观金融调控和金融监管的需求,尤其是要能够适应日益加快的金融产品创新行为,及时将成熟的创新型产品和机构纳入统计体系。

5. 急用先行的原则。要充分考虑实际情况,指标设计、分类及统计指标的落地可急用先行,尤其是对交易对手方信息统计,视重要性及紧迫性采用分阶段、分步骤的方式,将统计指标、统计分类等标准逐步在金融业各子行业落地,有效促进金融业综合统计工作的顺利开展。

6. 统一灵活的原则。金融业综合统计涵盖的机构范围、工具定义、指标概念等要具有严格的一致性,在统计制度和统计标准保持一致的基础上,各地区自用的报表设计和内容等可因地制宜,灵活设置,满足各级部门经济金融监测和管理的需要。

7. 一分到底的原则。要从不同角度构建平行分类体系。任何一个分类标志要一分到底,仅从一个角度说明和反映事物的分布状况和内部结构;众多的分类标志组成平行分类体系,可以灵活组合,多维度进行分析。

8. 不重不漏的原则。在统计标准化的基础上,在特定分类标志下,任何一个统计对象只能归属于某一组,而不能同时或可能归属于几个组,同时任何一个统计对象都有组可归。

目前,人民银行从上述原则出发,根据《金融机构编码规范》《金融工具统计分类及编码标准(试行)》等金融行业标准和现行国民经济核算中的部门分类标准,以及前期已征求有关部门意见的情况,初步制定了金融业综合统计核心指标以及证券业、保险业核心指标统计体系。这套核心指标由金融工具、交易对手、境内外以及经济部门等大小类分六个层级的资产负债和损益类指标组成。以这套指标采集基础数据并加工处理后，以汇总或合并报表的展现形式，可得到一系列全面反映金融业运行和经营状况的重要信息，为制定货币政策和维护金融稳定提供数据支持。

（三）金融业综合统计的基本框架

金融业综合统计是覆盖整个金融部门的统计，既包括银行业金融机构，也包括证券业和保险业金融机构，还包括金融控股公司、小额贷款公司、贷款公司、融资性金融机构等新型金融机构，甚至包括住房公积金中心、社保中心等对金融部门有重要影响的经济主体。从统计内容看，既包括资产负债业务，也包括表外业务；既包括存款、贷款、结算等传统业务，也包括影子银行、互联网金融、衍生产品、结构型产品等业务。

具体来讲，金融业综合统计体系建设主要从五个方面来推进：

一是完善货币金融统计，构建总量与结构、存量与流量相结合的金融统计框架。全覆盖地采集金融各行业、各机构资产负债信息，形成具有有效关联性的基础数据库。编制金融性公司概览、存款性公司概览以及反映金融部门状况的其他资产负债表，提供基础货币、货币供应量、流动性总量等数据，反映金融机构流动性创造和货币政策传导过程，以及资金的流量和流向，满足货币政策的需要。

二是构建宏观审慎统计框架，主要包括金融业资产管理产品统计、系统重要性金融机构统计、金融控股公司统计、证券市场统计、非持牌机构（如互联网金融）及其他交叉性金融产品统计等方面。通过结合总量指标（社会融资规模等）、价格指标（国债收益率等）和稳定指标（金融机构杠杆率等），建立标准化的、多维结构全覆盖的、包含直接交易对手方（包含资金来源和资产投向）的宏观审慎统计体系，反映交叉性金融产品的关联性，发现金融风险的传染性，实现资金链条的穿透性，支持中央银行防范和化解系统性金融风险。

三是金融市场和资金价格的统计。金融市场统计是涵盖货币市场、资本市场、票据市场、金融衍生产品市场等金融市场的统计，其不仅要反映金融市场运行的基本信息和市场交易规模等总量数据，注重对市场交易的买卖双方信息、交易工具、交易方式、交易价格及交易规模等一系列交易

第十一章 我国金融统计的发展与实践

信息的全面掌握,还要关注资金价格(利率和汇率)的统计。在了解金融市场运行的情况下,加强对市场运行的动态监测,研究金融结构、金融发展和经济增长的关系,为我国金融改革发展提供支持。

四是金融稳定统计,主要提供金融稳定评估的基础数据,包括银行、证券、保险稳健统计等,从金融业整体的角度反映金融体系面临的信用风险、流动性风险、国别风险、币种结构风险等统计内容,满足宏观审慎评估对金融部门数据的需要,为宏观调控和审慎管理提供支持。

五是对外金融统计,主要包括贸易国与投资来源国的宏观经济金融统计、跨境交易统计、外汇市场统计、国际储备的币种和国别统计、涉外债权债务统计以及国际银行业统计等,为中央银行从全球经济角度制定货币政策、分析政策效应提供支持。

二、我国金融业综合统计的推进

(一)开展资产管理产品统计

金融统计是防范金融风险、维护金融稳定的重要基础。在《关于全面推进金融业综合统计工作的意见》(国办发〔2018〕18号)的总体部署下,金融业综合统计的主要推进领域是基于宏观审慎的资管产品统计。金融业资管产品统计要实现对银行、证券、保险资管产品的全面有效监测,反映交叉性金融产品的关联性、发现金融风险的传染性、实现资金链条的穿透性,三者有机联系,互为支撑,缺一不可。按照资管产品的类型而非按照金融机构的类型,人民银行构建了统一、全面的金融业资管业务统计体系。金融业资管统计整体方案以"四个统一"为抓手,即统一的资管产品报告制度、统一的资管产品统计制度、统一的资管产品信息系统、统一的过渡期数据报送模板,从而实现对资管产品的全面有效监测。我国金融业资管产品统计制度包括产品基本信息、产品募集、资产负债、资产证券化及收益权转让基础资产、除回购和拆借外贷款明细、特定目的载体交易对手明细、产品终止信息七个模块。各模块互联互通,构成完整的统计框架,支持从资管产品规模、资管产品关联性、进入实体经济的资管资金总量和结构、进入金融市场的资管资金总量及来源、资管产品杠杆率、资管产品收益率及资管产品期限结构这七个方面对资管产品进行监测分析。

（二）编制与发布社会融资规模指标

2010年12月召开的中央经济工作会议首次提出"保持合理的社会融资规模"这一概念。2011年初，人民银行正式建立社会融资规模增量统计制度，并开始按季度向社会公布社会融资规模增量季度数据，2012年起改为按月公布；自2014年起，按季度公布各地区（省、自治区、直辖市）社会融资规模增量统计数据；自2015年起，开始编制并按季度发布社会融资规模存量数据，2016年起改为按月发布。至此，社会融资规模已经形成了一个涵盖增量和存量、绝对额和增速、年度和月度数据、全国和地方数据的相对完整的指标体系，是我国金融业综合统计工作的有益尝试。社会融资规模是指实体经济（非金融企业和住户）从金融体系获得的资金。其中，增量指标是指一定时期内（每月、每季度或每年）获得的资金额，存量指标是指一定时期末（月末、季度末或年末）获得的资金余额。这里的金融体系是整体金融的概念。从机构看，包括银行、证券、保险等金融机构；从市场看，包括信贷市场、债券市场、股票市场、保险市场以及中间业务市场等。社会融资规模概念的提出是我国货币政策理论和实践的重大创新，是我国货币政策二元传导机制的重要一环。加强社会融资规模统计监测，将其作为货币政策调控目标，对于促进我国经济发展和完善金融宏观调控均具有重要的意义。

（三）以实际需求为导向，积极推进金融统计标准化

2008年国际金融危机爆发后，人民银行认真梳理宏观分析、审慎管理以及金融机构自身经营管理等各类需求，扎实推进金融统计标准的研究、制定、发布和实施，从宏观层面统一金融部门、金融工具统计分类和编码，积极完善和弥补统计信息缺口。目前，已陆续发布了《金融工具统计分类与编码标准》《金融工具常用统计术语》等多项标准，并在金融机构中积极推广实施。

（四）研究确定金融业综合统计核心指标体系

统一和标准化的核心指标体系是进行报表合并、编制金融业资产负债

第十一章 我国金融统计的发展与实践

表和金融概览、进行跨机构和跨市场统计监测的基础。自2014年起,人民银行组成若干专题研究小组,归纳总结美国、日本、欧洲等主要国家和地区金融统计发展情况,并结合我国银行、证券、保险等金融行业会计财务特点,研究可行的金融业综合统计核心指标方案;同时,会同有关监管部门,从大类指标开始,采用分阶段、分步骤的方式,从易到难,从简到全,推动统计指标、统计分类等标准逐步在金融业各子行业落地。

后 记

近年来，我国金融改革持续推进，金融创新不断涌现，金融新业态层出不穷，综合经营趋势明显，这给金融宏观调控和传统的金融统计框架带来了挑战。在这样的背景下，金融业综合统计工作被提上日程。党中央、国务院高度重视金融业综合统计工作。早在2012年，全国金融工作会议就明确提出了要"加快建立统一、全面、共享的金融业综合统计体系"。2018年3月，国务院正式印发《关于全面推进金融业综合统计工作的意见》，成为推进我国金融业综合统计的纲领性文件。

在我国促进金融业综合统计发展的过程中，国际金融统计制度变化和演进的经验值得借鉴。特别是2008年以来，国际金融危机暴露的金融监管漏洞和信息缺口，在世界范围引起了新一轮金融监管体制改革和金融统计制度革新，这为我国金融业综合统计的发展提供了更具实践性和实用性的参考。

为此，人民银行调查统计司组织系统力量，开展了对世界主要经济体金融统计制度及其最新进展情况的持续跟踪与深度研究工作。这项工作涉及范围广，时间跨度大，任务繁重。五年多来，我们凭着调统人一贯热情奉献的工作精神和踏实认真的工作态度，团结合作，查漏补缺，交叉校核，付出大量努力，确保了本书的质量。

本书第一章由易清华、彭波、金娟、刘辉编撰，第二章由孙晓丹、王凤芝、赵磊、郁一彬、杨素霞、董建凤、潘松权、胡迪、余倩倩编撰，第三章由计茜、安康编撰，第四章由吴霞、付秋虹、幸泽林、谢月华编撰，第五章由李夏炎、潘明霞编撰，第六章由蒋湘伶、韩睿玺、马冰、杜鸥编撰，第七章由吴雪君、赵俐佳、徐心雅、郑路、谢小丽编撰，第八章由潘亚柳、范念龙、南雁编撰，第九章由吴伟、付志祥、梁垂芳、吴静颖编撰，第十章由潘海艳、张杨、尹琳、任代滨、周佳奇编撰，第十一章由陈浩、

后　记

李明、李炜楠、肖青云、付秋虹、潘亚柳编撰。计茜、李夏炎、潘亚柳对全部书稿进行了统撰和校对，阮健弘司长、张文红副司长、陈浩对全书所有章节进行了审定。还要感谢亓霞、岳栋、温娇月、梁斌、徐璐涵、郭晶、廖雅萍、覃丽娟、冯梅、黄海清、黄雯敏、熊宇敏、丁逸宁、杨雅婷、李伟、林志伟、乔继红、景祥云、金香兰、林瑜、刘子瑞，他们对本书的编撰亦贡献良多。

在这里，要衷心感谢所有为本书的面世付出努力、提供帮助的人。尽管我们在编写过程中，始终保持着虔诚、严谨、审慎的工作态度，再三研读文献，反复审核修改，力求内容全面、表达准确，但限于水平，错误在所难免，真诚希望广大读者提出批评意见。